U0598061

RESEARCH ON THE ENHANCEMENT OF INCUBATION CAPABILITY OF BUSINESS INCUBATORS

企业孵化器孵化能力提升研究

王晓青 ◎ 著

中国财经出版传媒集团

·北 京·

图书在版编目（CIP）数据

企业孵化器孵化能力提升研究/王晓青著. --北京：经济科学出版社，2024.5
ISBN 978-7-5218-5896-9

Ⅰ.①企… Ⅱ.①王… Ⅲ.①企业孵化器-研究-中国 Ⅳ.F279.244.4

中国国家版本馆CIP数据核字（2024）第101256号

责任编辑：杜 鹏 张立莉 常家凤
责任校对：隗立娜
责任印制：邱 天

企业孵化器孵化能力提升研究
QIYE FUHUAQI FUHUA NENGLI TISHENG YANJIU
王晓青 著
经济科学出版社出版、发行 新华书店经销
社址：北京市海淀区阜成路甲28号 邮编：100142
总编部电话：010-88191217 发行部电话：010-88191522
网址：www.esp.com.cn
电子邮箱：esp@esp.com.cn
天猫网店：经济科学出版社旗舰店
网址：http://jjkxcbs.tmall.com
固安华明印业有限公司印装
710×1000 16开 16.25印张 310000字
2024年5月第1版 2024年5月第1次印刷
ISBN 978-7-5218-5896-9 定价：109.00元

前　言

企业孵化器是国家创新体系的重要组成部分，已成为推动创新创业发展战略的重要载体。它不仅在帮助新创企业生存和成长的过程中扮演着重要的角色，还是促进科技成果有效转化，推动科技进步和经济发展的重要力量。我国企业孵化器经过30多年的发展，无论是在数量还是在总体规模上都得到了飞跃式发展，为各地培育出大批优质科技企业，成为国家创新创业发展的中坚力量。企业孵化器工作已经上升到国家发展战略层面，在双创战略中位势日益升高。

虽然我国企业孵化器实现了量的提升，但未呈现量质齐升的局面。根据相关数据分析显示，在孵企业的平均收入从2011年开始，出现波动下降的趋势，2016~2019年甚至低于2005年的水平。企业孵化器的平均收入从2013年开始，也呈现波动下降的趋势。更有甚者，一些企业孵化器在孵化期限内孵化不出合格的企业，长期处于亏损状态，甚至倒闭。还有一些企业孵化器单纯依靠政府财税优惠和补贴来维系生存。这些问题，究其原因在于企业孵化器的孵化能力问题。孵化能力不仅是企业孵化器生存和发展的决定性因素，也是企业孵化器高质量发展的重要体现。面对企业孵化器战略地位日益重要与企业孵化器发展受阻这一矛盾，我国企业孵化器急需突破孵化能力困境，实现企业孵化器的高质量发展。

本书以扎根理论、协同理论、社会网络理论、集成理论为理论基础，紧紧围绕“企业孵化器孵化能力提升”这一基本研究命题，进行理论探索，以期为我国企业孵化器的高质量可持续发展提供系统性的实证基础和具有针对性与可操作性的政策建议。本书主要由三大部分构成，具体包括：第一，企业孵化器发展及其孵化能力现状分析。对企业孵化器的概念进行了界定，以及回顾了企业孵化器的发展。根据统计年鉴相关数据显示，通过在孵企业平均收入、孵化器平均收入等指标，对企业孵化器孵化能力现状进行了分析，发现企业孵化器数量和规模发展快，但质量却并未实现同步提高，孵化能力有待提升。第二，对企业孵化器孵化能力影响因素进行分析，这部分内容包括两部分：一是基于扎根理论的企业孵化器孵化能力影响因素分析。分别从上海、福州、洛阳3地选取4家企业孵化器和10家在孵企业进行深度访谈，获取主要文本数据，借助软件MAXQDA 12.0对文本数据进行编码分析，得出孵化能力的影响因素包括个体层面二元主体协同、网络层面孵化网络健全、集群层面在孵企业集群管理和外部因素孵化环境，形成了孵化能力全面的理论解释框架，并提出这三个层面因素对孵化能力具有正向影响，孵化环境在它们对孵化能力影响之间起正向调节作用的初始假设命题。二是企业孵化器孵化能力影响因素实证研究。在上述研究基础上，参阅相关文献，设计调查问卷，通过线上和线下相结合的方式发放问卷，共收回有效问卷323份，借助软件Smart PLS 3.0，进行实证检验，检验结果支持提出的研究假设，使构建的理论框架得到了实证数据的支持。第三，提出企业孵化器孵化能力提升对策。针对企业孵化器孵化能力的影响因素，提出孵化能力提升对策。一是加强二元主体协同，包括加强目标协同、提高协作意愿、有效整合资源。探索使用耦合协调度模型、协同度模型，评价二元主体协同水平。二是健全孵化网络，包括完善孵化网络结构、加强孵化网络联系、强化孵化网络治理。选取福建省、河南省及其中两家孵化器网络相关节点信息进行孵化网络评价。三是强化在孵企业集群管理，包括制定协同战略、优化组织结构、加强组织学习以及采取界面管理。四是完善孵化环境，包括完善政策环境、创新环境和法律环境。

本书丰富和完善了企业孵化器的科学管理理论，对提升企业孵化器孵化能力，促进企业孵化器发展，提高企业孵化器的孵化成功率，具有实践指导意义。

目　　录

第 1 章

绪　论

1.1 研究背景

我国经济正处在高速发展阶段向高质量发展阶段的重要转型时期，创新创业是推动经济转型升级的重要推动力。国家领导人曾多次在重要的场合和会议中发出“大众创业，万众创新”的号召，支持创业、鼓励创新已成为国家的一项重要核心战略。在双创战略的指导下，越来越多的人走上科技创新创业的道路。根据全球创业观察报告（GEM）的数据统计显示，我国近几年始终处于创业活跃国家之列，但与创新创业热潮形成鲜明对比的是我国居高不下的创业失败率，由于存在“新生劣势”，近五成新创企业的存续时间不超过5年（项国鹏和黄玮，2016；刘宁等，2020）。大部分新创企业，尤其是处于发展中国家的新创企业因无法及时获取创新创业的必需资源，导致存活率较低（Basu & Biswas，2013）。新创企业通过入驻满足发展要求的企业孵化器，能大大降低创业风险，提高创业成功率。企业孵化器不仅在帮助新创企业生存、成长和发展的过程中，扮演着重要的角色，还是促进科技创新成果有效转化，提升区域就业率，推动地区科技进步和经济发展的重要力量（Aerts et al.，2007）。在世界经济发展趋缓并且创新创业活跃的背景下，企业孵化器作为扶持和培育新创企业生存和发展的工具备受关注（Bruneel et al.，2012）。

企业孵化器作为提高创业成功率的有效措施（Dutt et al.，2015），于过去的20年间在发展中国家，如中国、巴西、尼日利亚等，得到迅速发展。随着世界各国把创新作为驱动经济发展的重要力量，各国的政府部门也把企业孵化器作为重要的政策工具用以促进科技创新和建设国家的创新体系，企业孵化器迎来了迅猛发展的契机（Mian，2016）。根据《中国火炬统计年鉴 2020》相关数据分析显示，截至 2019 年底，我国孵化器数量为 5206 个（其中国家级孵化器 1177 个），场地面积 1.29 亿平方米，孵化器总收入 449.87 亿元，在孵企业 21.68 万个，在孵企业总收入 8219.86 亿元，累计毕业企业 16.09 万个，为社会培养了大批发展前景良好的优质成长型企业。近些年，孵化器数量和在孵企业数量总体上仍呈增长趋势，促进了我国创新创业活动活跃程度进一步提高。

企业孵化器已经成为我国加快实施创新驱动发展战略，推动经济发展的重要载体（王康等，2019）。2017 年，科技部印发了《国家科技企业孵化器“十三五”发展规划》，肯定了孵化器为转变经济发展方式、优化经济结构作出的积极贡献，提出地方政府进一步加大对孵化器支持力度，明确了孵化器工作已经上升到国家发展战略层面，不仅在促进科技成果转化、汇聚创新创业资源，还在激发社会全员创新创业，推动经济实现创新驱动、可持续发展等方面发挥至关重要的作用。在“十四五”规划和 2035 年远景目标纲要中，明确指出要整合优化科技资源配置，建设重大科技创新平台，完善国家创新体系，加快建设科技强国。企业是建设创新型国家的主体和生力军，是推进创新驱动发展战略的重要基础力量（吴翌琳，2019），但新创企业在成长过程中普遍面临严重的资源约束、高度不确定性及自身复杂的组织特征（Webb et al.，2014；蔡莉和单标安，2013）。因此，创新的一个重要动力来自企业孵化器对于创业行为的有力支撑。企业孵化器在我国被赋予的历史使命是服务大众创业，通过提高孵化质量，提升孵化能力，推动全社会形成科技创新带动创业发展的高潮，为我国经济发展转型升级、建设创新型国家奠定坚实基础（王路昊和王程韡，2014）。

随着我国创新创业战略的深入贯彻实施，企业孵化器进入快速发展阶段。虽然我国孵化器数量大量增加，规模不断扩大，但是带来的仅是孵化产业的非理性繁荣，孵化器发展中存在许多问题（赵黎明等，2015），同时我国创新创业活动不断活跃，科技研发投入逐渐提高，产品生命周期不断缩短，技术知识日益专业化，市场竞争日趋白热化，快速发展的科技企业对孵化器的服务也提出了新的要求，然而有些孵化器却未实现同步转型升级。根据《中国火炬统计年鉴 2020》相关数据分析显示，在孵企业平均收入从 2011 年开始出现波动下降的趋势。2011 年在孵企业平均收入为 623.704 万元，2016 年、2017 年、2018 年、2019 年分别为 359.580 万元、356.856 万元、404.953 万元、379.098 万元，下降幅度明显，甚至低于 2005 年的 411.587 万元。孵化器的平

均收入也呈现下降的趋势，从 2013 年的 1996.9 万元下降至 2019 年的 864.1 万元。从现实情况来看，有些孵化器在孵化期限内孵化不出合格的企业，孵化器长期处于亏损状态，甚至倒闭。还有一些孵化器仅通过国家相关部门的财政补贴和税收优惠勉强维持生存。从 2017 年开始，越来越多仅靠政府资金扶持设立和相关政策补贴生存的孵化器举步维艰。而这些问题，究其原因在于企业孵化器的孵化能力问题。

孵化能力不仅是企业孵化器生存和发展的决定性因素，也是企业孵化器高质量发展的重要体现。由此可见，我国孵化器发展至今，孵化质量和孵化水平尚不能适应当前创新创业发展的新形势，孵化能力有待提升。孵化器的规模已经不再是制约我国孵化器发展的约束条件，质量提升才是孵化器未来必然的发展方向（黄攀等，2019）。《国家科技企业孵化器“十三五”发展规划》，明确指出：“我国孵化器发展面临的主要矛盾，就是当前我国的创业孵化服务能力和水平，尚不能完全满足创新创业活动的巨大服务需求。”科技部火炬中心曾指出，有些地区在建设孵化器上过于求大求快，孵化能力却并未实现同步提升，造成资源闲置，孵化服务水平低下，孵化器未能发挥应有的孵化作用，同时新一轮科技与产业革命正在创造历史性机遇，创新创业活动呈现新规律，创业大发展对孵化服务产生新需求，良好的创新创业生态成为推动双创发展的必要条件，孵化器将面临更大挑战和更高要求。因此，面对企业孵化器战略地位日益重要与企业孵化器发展受阻这一矛盾，我国企业孵化器急需突破孵化能力困境，实现企业孵化器的高质量发展。孵化能力对提高企业孵化器孵化成功率和促进企业孵化器的发展具有重要的意义。问题在于，为什么有些企业孵化器在标准的孵化期限内孵化不出合格的企业？影响孵化能力的因素是什么？如何进行孵化能力提升，促进孵化器的健康可持续发展？对于这些问题，实践中未能得到很好的解决。本书试图揭示企业孵化器孵化能力的影响因素，探讨如何提升孵化能力，为企业孵化器孵化能力的提升提供新启示。

1.2 国内外相关研究综述

从世界范围来看，企业孵化器的发展已有 60 余年的历史，但自 20 世纪 80 年代起，企业孵化器才开始了较为迅速的发展。因此，早期创建的企业孵化器几乎没有留下经营发展的记录材料。随着企业孵化器实践在全球的蓬勃发展，

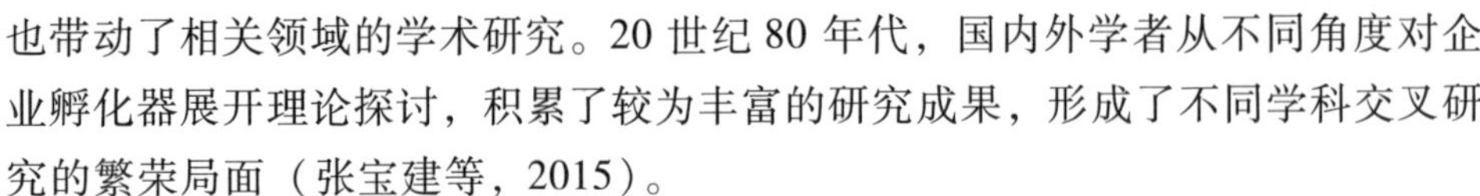

也带动了相关领域的学术研究。20 世纪 80 年代，国内外学者从不同角度对企业孵化器展开理论探讨，积累了较为丰富的研究成果，形成了不同学科交叉研究的繁荣局面（张宝建等，2015）。

1.2.1 国外研究综述

1.2.1.1 研究现状

企业孵化器研究始于 20 世纪 80 年代。西方发达国家较早地在内涵定义、基础理论等方面展开研究。斯米勒（Smilor，1987）介绍了企业孵化器作为促进创新发展的工具，以加速新创企业的发展，加快创新技术的商业化为目的。通过质性研究提炼出有效管理孵化系统的十个因素。斯米勒（Smilor，1987）分析认为，企业孵化器存在的重要意义在于提供管理增值服务，为在孵企业提供更有利于创新的环境，推动科技进步。斯彻尔和麦克劳德（Scherer & Mcdonald，1988）考察了企业孵化器内新创企业，采用案例研究方法，分析得出新创企业常见的失败源于在继续开发第二代产品之前，低估了成功将第一代产品商业化所需的时间和资源。如何应对技术和市场变化的短期和长期措施应被清晰地区分和确定优先级别。菲斯尔和威莱德（Feeser & Willard，1989）通过对比同一行业的两组高成长率和低成长率的企业，分析了企业孵化器在新创企业成长中发挥的特性作用。佑德尔（Udell，1990）探讨了企业孵化器对推动企业创新和帮助新创企业成长方面的作用，通过对企业孵化器的实证研究，发掘其对在孵企业的潜在影响，并指出不能盲目复制建设企业孵化器，会导致资源浪费。玛克雷和玛克纳玛（Markley & Mcnamara，1995）介绍了企业孵化器的经济和财政影响，并且说明企业孵化器如何推动区域就业和收入。勉（Mian，1996）评估了大学科技园对新创科技型企业的增值贡献，通过对全国具有代表性的 6 个大学科技园进行深入调研发现：实验室、基础设施以及学生雇员等对新创科技型企业的增值贡献较大。格润纳和布鲁特（Greene & Butler，1996）考察了两种孵化模式，一种是企业孵化器，另一种是商业社区，两种模式的主要区别在于提供的服务和促进业务发展的动力不同。勉（Mian，1997）制定了评估和管理大学科技园的模型，在模型中，将项目的成长性、可持续性，在孵企业的生存、成长，以及对大学的贡献率作为评价的指标维度。威赛德（Westhead，1997）提到了科技园为新创科技型企业提供了重要的资源网络。

实证检验的结果表明，在园内的新创企业在获得研发投资以及新产品和服务的商业化和市场化方面并没有比在园外的新创企业具有明显的优势。维的维络（Vedovello，1997）关注大学与产业之间建立的联系和科技园在加强他们关系之间的作用，指出主要通过正式连接、非正式连接和人力资源连接方式建立关系，地理上的邻近关系不是驱动他们建立或加强联系的主要动力。卡布若和戴哈比（Cabral & Dahab，1998）说明科技园不仅为发达国家也为发展中国家提供了大学与产业之间的理想连接。描述科技园的成功需要具备 10 个主要条件，包括来自政府部门的资助、优秀的经理人、与科研机构的紧密联系等。诺瓦克和格阮瑟姆（Nowak & Grantham，2000）研究了加利福尼亚软件产业，描述这些企业通向成功之路的主要障碍，指出建立战略伙伴关系对于他们创造财富的能力变得越来越重要，提出了虚拟企业孵化器可以有效促进新创企业的成功和商业网络的构建。在企业孵化器研究的早期阶段，学者们关注的焦点在企业孵化器的作用，以及对新创企业生存和发展带来的影响。

国外企业孵化器的研究在进入 21 世纪之后，基本问题的研究深度有所加强，研究视角更加丰富。阿德百特（Adegbite，2001）回顾了发展中国家尼日利亚企业孵化器的状况，分析了企业孵化器现存实施项目的优缺点，通过对企业孵化器进行评估，以达到促进在孵企业技术创新和发展的理想效果。克隆姆勃和德玛斯妥（Colombo & Delmastro，2002）通过对意大利 45 家孵化企业与未被孵化企业进行对比，实证分析得出企业孵化器对新创科技型企业的发展具有推动作用，是支持技术创新型企业发展政策的重要组成部分，对于意大利这类创新体系比较薄弱的国家尤其如此。乎素等（Hsu et al.，2003）探讨了企业孵化器与产业集群之间的相互作用。通过深度访谈等方法分析发现，产业集群的集群效应是推动企业孵化器发展的主要因素，与此同时企业孵化器也会增强产业集群某些方面的聚集。艾尔纳德特（Aernoudt，2004）指出，欧洲企业孵化器发展中最大的障碍是缺乏商业网络、种子资金等。李和奥斯特央（Lee & Osteryoung，2004）通过对比分析美国和韩国企业孵化器成功的关键因素，总结出孵化器成功的经验具有普适性，其中运营策略与目标、全面的软硬件设施、提供的孵化服务以及完善的孵化网络发挥着重要作用。鲍琳特伏特和佑哈艾（Bøllingtoft & Ulhøi，2005）以社会资本理论为理论基础，探讨了一种新型企业孵化器，网络孵化器，它是基于区域协同、范围经济和关系共生的综合型企业孵化器。潘等（Phan et al.，2005）发表了一篇综述文章，阐述了企业孵化器的使命是通过知识聚集和资源共享促进在孵企业发展，概述了已有研究的不足并提出了研究展望，比如，应用代理理论的观点解决多元主体可能存在的冲突问题等。乾和罗（Chan & Lau，2005）提供了企业孵化器的评估框架，根据以往的研究，将网络优势、集群效应、成本补贴等9个指标纳入评估框架中。格瑞曼德和格润迪（Grimaldi & Grandil，2005）总结了不同类型企业孵化器的研究情况，并提炼出了衡量企业孵化器绩效的多个指标，其中包括管理团队、孵化年限、收入来源、孵化服务等。如瑟迈尔和瑟斯拜（Rothaermel & Thursby，2005）探讨了作为知识载体的高校与企业孵化器的联系对企业孵化器绩效带来的影响，研究结果表明，企业孵化器吸收外部知识的能力是高校的智力资本转化为企业孵化器竞争优势的一个重要因素。泽德特维兹和格润迪（Zedtwitz & Grimaldi，2006）通过对意大利10个企业孵化器进行案例研究，发现企业孵化器战略目标的差异和竞争范围的差异会影响其提供孵化服务的性质、质量和措施以及管理方式。瑟弗利和维纳塔斯（Sofouli & Vonortas，2007）指出，希腊的科技园区和企业孵化器在过去的15年，所有权和管理方式发生了转变，更多私人参与投资的转变使得更多成功的创新型企业涌现。博盖克和纳门（Bergek & Norrman，2008）阐述了企业孵化器作为促进技术成长型企业发展的工具，成为世界许多地方的普遍现象，认为确定企业孵化器的最佳实践模式非常重要，制定了一个将业务支持、调解策略等作为评估因素的框架，用以探寻孵化器的最佳实践模式。哈凯特和迪奥斯（Hackett & Dilts，2008）收集了美国53家正在运营的企业孵化器数据，系统地探讨了企业孵化器的运作流程，开发了孵化新创企业过程的量表。基于实证分析，提出了改进孵化过程的理论模型并且证明企业孵化结果的数据对于企业孵化器的未来规划和标准的制定很有用。阐达阮和费雷（Chandra & Fealey，2009）介绍了美国、中国和巴西的孵化环境，指出了这3个国家在孵化方式上的异同，发现政府的补贴政策、地区金融服务和风险投资都会对企业孵化器的绩效产生重要的影响。斯莱特和阐克阮巴特（Scillitoe & Chakrabarti，2010）基于社会资本理论，分析了企业孵化器的咨询服务和网络成员的互动作用对新创科技型企业在商业和科技方面的帮助和益处。斯彻瓦特兹和豪尼彻（Schwartz & Hornych，2010）基于德国企业孵化器内150家在孵企业的数据进行实证分析，发现专业孵化器对提高内部网络的利用效率没有帮助，而且专业孵化器在促进在孵企业与高校之间构建联系时也不优于综合型孵化器。随着企业孵化器实践在全球范围内的开展以及企业孵化器类型的多样化，理论研究也从更加多元化的角度分析企业孵化器对新创企业的影响以及自身如何更好的发展。

企业孵化器实践的蓬勃发展推动着相关理论研究的进一步发展。曼克大姆和玛娄（Mcadam & Marlow，2011）指出，高科技企业入驻企业孵化器有利于增强与潜在投资者的创业联系。布鲁尼尔等（Bruneel et al.，2012）阐述了企业孵化器的演变，对比分析了不同时期的企业孵化器提供的孵化服务和在孵企业的需求，建议企业孵化器在发展中应该制定更为严格的筛选标准和退出政策。鲍勃尔等（Barbero et al.，2012）通过评估研发计划、研发投入、研发产出等指标来衡量不同类型企业孵化器的绩效水平差异，并得出不同类型的企业孵化器绩效水平具有显著的差异。弗瑟卡和杰博（Fonseca & Jabbour，2012）提出了评估企业孵化器的绿色绩效。构建了评估企业孵化器绿色绩效的相关变量指标，将可持续性的概念融入到它的发展评估中。斯姆苏克等（Somsuk et al.，2012）基于资源基础观分析得出影响企业孵化器取得成功的关键因素是战略资源及其分类。林等（Lin et al.，2012）基于网络资源的分析视角，通过实证研究表明了基础设施、外部资源和网络能力对企业孵化器绩效产生显著的正向影响。张（Zhang，2012）分析了拓扑结构对企业孵化网络演化特征的影响。克瑞欧和李（Creso & Lee，2012）调查研究了加拿大企业孵化器网络的形成，阐述了企业孵化器的主要特征之一是构建孵化网络，为在孵企业的发展创造与其他组织建立联系的机会。鲍琳特伏特（Bøllingtoft，2012）做了一项探索性研究，明确了企业孵化器在促进和实现企业家之间关系网络的形成和达成合作方面的作用。拉萨卡瓦（Lesáková，2012）主要介绍了企业孵化器的作用、类型和目标，解释了企业孵化器在培育企业家精神的作用，探讨了斯洛伐克企业孵化器的建设现状以及其对本国技术导向型中小企业创新成长的影响。克劳森和克纳鲁森（Clausen & Korneliussen，2012）明确了企业孵化器在促进技术创新和产品开发及实现产品商业化的作用，并指出创业导向对技术和产品快速推向市场具有积极的影响。邓等（Deng et al.，2014）将灰色系统理论引入孵化能力的评价中，并选取武汉几家企业孵化器作为实例分析孵化能力，指出企业孵化器存在出租率不高、基础设施盲目建设等问题。布哈巴（Bhabra，2014）分析表明，企业家的特征对在孵企业的发展具有影响，比如，先前的经商经历、受高等教育经历等都会对在孵企业的绩效产生积极的正向影响，性别、年龄对其不产生影响。马克维夫等（Markovitch et al.，2015）基于个人投资活动研究了孵化能力，认识到孵化能力在实践中越来越重要。莱和林（Lai & Lin，2015）基于半结构化访谈资料分析了企业孵化器的服务能力，认为在孵企业在创业阶段不仅需要资源支持，更需要项目服务。企业孵化器应提高其项目服务能力，以满足在孵企业日新月异的发展需求。如比等（Rubin et al.，2015）指出，对企业孵化器孵化成果的评估应从关注企业孵化器的绩效转向孵化的内部流程。通过对澳大利亚和以色列企业孵化器的资料研究发现，在孵企业和企业孵化器之间的合作可以增加在孵企业的财务知识以及筹集资金的可能性。高校对于在孵企业新产品研发的后期阶段扮演着更为重要的角色。斯坦图和杰克（Soetanto & Jack，2016）以企业孵化器内141家小型科技企业为样本进行实证分析，研究结果表明，探索性创新在外部闲置资源与在孵企业绩效之间起调节作用。夫库卡瓦（Fukugawa，2017）通过收集日本企业孵化器的面板数据，探讨了在不同情境下，孵化能力对孵化绩效的影响，结果表明，根据新创企业所在的行业和所处的生命周期阶段，物质资源、人力资源和组织资源对其存活和成长产生不同的影响。企业孵化器的规模和地理位置不会对孵化绩效产生影响。在孵企业成长的早期，人力资源对孵化绩效的影响不显著。谢等（Xie et al.，2018）以武汉东湖新技术创业者中心为研究对象，分析了企业孵化器的孵化效应、创新与创业的互动效应、科技创新与制度创新的协同效应、集群效应与生态效应。通过仿真技术，表明几个创新主体的联合作用可以促进企业孵化器的绩效发展。左等（Zuo et al.，2018）构建了创新孵化能力的评价模型，通过实证分析发现，中国高新技术产业的创新孵化能力进入缓慢发展阶段，研发能力对于中国高新技术产业的创新孵化能力有着重要的影响。唐等（Tang et al.，2019）通过质性研究方法，以中关村的5家新一代企业孵化器作为研究对象，探讨了企业孵化器及其选择的商业模式。王等（Wang et al.，2020）基于心理资本理论和区域创新系统理论，选用中国31个省的面板数据进行实证分析，研究结果表明，孵化能力比其他因素对区域创新绩效产生更大的影响，区域通信基础设施在孵化能力和区域创新绩效之间起调节作用。在近些年的研究中，越来越多的学者开始关注到孵化能力的重要性，并基于不同视角对孵化能力展开了研究。

1.2.1.2 研究评析

1. 研究趋势

选择Web of Science数据库（以下简称WoS），下载相关期刊文献，该数据库收录的引文信息源在国际上具有重要的学术权威性（梅亮等，2014）。按照国际惯例，企业孵化器的表达通常使用“incubator”“innovation center”“science park”等。为此，选取WoS中的核心合集，选择主题检索方式，在检索框

中输入“incubat *”(涵盖了incubator，incubation，incubate等多种变形表达式)或“innovation center”“science park”“science and technology park”，发文年限选择从1990~2019年，文献类型选择为Article（论文）、Review（综述）和Proceeding Paper（会议论文），然后限定在SSCI数据库进行检索，通过选取类别为Management or Business or Economics精练后得到710篇期刊文献，这些文献数据涵盖了文献的标题、关键词、摘要、发表的期刊和参考文献等，结合原文的解读，为软件分析处理提供依据。为使后续的分析结果更加精确与科学，需要对检索到的文献数据进行预处理。对原始数据进行除重操作，打开CiteSpace软件，进入设置界面，点击Data，然后选择Inport/Export，进入数据预处理功能界面。对数据进行除重，除重后的数据记录仍为710篇文献。

统计企业孵化器国外研究领域的历年发文量，得出发文量的变化趋势，从而揭示该研究领域的发展状况，预测未来的研究前景（谢卫红等，2018）。其中，折线表示发文量，柱状表示被引频次。对710篇文献进行统计，如图1－1所示。

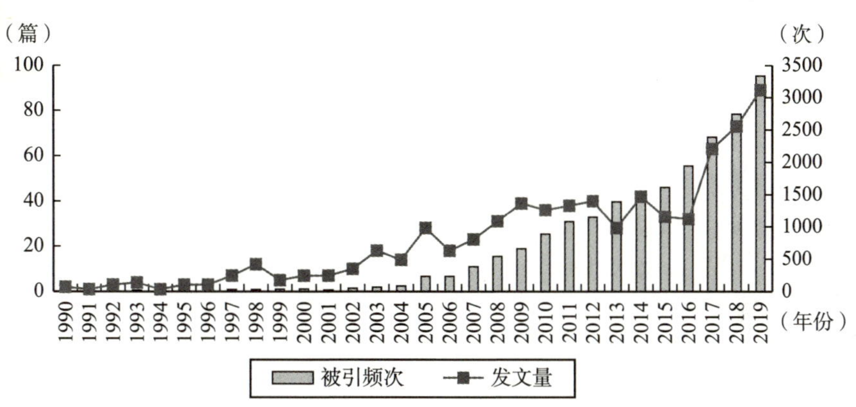

图1－1 企业孵化器国际研究发文量和被引频次年度分布

资料来源：Web of Science数据库。

在某一知识领域研究的初期，由于相关理论较少以及基础知识的匮乏，导致相关论文的发文量较低，但随着实践的发展和时间的推移，越来越多的研究者和研究机构进入该领域，研究不断深入，相关论文的发文量随之增加并逐渐趋于稳定（李贺等，2014）。图1－1显示，企业孵化器相关研究在1990~2001年的发文量一直处于一个较低的水平，年均发文量约5篇。随着世界各国开始支持建设发展企业孵化器，全世界孵化器数量逐渐增加，实践的发展也推动理论的发展。从 2002 ~ 2016 年发文数量较上一个阶段有较大幅度的提升，并处于上升的状态，年均发文量近 29 篇。随着世界各国把创新作为驱动经济发展的重要力量，各国的政府部门也把企业孵化器作为重要的政策工具用以促进科技创新和建设国家的创新体系，企业孵化器迎来了迅猛发展的契机（Etzkowitz，2002），因此，越来越多的学者关注该领域的发展研究。2017 ~ 2019 年在国际上对于企业孵化器研究的发文数量呈急剧上升趋势，2017 年发文量为 63 篇，2018 年发文量为 73 篇，2019 年发文量为 89 篇。从企业孵化器在国际上 1990 ~ 2019 年的历年发文量的变化趋势，说明该领域的研究趋于不断发展的上升态势，并且 2017 ~ 2020 年的发文量出现了爆发式增长，说明其依旧是热点研究问题之一。

企业孵化器相关文献在 WoS 中的每项平均引用次数为 28.97，这个指标处于较高水平，并且从图 1 – 1 可以看出，企业孵化器相关文献的被引频次表现年递增趋势，呈现出“J 型”，尤其是 2005 年之后文献被引频次大幅度增长。施引文献为 12510 篇，去除自引的施引文献为 12105 篇。所有论文被引频次总计 20567 篇，去除自引频次数量，则论文被引频次总计 17473。h-index 指数为 73。从图 1 – 1 中呈现出来的数量趋势，以及各个指标数据，都显示企业孵化器正在成为国际研究领域的一个学术热点问题，随着实践的发展，在今后的研究中具有很大的可拓空间。

2. 研究国家（地区）分布

利用 CiteSpace V 进行国家（地区）合作网络分析，导入 710 条文献数据，在 CiteSpace V 的界面上，将时间范围设定为 1990 ~ 2019 年，设置时间切片为 1，节点选择为国家（地区）[（region）]，阈值选择为前 50，运行软件生成企业孵化器研究的国家（地区）合作网络知识图谱（见图 1 – 2）。年轮环代表了国家（地区）的发文数量及时间。年轮的圆环对应不同的发文时间，年轮厚度与某个时间内发文数量成正比。节点的大小代表了这个国家（地区）发文数量的多少。节点之间的连线代表了国家（地区）与国家（地区）之间的合作关系（李杰和陈超美，2016）。

图 1 – 2 中显示最大的 3 个年轮环分别是美国、英国、西班牙，表明这 3 个国家的发文量位居前三位，与这 3 个国家企业孵化器发展的领先地位密不可分，而且也说明这些国家对企业孵化器的关注度很高。接着是中国、意大利、瑞典等。不难看出，企业孵化器发文量高的主要是经济发达、技术先进、企业孵化器

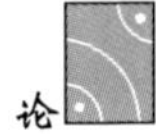

发展较早的国家或地区。除了发文量之外，在知识图谱中还有一个重要的指标，即中介中心性，当节点的中介中心性大于0.1时，我们就认为该节点在知识图谱网络中占据重要的位置。其中，美国、英国、西班牙等的中介中心性都超过这一指标，结合各个国家（地区）的发文量，作出综合评价。美国、英国、西班牙、中国在企业孵化器的研究中表现出较强的科研实力。节点之间的连线表明美国、英国与其他国家（地区）的相关研究机构展开了较为密切和广泛的合作关系，同时也说明英美两国在企业孵化器研究方面的影响力比较大。此外，中国台湾地区与荷兰、法国，西班牙与瑞典、意大利等都形成了科研合作圈。

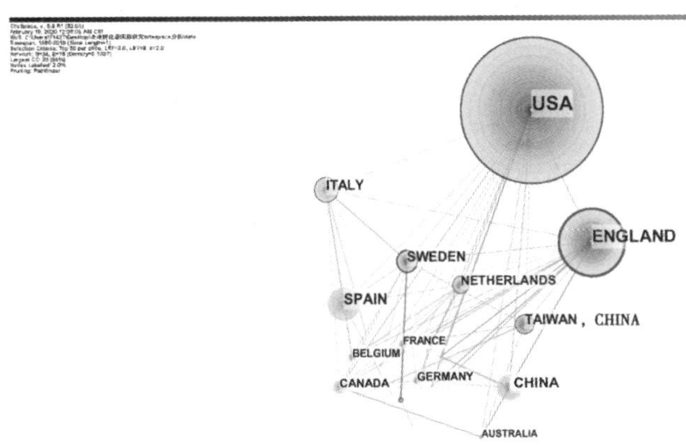

图 1－2　企业孵化器研究国家（地区）合作网络知识图谱

710 篇企业孵化器研究文献来自 58 个国家（地区），表 1－1 列出了发文量排在前十位的国家（地区）发文相关信息。其中美国的发文量为 236 篇，占比为 33.239%，位居第一；中国的发文量为 51 篇，占比仅为 7.183%，位居第 4。排在前三位的美国、英国、西班牙发文量总计 401 篇，占总数的 56.478%，这 3 个国家（地区）发文量总数比其余所有国家和地区发文量总数还略高一些。说明这 3 个国家（地区）在该领域的研究取得了一定的成果，是该领域研究的主力军。

表 1－1　企业孵化器国际研究发文量排在前十的国家（地区）分布

排序	国家（地区）	发文量	中心性
1	美国	236	0.36
2	英国	109	0.40

续表

排序	国家（地区）	发文量	中心性
3	西班牙	56	0.13
4	中国	51	0.57
5	意大利	43	0.15
6	瑞典	42	0.27
7	中国台湾	37	0.18
8	荷兰	34	0.12
9	加拿大	30	0.07
10	德国	25	0.01

3. 期刊分布

根据布拉德福文献分散规律（Law of Bradford），某一知识领域的科学研究分散在不同的相关期刊上，不同期刊刊载论文数量与该期刊的专业程度存在着明显的正相关关系。依据刊载论文的数量的多少，可以将期刊划分为关注企业孵化器研究的核心区、相关区和非相关区（张亚如等，2018）。根据布拉德福文献分散规律计算该研究领域的核心区期刊数量，即 $r_0 = 2\ln(eE \times Y)$。式中，r_0 为核心期刊数，E 为欧拉系数，Y 为刊载企业孵化器领域论文数量最多的期刊的载文数量（刘金立等，2009）。$r_0 = 2\ln(1.8 \times 50) \approx 9$，得到核心区期刊有9种，分别是 *Journal of Technology Transfer*，*Technovation*，*International Journal of Technology Management*，*R D Management*，*Journal of Organizational Behavior*，*Technological Forecasting and Social Change*，*Research Policy*，*Technology Analysis Strategic Management*，*Journal of Business Research*。这9种期刊刊载文献共计258篇，占总刊发量的36.338%。由此可知，这9种期刊为关注企业孵化器研究的核心刊物（见表1－2）。上述9种期刊在企业孵化器研究领域具有一定的影响力，能够把握企业孵化器研究方向和研究动态，并为后续研究提供参考和借鉴意义。

表1－2　　　　发表企业孵化器主题核心刊物

排名	来源出版物名称	记录	占比（%）
1	*Journal of Technology Transfer*	50	7.042
2	*Technovation*	45	6.338
3	*International Journal of Technology Management*	28	3.944
4	*R D Management*	26	3.662

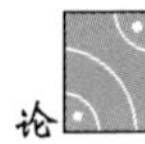

续表

排名	来源出版物名称	记录	占比（%）
5	*Journal of Organizational Behavior*	25	3.521
6	*Technological Forecasting and Social Change*	25	3.521
7	*Research Policy*	23	3.239
8	*Technology Analysis Strategic Management*	20	2.817
9	*Journal of Business Research*	16	2.254

除了上述9种期刊外，还有大量文献分散在不同的期刊上，只是载文量相较于上述9种期刊少。通过对比刊载企业孵化器研究文献的不同期刊类型可以发现，企业孵化器研究视角繁杂，涉及多学科的交叉研究。其中包括科技创新类、经济管理类等学科期刊。这表明企业孵化器的研究受到了不同学科的广泛关注。

4. 重要研究者

为了把握哪些研究者在企业孵化器研究领域知识演进中扮演了重要的角色，利用CiteSpace V中的作者共被引功能来分析企业孵化器国际研究领域的重要研究者（屈家安和刘菲，2018）。在软件的参数设置界面，共被引分析区域选择Cited Author（被引作者），阈值选择为前50，网络裁剪方式设置为pathfinder，运行软件后得到的作者共被引网络如图1－3所示。节点大小反映了该作者总被引频次的高低。中心度数值的多少反映了节点在网络中重要性的大小（石小岑和李曼丽，2016）。

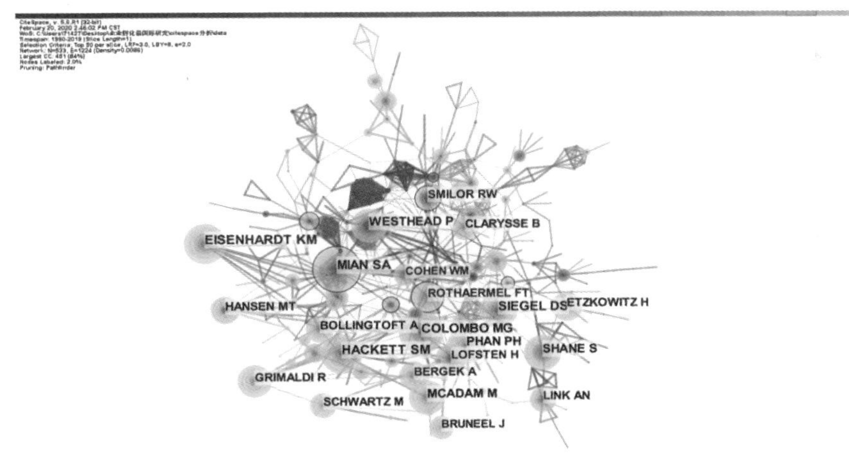

图1－3 作者共被引知识图谱

根据频次高低排序，选择频次排在前十一位的作者如表1-3所示。

表1-3　频次排序前十一位的作者

排序	作者	频次	中心性
1	勉（Mian S A）	129	0.13
2	克隆姆勃（Colombo M G）	116	0.02
3	艾森哈特（Eisenhardt K M）	113	0.04
4	哈凯特（Hackett S M）	112	0.03
5	西格尔（Siegel D S）	104	0.08
6	潘（Phan P H）	102	0.02
7	珊（Shane S）	101	0.02
8	曼克大姆（Mcadam M）	95	0.00
9	威赛德（Westhead P）	95	0.01
10	劳夫斯滕（Lofsten H）	89	0.02
11	格瑞曼德（Grimaldi R）	89	0.05

从图1-3和表1-3中的统计信息可以看出，被引用频次和中心性较高的作者分别为Mian S A、Colombo M G、Eisenhardt K M、Hackett S M、Siegel D S，说明这些作者对该领域的研究贡献较大，在该领域知识演进的过程中扮演着重要的角色。

5. 知识基础

应用CiteSpace绘制文献的共被引知识图谱，能够呈现某个学科领域的知识基础（Garfield，1994）。通过对文献共被引知识图谱的分析，可以更好地了解企业孵化器研究领域的知识基础。文献总被引次数的高低反映了该文献在相关研究领域影响力的大小。总被引频次越高的文献，说明其在该领域的学术影响力越大，并且成为该领域后续研究的知识基础。

运用CiteSpace V软件，打开参数设置界面，在共被引区域选择Cited Reference（被引文献），阈值选择为前50，时间分割切片选择为2，选择Pathfinder网络裁剪算法，得到文献共被引知识图谱，如图1-4所示。节点大小代表文献被引用频次的高低，节点间的连线表明文献之间有共被引的关系（李杰和陈超美，2016）。

为了更全面清晰地了解企业孵化器国际研究领域的基础知识，列出了频次大于22（含22）的文献信息，如表1-4所示。

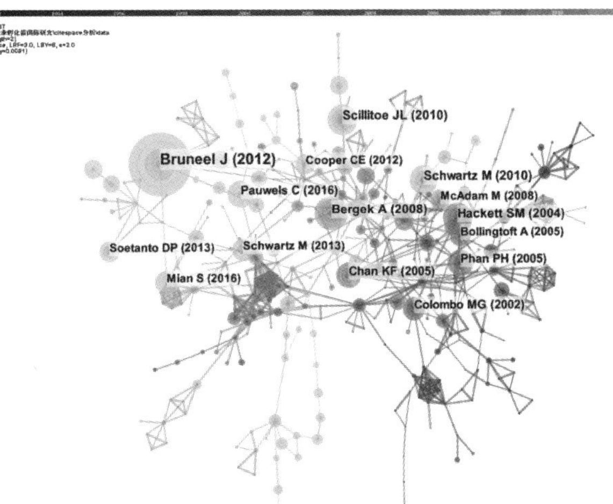

图1-4　文献共被引知识图谱

表1-4　　共被引文献相关信息

频次	中心度	篇名	作者	年份	来源期刊
58	0.08	企业孵化器的演变：比较不同代际孵化器的企业孵化服务供需情况（*The Evolution of Business Incubators: Comparing demand and supply of business incubation services across different incubator generations*）	布鲁尼尔等（Bruneel J et al.）	2012	Technovation
31	0.01	孵化器最佳实践：框架（*Incubator best practice: A framework*）	博盖克等（Bergek A et al.）	2008	Technovation
29	0.02	孵化器互动在协助新企业方面的作用（*The role of incubator interactions in assisting new ventures*）	斯莱特等（Scillitoe J L et al.）	2010	Technovation
29	0.00	走进企业孵化的黑箱：B级评估、模型改进和孵化成果研究（*Inside the black box of business incubation: Study B-scale assessment, model refinement, and incubation outcomes*）	哈凯特等（Hackett S M et al.）	2008	Journal of Technology Transfer
28	0.02	孵化器企业的合作模式和孵化器专业化的影响：来自德国的经验证据（*Cooperation patterns of incubator firms and the impact of incubator specialization: Empirical evidence from Germany*）	斯彻瓦特兹等（Schwartz M et al.）	2010	Technovation
25	0.01	科学园和孵化器：观察、综述和未来研究（*Science parks and incubators: observations, synthesis and future research*）	潘等（Phan P H et al.）	2005	Journal of Business Venturing
25	0.03	了解新一代孵化模式：加速器（*Understanding a new generation incubation model: The accelerator*）	波韦尔斯等（Pauwels C et al.）	2016	Technovation

续表

频次	中心度	篇名	作者	年份	来源期刊
25	0.04	科技园区科技孵化项目评估：好的、坏的和丑陋的（*Assessing technology incubator programs in the science park: the good, the bad and the ugly*）	乾等（Chan K F et al.）	2005	Technovation
22	0.08	技术孵化器的效果如何？来自意大利的证据（*How effective are technology incubators? Evidence from Italy*）	克隆姆勃等（Colombo M G et al.）	2002	Research Policy

对表1-4中的共被引文献进行分析，大致可以将其分为两类：一是企业孵化器的作用和发展研究；二是对企业孵化器绩效的评估。这些文献为进一步开展企业孵化器领域的研究奠定了知识基础。企业孵化器相关理论的研究伴随着企业孵化器的实践不断发展，在梳理前人研究的知识基础之上，为后续开展研究提供新的视角和思路。

6. 研究主题

企业孵化器理论的研究经过几十年的发展，不同的学者根据自身的研究目的和学科背景出发，采用不同的研究方法对企业孵化器展开理论探索，相关理论研究呈现出百家争鸣、百花齐放的局面。企业孵化器的研究也因此形成了不同的研究主题。回顾已有文献，通过文献研究，运用统计分析方法，将企业孵化器研究主题主要分为以下5类（见图1-5）：企业孵化器的作用和发展研

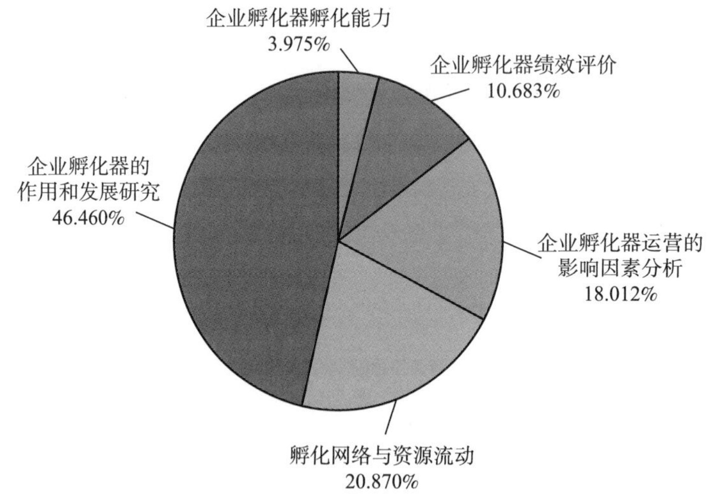

图1-5 企业孵化器国外研究主题的分布情况

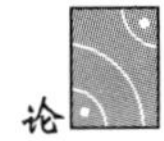

究、企业孵化器绩效评价、企业孵化器运营的影响因素分析、孵化网络与资源流动、企业孵化器孵化能力。

从图1-5中可以看出，首先，国外对于企业孵化器的作用和发展研究的占比最大，为46.460%，近一半的研究对该主题进行了探讨。其次，是对孵化网络与资源流动的研究，占比20.870%。再次，是对企业孵化器运营的影响因素分析、企业孵化器绩效评价，分别占比18.012%、10.683%。最后，是对企业孵化器孵化能力的研究，仅占比3.975%。

7. 研究热点

研究热点可以认为是在某个研究领域中学者们共同关注的一个或多个话题（吴菲菲等，2015）。一个领域的研究热点，通常是处于动态变化之中，保持的时间长短不定。关键词代表了一篇文献的核心思想和主题内容，是对它们的高度概括。高频关键词是指在一个知识领域中被学者们广泛关注和集中研究的主题内容，通过对高频关键词的分析可以解释相关研究领域的研究热点。

导入样本数据到CiteSpace V中绘制关键词共现网络知识图谱，设置时间分割切片为1，在共现分析区域选择Keywords（关键词），阈值选择为前50，网络裁剪算法选择Pathfinder，运行软件后得到企业孵化器研究关键词共现网络知识图谱（见图1-6）。

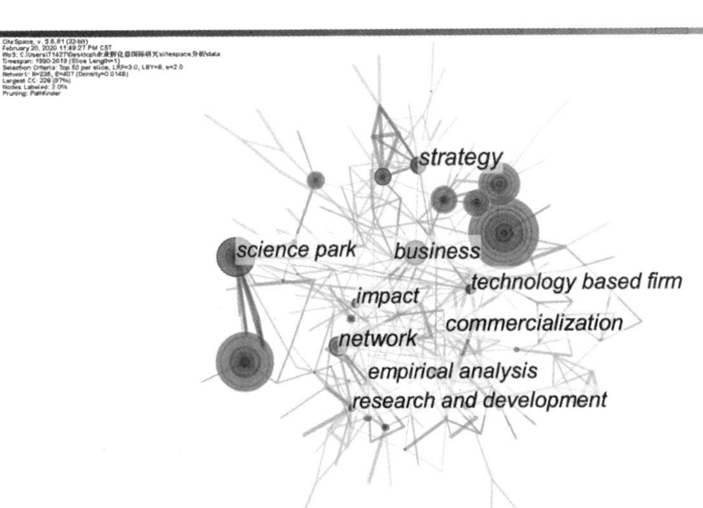

图1-6 关键词共现网络知识图谱

通过知识图谱展示的节点信息，将频次等于或者大于70的高频关键词及相关信息进行整理，如表1-5所示。

表1-5　　企业孵化器研究高频关键词

序号	关键词	频次	中心性
1	Innovation	202	0.04
2	Performance	174	0.02
3	Entrepreneurship	131	0.08
4	Science park	127	0.16
5	Incubator	103	0.10
6	Business incubator	90	0.03
7	Firm	88	0.20
8	Network	77	0.19
9	Knowledge	73	0.02
10	Growth	70	0.13

如表1-5所示，关键词频次及其中心性排序如下：Innovation（202，0.04），Performance（174，0.02），Entrepreneurship（131，0.08），Science park（127，0.16），Incubator（103，0.10），Business incubator（90，0.03），Firm（88，0.20），Network（77，0.19），Knowledge（73，0.02），Growth（70，0.13）。其中Innovation、Performance、Entrepreneurship等关键词出现频次较高。按中心性大小排序，中心性较大的关键词有：Networks（0.19），Growth（0.13）等。通常认为中介中心性较大的节点在知识体系演变的过程中扮演着特定的角色，对某一知识领域的研究方向的发展起着重要的桥梁作用。通过关键词共现网络分析，可以看出现在企业孵化器国外研究热点依旧关注在孵企业的成长、企业孵化器的绩效、企业孵化器为在孵企业成长提供的孵化网络支持等热点问题。

8. 研究不足

国外对于企业孵化器的相关研究处于蓬勃发展的状态。企业孵化器在国际上1990~2019年的历年发文量变化趋势，说明该领域的研究趋于不断发展的上升态势，并且在2017~2019年发文量出现爆发式增长，所有论文被引频次总计20567篇，去除自引频次数量，则论文被引频次总计17473篇，h-index指数为73，说明依旧是热点研究问题之一。随着实践的发展，在今后的研究中具有很大的可拓空间。发文量位居前三位的是美国、英国、西班牙。其次，是中国、意大利、瑞典等。不难看出，企业孵化器发文量高的国家主要是经济发达、技术先进、企业孵化器发展较早的国家或地区。根据布拉德福文献分散规律计算该研究领域的核心区期刊数量，得到核心区期刊有9种。其中包括科技创新类、经济管理类等学科期刊。这表明企业孵化器的研究受到了不同学科的广泛关注。被引用频次和中心性较高的作者分别为勉（Mian S A）、克隆姆勃（Colombo M G）、艾森哈特（Eisenhardt K M）、哈凯特（Hackett S M）、西格尔（Siegel D S），说明这些作者对该领域的研究贡献较大，在该领域知识演进的过程中扮演着重要的角色。

国际学者的研究焦点已经从最初的概念研究、企业孵化器发展研究转为更为微观的企业孵化器的孵化理论的研究。国外学者分别基于社会资本理论、社会网络理论等对企业孵化器展开多个理论角度的分析。国外学者的研究焦点已经从最初的概念研究、企业孵化器发展研究转向更为微观的企业孵化器孵化理论研究。虽然企业孵化器的研究已经成为学术界关注的热点问题，相关研究成果产出较为丰硕，但是企业孵化器的理论研究不够深入，尚未建立成熟的理论体系，很多问题有待进一步深入探讨。

（1）尚未构建统一的理论框架

国外学者除了对企业孵化器的作用、企业孵化器的类型、企业孵化器绩效评价等传统主题进行研究外，也开始探讨企业孵化器的商业模式等微观方面的理论研究，但是研究成果还比较零散，研究结论也存在不同程度的差异。相关研究仍然处于理论探索与理论框架构建阶段。

（2）缺乏对孵化能力全面系统的研究

第一，国外学者开始关注到企业孵化器孵化能力，但是对孵化能力仅停留在对其重要性的认识上，缺乏深层次的系统探讨；第二，对于孵化能力的实证分析，仅从宏观上进行地域之间孵化能力差异的比较，未进行孵化能力差异的影响因素探讨；第三，对于企业孵化器孵化能力提升的研究鲜见，然而孵化能力决定了企业孵化器的健康可持续发展，有待进一步探知和进行理论发展。

1.2.2 国内研究综述

1987年6月，我国第一家企业孵化器成立于湖北省武汉市，命名为武汉东湖新技术创业者中心，开创了我国企业孵化器历史的先河。我国企业孵化器虽然兴起晚，发展时间短，但是在国家政策驱动和创新发展需求的作用下发展迅速，相关理论研究也逐渐呈现出蓬勃发展之势，理论界在企业孵化器领域积累了许多有价值的研究成果。随着企业孵化器实践问题的增多，越来越多的学者和科研机构开始逐渐关注企业孵化器孵化能力的发展问题，并将孵化能力的研究作为主要的研究课题之一。

1.2.2.1 研究现状

国内学者对于企业孵化器的理论研究开始于20世纪80年代末，起初的研究，主要是对于西方发达国家企业孵化器发展的描述和相关经验的介绍以及对企业孵化器作用的肯定（钱平凡，2000）。林锋（1988）介绍了美国企业孵化器产生的背景，与企业家及经济发展的关系以及成功的因素等。阎忠新（1989）介绍了欧洲的企业孵化器以及值得我们借鉴的经验。彭颖（1992）探讨了企业孵化器的概念和功能。刘四大等（1996）介绍了国外企业孵化器对于高新技术小企业的生存和成长的推动作用，以及促进科技成果转化的成效等，认为企业孵化器形式可为正在发展中的中国所借鉴。林元旦（1997）介绍了美国企业孵化器的诞生、特点和作用。指出经企业孵化器孵育的小企业，拥有较高的成功率，同时，小企业的成功又推动企业孵化器的发展。企业孵化器成功的要素不仅取决于经营者的管理水平，企业孵化器是否与高等院校建立起某种联系也是其能否成功的重要因素之一。张景安（1999）肯定了企业孵化器的作用，描述了我国企业孵化器的任务为培育有市场竞争力和成熟的高科技型企业和优秀的专业人才。钱平凡（2000）介绍了企业孵化器产业发展的历史以及运作的国际经验，描述了我国孵化器产业发展现状及存在的问题。提出我国孵化器产业发展“三识（服务意识、市场意识、社团网络意识），三化（企业化、虚拟化、快速化）”的对策。

2000年以后，我国企业孵化器的理论研究，在总结国外企业孵化器发展经验的基础上，开始逐步关注本国企业孵化器发展的特点和存在的问题并试图提出相应的对策解决问题。卢锐等（2001）从产业政策、风险投资和资源配置3个方面分析了政府在孵化器发展中的作用，并针对我国的实际状况提出建立创新孵化体系、风险投资机制、与高校合作的若干建议。曹细玉（2001）指出，我国孵化器孵化能力良莠不齐，提出建立孵化器市场的信誉机制、动态监管机制和高新技术创业企业（或项目）及孵化器的评估中介机构。林强和姜彦福

(2002) 解析了孵化器的内涵和社会作用，论述了我国孵化器的发展历程，提出我国孵化器要走市场化、效益化的发展道路。卢锐和盛昭瀚（2002）通过对孵化器核心资源的研究，发现不同企业的发展重点不同，主要取决于所在孵化器的优势资源。赵佳宝等（2003）回顾了孵化器相关理论，认为靠近大学和研究机构是孵化器发展的重要因素。董华强和梁满杰（2003）指出，我国孵化器的数量呈现较快速度的增长，但是孵化质量提升较慢，较为普遍地存在孵化能力较弱问题，由资源的有限性与孵化范围过大的矛盾和在管理机制上不能很好地平衡政府行为与市场行为之间的关系所导致。张鹏和宣勇（2003）通过对国内大学科技园区发展及现状的分析，认为增强孵化能力的关键在于实行企业化运作，提出从融资机制、服务方式等方面改进。范德成和张巍（2005）在已有研究成果的基础上，通过对比分析，重新构建了大学科技园评价指标体系，指标涉及研发创新、孵化、要素聚集功能3个方面。梁琳和刘先涛（2006）对企业孵化器自我孵化能力的概念进行界定，并从管理、新进企业的选择等不同角度分析了对自我孵化能力的影响，提出分别从政府、管理者的角度提高孵化器自我孵化能力的建议。彭展声和李荣钧（2006）运用模糊综合评价法评价孵化能力，评价指标涉及基础设施、政策环境、创业培训、入孵企业毕业率等。王卫东（2006）指出，我国企业孵化器还没有形成良好的运行机制及管理规范，制约了孵化器的进一步发展。将欧美国家孵化器与以色列孵化器的发展对比分析，揭示孵化器成功发展的经验，比如政府支持、企业化运作模式、投资主体多元化等，为我国孵化器进一步发展提供借鉴。牛仁亮和高天光（2006）探讨了孵化器制度变迁的瓶颈约束与创新途径，必须做好法律、组织以及激励机制等层面复杂的工作。李林和王永宁（2007）把孵化能力作为考察科技园发展的核心竞争因素，并把孵化企业情况、孵化面积、依托单位关联情况作为考察孵化能力强弱的指标。刘瑞娥和袁玲（2008）提到孵化能力的内涵体现为孵化器与在孵企业之间的协同发展、共同进步，孵化能力不仅包括孵化企业的能力，也包括孵化器自身的发展能力，通过培养良好的创业氛围，提高孵化器的中介服务能力，改善内部管理机制，吸引多元化的投资主体来提高孵化能力。殷群（2008）指出，国内对孵化器展开的理论研究大多还停留在对国外孵化器经验介绍的层面，缺乏孵化器发展机理的研究成果，对推动孵化器发展的政策关注不够，采用归纳和对比分析的方法，对国内外孵化器研究的热点问题进行了系统的梳理。殷群（2008）归纳了基础支撑、辅助服务、投资与管理顾问3个层面的企业孵化器收益特征。各类孵化器的收益模式仍处于较低层次，分别从政府支持方式、收益渠道、管理团队3个方面提出提升企业孵化器收益的对策。王爱玲（2009）剖析我国孵化器收入来源及存在的问题，提出建立政府主导的市场运作、民营主导的企业化运作等盈利模式。张力和聂鸣（2009）梳理了国外有关孵化器分类和绩效度量的研究，指出了现有孵化器的理论研究不够深入，并对未来的研究进行了展望。吴文清和赵黎明（2009）构建创业企业知识共享的公共产品博弈模型，指出通过税收优惠、外部成本内部化，促进知识共享，提高创业企业的成功率。许广玉（2009）介绍孵化器以高新技术产业的创新服务为目标，它在促进技术创新的同时也推动了技术范式的转换。王婉和陈智高（2009）分别从动态和静态的角度分析孵化器服务能力与知识结构的关系。边伟军等（2009）分别从品牌定位、设计、维护和发展4个方面研究了孵化器如何实施品牌战略。殷群（2009）提到需要拓展孵化器自主创新功能。提出需要进一步明确和落实各项鼓励政策，建立灵活的风险资金退出机制等。

有的学者从孵化产出与企业孵化器发展路径着手展开研究，通过实际的孵化器产出进行有效性检验。贾蓓妮（2009）建立孵化器绩效评价指标体系，探讨对孵化器运营绩效产生影响的各类要素。徐菱涓等（2009）在对我国孵化器的非营利性和绩效评价动因分析的基础上，提出了孵化器绩效评价的相关理论基础，包括资源依赖理论、利益相关者理论等。赵黎明等（2009）研究了孵化环境的运行机制，并对常规孵化、衍生孵化等模式进行了比较研究。李慧颖等（2009）分析并建立了孵化器服务能力影响因素模型，并从孵化器管理体制、服务内容和人才培养3个方面提出了对策建议。徐菱涓等（2009）指出，未来我国要在孵化器绩效评价研究上有所突破，应该做到制度创新、方法集成、内容创新，并加强组织能力建设。林德昌等（2010）指出，孵化器服务创新的方法是为在孵企业提供基础性服务、进行培育指导等。殷群和张娇（2010）运用DEA方法实证研究了长三角地区企业孵化器的综合效率、技术效率以及规模效率，进而提出了提高企业孵化器运行效率的调整和改进思路。王育新等（2010）结合企业集群本身的特点和优势，提出在孵化器内部建立企业集群的理念。

随着研究的深入，对于企业孵化器研究的视角和采用的研究方法也更多元化。胡小龙和丁长青（2011）通过对153家在孵企业的数据进行实证分析，得出与孵化器经理的互动、与孵化器外部网络的接触以及外部网络的嵌入均对在孵企业知识获取产生积极影响。马玲等（2011）通过实证分析，发现知识结网能力和知识运作能力越强，孵化器创业知识服务能力也就越强。孵化原理的探索和突破是关系到孵化器研究能否持续发展的关键（张力，2010）。吕计跃和崔惠民（2012）认为，孵化器的存在是由于其能够有效地降低新创企业在获取其所需资源过程中需要支付的高昂的交易成本。孵化器和风险投资二者是一种互补而非替代的关系。孵化器的社会最优规模是由其边际成本和社会边际收益决定的。赵黎明和曾鑫（2012）提出了加强合作方的参与度、促进合作网络结构优化，强调孵化器的"桥梁"作用与战略伙伴选择的无形资源拟合的对策。石忆邵和吴婕（2013）通过调查分析发现，孵化器的孵化规模与孵化能力不成比例，孵化器的发展应注重提升其效益，而不是盲目地扩张其规模。郭俊峰等（2013）解析孵化器的盈利模式，指出孵化器实现盈利需要发展和完善完整的孵化体系，实现价值链的升级和延伸，最大化实现价值活动的成本协同，充分利用社会资源等提高对潜在入孵企业的吸引力。黄虹和许跃辉（2013）对2009～2011年我国260家国家级孵化器数据进行深入分析，结果表明，在所考察时域内，我国孵化器的整体效率呈现下降趋势。吴瑶和葛殊（2014）构建了孵化器的二层次商业模式体系。罗峰（2014）提出，孵化器商业模式是集成内外部资源，为服务企业提供孵化服务，为自身持续发展提供资金流、信息流、知识流。李文博（2014）基于多案例系统研究了孵化器创业知识服务的商业运营模式，提炼出客户定位、价值主张、服务能力3个主范畴。何欣（2015）通过案例分析，引入协同理念，构建了孵化器孵化质量管理模型。吴文清等（2015）利用社会网络分析法，分析了上海市和北京市国家级孵化器网络，分析结果表明，孵化器网络是一个无标度网络，网络关系较为稀疏。潘冬等（2015）通过分析孵化器的技术创新服务模式，指出专业服务人才缺失、实施动力匮乏等不足，建议培养复合型服务型人才、制定引导性政策等。崔静静和程郁（2016）基于2009～2012年国家级孵化器的相关数据分析，说明税收优惠政策对于改进孵化服务能力有重要的意义。李振华等（2016）通过对天津市79家企业孵化器的实证调查，发现网络化程度对网络整体孵化能力具有显著正向影响。李浩和胡海青（2016）通过对243家企业实证分析，结果显示，契约治理和关系治理机制均能促进孵化网络绩效。宋清和刘义进（2017）选取自1987年以来中央和地方相关部门发布的孵化器相关扶持政策进行量化分析，建议构建全面系统的扶持政策体系。张宝建等（2017）指出，企业孵化需要结合创业过程提供匹配服务，提出建立孵化过程及对应的评级机制的建议。吕一博等（2018）基于孵化器成长过程视角，采用纵贯式探索性单案例研究方法，探讨其战略模式与资源获取方式的演化路径与适配机理。张玲等（2018）指出，我国孵化器建设趋同现象严重，分析了资金条件、研发水平、创业经验、办公场地及专业团队5类要素对企业毕业的作用，探讨了孵化器发展的差异化战略决策。李振华和李赋薇（2018）以259家国家级孵化器为样本，利用多元线性回归进行实证分析，得出孵化网络的关系持久度、关系强度对集群社会资本和孵化绩效均有正向影响。胡文伟等（2018）对比分析了民营与国有孵化器服务模式，指出硬件服务有余而软性服务不足，物理环境营造有余而资金支持不足等共性问题。韩少杰等（2019）采用探索性嵌入式单案例研究方法，选取8家代表性新创企业的成功孵化治理为分析单元，提出了孵化器对新创企业孵化动机与治理机制的适配框架。颜振军和侯寒（2019）运用DEA方法对我国30个省份孵化器2015~2017年的综合效率、纯技术效率等指标进行测算，结果表明，我国许多省份孵化器孵化能力较弱，提供的孵化服务较为单一。将30个省聚类分为四大类，提出相应的聚类改进方案、投入改进方案等。赵峥等（2019）利用综合指数法、空间自相关分析等方法选取地级及以上城市的孵化器的相关数据探索了城市的创业孵化能力。结果显示，我国经济发达的东南沿海地区城市的创业孵化能力相对更强。许治等（2019）指出，提质增效是未来我国孵化器发展的重要任务。通过实证分析得出基于投入产出的角度，高代际孵化器并非一定强于低代孵化器。孙梦瑶和李雪灵（2019）经分析得出针对综合型孵化器，外部孵化网络规模对孵化能力具有正向影响。孙梦瑶和李雪灵（2019）经分析得出孵化器内网络对孵化能力具有正向影响。李俊霞和温小霓（2019）测算2009~2016年我国27个省区科技金融资源配置效率，并发现孵化器孵化能力对其具有正向显著促进作用。王康等（2019）基于2007~2015年中关村海淀科技园企业数据，通过实证研究发现，孵化器通过改善企业的人力资本、融资约束以及科技成果转化进而促进企业创新。冯苑等（2020）测度我国内地2007~2017年28个省份国家级孵化器绩效综合指数，发现样本期内该指数在我国东、中、西部地区逐渐递减。董静和余婕（2020）以国家级孵化器面板数据为样本，通过实证分析发现，孵化器外层网络资源获取能力与创新绩效显著正相关，地区总体制度环境在它们之间具有显著正向调节作用。王晓青等（2020）应用CiteSpace可视化分析工具，分析了企业孵化器国际研究的概况、研究热点等，对企业孵化器国际研究发展作了较为详细的梳理，提出基于本国国情开展孵化能力研究的展望。王晓青等（2020）基于CiteSpace的知识图谱，从文献的发文时间分布、发文期刊分布、关键词共现网络等分析了我国企业孵化器研究的概况、热点等，提出了探索如何提高孵化能力的研究展

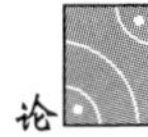

望。王晓青等（2020）基于SCP范式对我国孵化器产业的发展进行了分析，针对我国孵化器产业的发展现状和面临的问题，提出健全孵化网络，加强资源整合，协调孵化器与在孵企业关系，促进“二元主体”协同发展，加强在孵企业集群管理的优化路径。

1.2.2.2　研究评析

采用中国知网（CNKI）中的北大核心“中文社会科学引文索引”数据库中的期刊数据作为数据源，该数据库集中了一个学科领域研究的最前沿和最全面的研究成果，确保了得到的数据的全面性与权威性。在中国知网数据库中，设置检索条件以主题词为“孵化”或“科技园”或“在孵企业”或“企业在孵”进行高级精确检索，检索年限截至2019年，在学科分类中选择经济与管理相关类别，经过检索，共得到相关文献1498篇。为使分析的结果更加精确与科学，需要对检索到的数据进行预处理。先删除导出数据中重复的文献，剔除会议征文介绍、简讯等影响分析结果的无关文献，在此基础上作进一步的筛选，剔除研究内容与研究分类目录不相关的文献，最后共计筛选出1393篇文献。从CNKI数据库中导出相关文献并且将其格式保存为Refworks。选择软件的数据格式转换功能，将数据转换为可供软件处理的数据格式，为后续知识图谱的绘制分析做准备。

1. 研究趋势

运用文献计量的分析统计方法分析企业孵化器研究领域历年的发文情况，根据企业孵化器文献发文数量的增长和减少规律，可以揭示该领域发展状况，预测研究的发展前景（谢卫红等，2018）。考察我国企业孵化器研究的成果变化，统计检索处理后的文献数据，得到1992～2019年发文数量变化趋势，如图1－7所示。

从图1－7可以看出，1992～2019年，企业孵化器研究的相关论文数量共计1393篇，整体上呈现明显的阶段特征和上升趋势，这也表明我国企业孵化器的研究日益受到广泛关注。为了实现国民经济发展的转型升级、拉动经济增长、促进就业率、加速技术创新水平的提升，政府鼓励大众创业、万众创新，越来越多的人选择自主创业，一大批新创科技企业如雨后春笋一样在全国各地建立起来。1988年8月，企业孵化器的工作被正式列入国家“火炬计划”。分别以具有历史性时刻的1999年、2007年、2011年为界限，把1992～2019年的研究发展历史，划分为4个不同的阶段。第一阶段：1992～1999年，这个阶

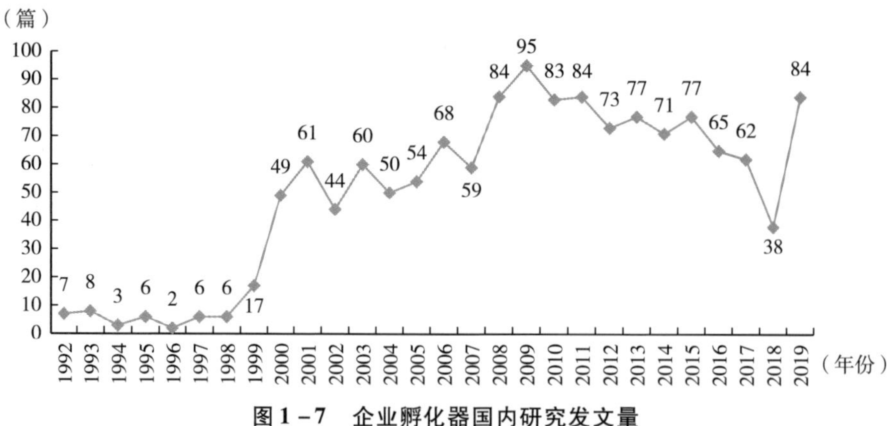

图 1－7　企业孵化器国内研究发文量

段的发文数量较低，年均发文数量仅约为 7 篇。我国第一家孵化器建立于 1987 年，起初的实践都是在探索中发展，关于这方面的理论研究也较为匮乏，因此，相关论文的发文量较低。从 1999 年开始，中央和地方政府出台的科技企业孵化器扶持政策逐渐增加，中央和地方政府开始尝试通过专项资金、产业发展基金、投融资和人才等政策来实现对科技企业孵化器建设和发展的扶持。在此之后，我国孵化器的发展加快，也促进了理论研究的发展。第二阶段：2000 ~ 2007 年，这个阶段企业孵化器研究的相关文献增长趋势平稳，年平均发文数量约为 56 篇。从统计分析的结果看，这一阶段相较于上一阶段发文数量有了突飞猛进的发展，研究论文数量开始陡然增长。2003 年 9 月，全国科技企业孵化器建设试点城市工作座谈会在武汉举行，就城市孵化器体系建设进行了深入的探讨。在此背景下，政府进一步开放了科技创新创业资源，大力促进孵化器及科技型中小企业的发展。2007 年 8 月，国家相关部门颁布了《关于国家大学科技园有关税收政策问题的通知》，明确了企业孵化器的税收优惠政策。2007 年，针对孵化器的税收优惠政策施行之后，我国企业孵化器数量在 2009 年以及 2010 年出现明显增加。孵化器的实践发展迅猛。第三阶段：2008 ~ 2011 年，发文数量大幅度增长，年均刊载论文数量约为 87 篇。2011 年，财政部、国家税务总局颁布《关于延长国家大学科技园和科技企业孵化器税收政策执行期限的通知》，将政策优惠期限由 2010 年 12 月 31 日延期至 2012 年 12 月 31 日。2011 年，科技企业孵化器税收优惠政策继续施行之后，2012 年孵化器数量及场地面积出现了一个新的增长高峰。随着国家政策的倾斜，双创氛围的浓厚，越来越多的学者也广泛开展了对企业孵化器的跨学科研究。孵化器的理论研究呈现了蓬勃发展之势。第四阶段：2012～2019 年，我国企业孵化器研究趋于成熟，虽然发文数量有所下降，但年平均发文数量约为 68 篇，仍然保持在较高水平，该阶段的发文总数量为 547 篇，占总发文量的 39.268%。2013 年，相关部门又出台相关文件将政策优惠期限延长至 2015 年 12 月 31 日。这是当前我国国家层面对科技创业以及孵化器较有力和持续的支持政策。在此背景下，我国企业孵化器进入了发展的快车道。2017 年，《国家科技企业孵化器"十三五"发展规划》发布，明确了企业孵化器工作的发展战略地位。随着企业孵化器在实践中的迅速发展，国家政策的倾斜，双创氛围的浓厚，越来越多的学者也广泛开展了对企业孵化器的跨学科研究，孵化器的理论研究呈现了蓬勃发展之势。我国企业孵化器的研究受到孵化器实践的推动，在解决孵化器实际问题的过程中不断演进。企业孵化器研究不同阶段呈现出的特征与我国的经济发展状况和政策环境紧密相关。理论研究和实践发展是一个相辅相成的过程，理论探索用于指导实践，在实践发展中总结出符合我国情境的企业孵化器发展理论。

2. 研究机构分布

机构合作图谱分析中高发文机构能够反映出该学科研究领域中研究力量的分布情况（杨传喜等，2019）。考察我国企业孵化器研究较有影响的发文机构，统计文献数据分析得到高产科研机构如图 1－8 所示。

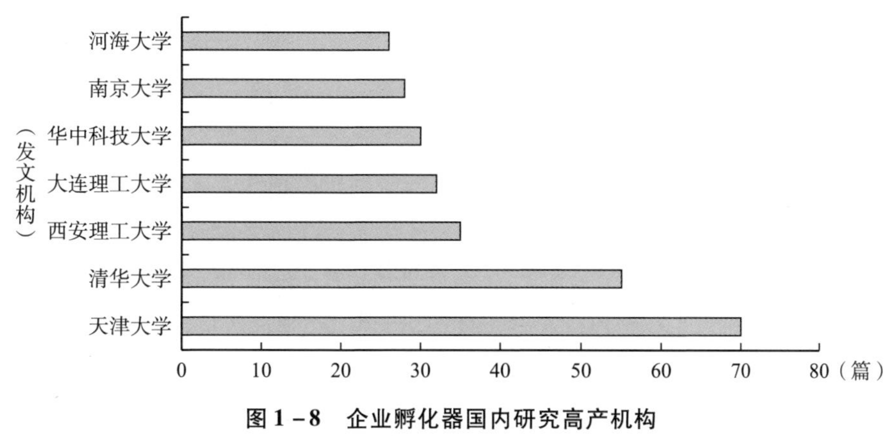

图 1－8 企业孵化器国内研究高产机构

在 CNKI 数据库中发表过企业孵化器方面论文的研究机构众多，说明国内企业孵化器研究领域呈百花齐放、百家争鸣的景象。发文量排名前三位的科研机构有天津大学（70 篇）、清华大学（55 篇）和西安理工大学（35 篇），说明这 3 个机构在企业孵化器的研究领域有较强的科研实力与领域影响力，紧随其后的有大连理工大学（35 篇）、华中科技大学（30 篇）、南京大学（28 篇）、河海大学（26 篇）等研究机构。从研究机构的类型来看，发文机构主要为高校。高校作为国家的重要科研机构，汇集了研究企业孵化器领域的主要科研力量。从地域来看，企业孵化器的研究主要集中在中部地区、东部地区，这与当地企业孵化器发展的实践有着密切的联系。

根据检索结果，发掘不同机构之间的合作情况，在 CiteSpace V 分析界面中，选择节点类型为 institution，Top N% =15，时间范围为 1992 ~ 2019 年，时间切割分区设置为 1，运行软件后生成企业孵化器研究机构的合作图谱如图 1 –9 所示。

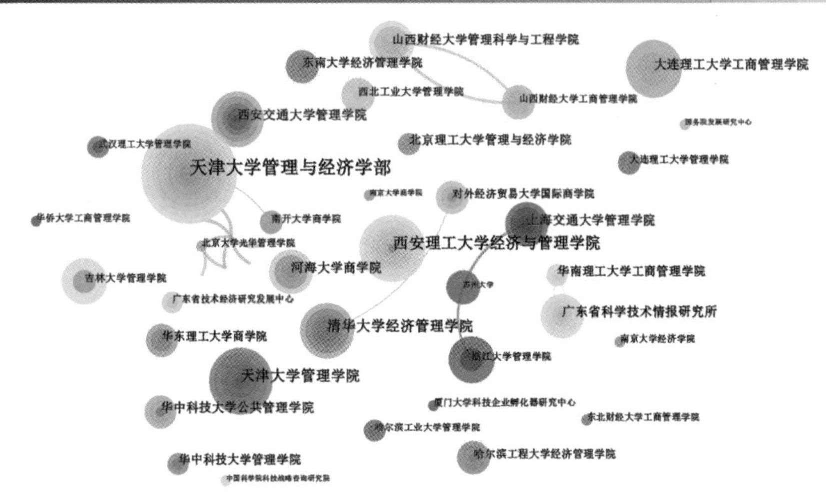

图 1 –9　企业孵化器研究机构合作图谱

图谱中节点的大小反映了机构的发文量多少。连线描述的是机构之间的合作情况，连线的粗细程度反映了机构之间的合作强弱。结果显示，图中的节点有 498 个，连线只有 193 条，网络密度为 0.0016。这一结果表明，我国企业孵化器研究机构分散，联系较差，机构与机构之间鲜有合作，未形成相互融合的学术科研氛围。鲜有的合作也呈现出明显的地域性特征。

3. 期刊分布

根据布拉德福文献分散规律计算该研究领域的核心区期刊数量，即 $r_0 = 2\ln(eE \times Y)$。式中，r_0 为核心期刊数，E 为欧拉系数，Y 为刊载企业孵化器领

域论文数量最多的期刊的载文数量。$r_0 = 2\ln(1.8 \times 73) \approx 10$，得到核心区期刊有10种，比如《科研管理》《科学学研究》《软科学》等。这10种期刊刊载文献共计205篇，占总刊发量的14.72%。这10种期刊为关注企业孵化器研究的核心刊物（见表1-6）。上述10种期刊在企业孵化器研究领域具有一定的影响力，能够把握企业孵化器研究方向和研究动态，并为后续研究提供参考和借鉴意义。

表1-6 我国企业孵化器研究文献载文核心区期刊

排序	期刊名称	文献数目	占总文献数量比例（%）
1	科学学与科学技术管理	73	5.24
2	科学学研究	44	3.16
3	科研管理	33	2.37
4	中国软科学	18	1.29
5	南京社会科学	8	0.57
6	南开管理评论	7	0.50
7	情报杂志	6	0.43
8	管理世界	6	0.43
9	清华大学学报（哲学社会科学版）	5	0.36
10	改革	5	0.36

除了上述10种期刊外，还有大量文献分散在不同的期刊上，只是相关载文量相对较少。通过对相关刊载期刊的对比研究发现，企业孵化器的研究范围较为广泛，涉及不同的学科，刊载期刊包括经济学、创新创业等学科期刊，这表明企业孵化器的研究受到了多学科的关注。

4. 作者分布

高发文作者说明该作者在这一知识研究领域具有一定的影响力，作者之间形成的合作网络反映了不同作者在此领域中的研究兴趣连接关系。考察企业孵化器研究领域中高发文作者和发文作者的合作情况。选取发文数量在10篇以上（包含10篇）的作者进行统计，结果如图1-10所示。

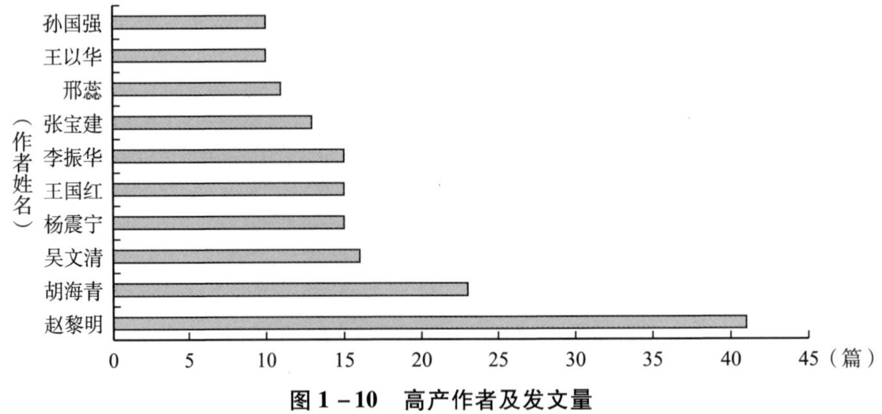

图 1－10　高产作者及发文量

从图 1－10 中可以看出，赵黎明、胡海青、吴文清、杨震宁、王国红、李振华等作者发文量较大，说明这些作者在企业孵化器领域具有较强的研究实力，在该领域的学术影响力较大，可以认为是企业孵化器研究领域的专家。

考察作者之间的合作情况，在 CiteSpace V 分析界面中，选择节点类型为 author，Top N% ＝15，时间范围为 1992～2019 年，时间切割分区设置为 1，运行软件后生成企业孵化器研究作者的合作图谱如图 1－11 所示。

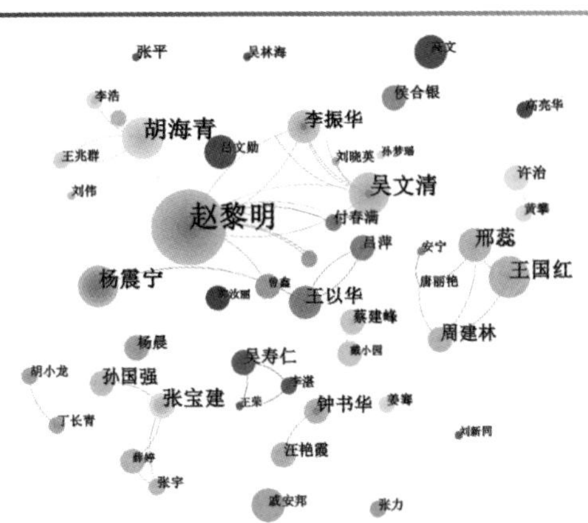

图 1－11　企业孵化器研究作者合作图谱

与机构合作图谱的解读类似，在作者合作图谱分析中，节点的大小反映了作者发文数量的多少。节点之间的连线表示作者之间的合作，连线的粗细程度反映了作者之间合作关系的亲疏程度。结果显示，图中的节点有 615 个，连线

有212条，网络密度为0.0011。这一结果表明，作者合作网络的密度较低，作者之间的合作也不够紧密，研究力量较为分散。部分较紧密的合作，如王国红与邢蕊的合作、赵黎明与吴文清的合作等，都属于机构内部的合作，不同机构作者之间的合作较少。

5. 知识基础

研究领域的知识基础有助于明确相关主题概念，研究脉络，通过文献的引用轨迹挖掘基础知识参考来源。在一段时期内被引的次数可以反映出该文献在相关领域内的重要性和影响力，被引次数高，说明文献在该领域内占据着重要的位置或得出过重要结论（杨传喜等，2019），从而奠定一个领域的知识基础。经统计样本文献，得出被引频次排名情况并罗列排名前15的文献，如表1－7所示。

表1－7 国内孵化器研究的高被引文献（前15）

序号	文章名称	作者	期刊名称	发表时间	被引次数
1	孵化器运作的国际经验与我国孵化器产业的发展对策	钱平凡	管理世界	2000.11	343
2	中国科技企业孵化器的发展及新趋势	林强、姜彦福	科学学研究	2002.04	209
3	网络能力、网络结构与创业绩效——基于中国孵化产业的实证研究	张宝建、孙国强、裴梦丹、齐捧虎	南开管理评论	2015.04	183
4	企业孵化器孵化能力评价研究	曹细玉	科技进步与对策	2001.06	168
5	孵化器的商业模式研究：理论框架与实证分析	梁云志、司春林	研究与发展管理	2010.02	156
6	科技企业孵化器综合评价指标体系及模型设计	梁敏	科学学与科学技术管理	2004.02	153
7	孵化器支撑环境研究	李刚、张玉臣、陈德棉	科学学与科学技术管理	2001.06	144
8	我国科技企业孵化器研究现状综述	黄涛、李光	中国科技论坛	2005.04	143
9	创业自我效能感、外部环境支持与初创科技企业绩效的关系——基于孵化器在孵企业的实证研究	钟卫东、孙大海、施立华	南开管理评论	2007.10	132

续表

序号	文章名称	作者	期刊名称	发表时间	被引次数
10	企业孵化器的科学分类及社会关系分析	景俊海	科学学与科学技术管理	2001.01	123
11	科技企业孵化器管理绩效的评价指标体系设计	晏敬东、简利君、胡树华	科学学与科学技术管理	2004.06	121
12	西方企业孵化器理论研究	赵佳宝、卢锐、盛昭瀚	管理工程学报	2003.12	120
13	孵化器何以促进企业创新？——来自中关村海淀科技园的微观证据	王康、李逸飞、李静、赵彦云	管理世界	2019.11	117
14	企业孵化器市场化运行探讨	吴寿仁	中国科技论坛	2002.04	111
15	中国科技企业孵化器的现状及潜在问题分析	张振刚、薛捷	中国科技论坛	2004.04	107

从表1－7可以看出：第一，国内高被引文献发表的期刊多为科技创新管理类期刊，在15篇高被引文章中，多发表在《科学学与科学技术管理》《中国科技论坛》等，说明这一类期刊对孵化器领域理论的研究具有重要的影响力。第二，高被引文献涉及孵化器的能力评价、绩效评价、市场化运作、国际孵化器运作经验以及我国孵化器发展状况及趋势等议题。而在研究方法上，规范研究与实证研究都有涉及。在中国知网检索到的有关孵化器理论研究的核心期刊中，由钱平凡于2000年发表在《管理世界》第6期，《孵化器运作的国际经验与我国孵化器产业的发展对策》一文获得了最高的被引用率，文中介绍了孵化器的基本认识、孵化器运作的理论基础、孵化器产业发展的历史及国际经验以及我国孵化器产业发展的现状及存在的问题。表1－7列出了我国孵化器研究领域的高被引文献，这些文献构成了孵化器研究的知识基础，为后续研究的开展奠定了良好的理论基础。

6. 研究主题

回顾已有文献，通过文献研究，运用统计分析方法，国内学者对企业孵化器的研究主题可以总结为6类（见图1－12）：企业孵化器作用和发展、企业孵化器发展评价及影响因素、在孵企业的成长、孵化环境与孵化网络、企业孵化器孵化能力、企业孵化器运营模式。

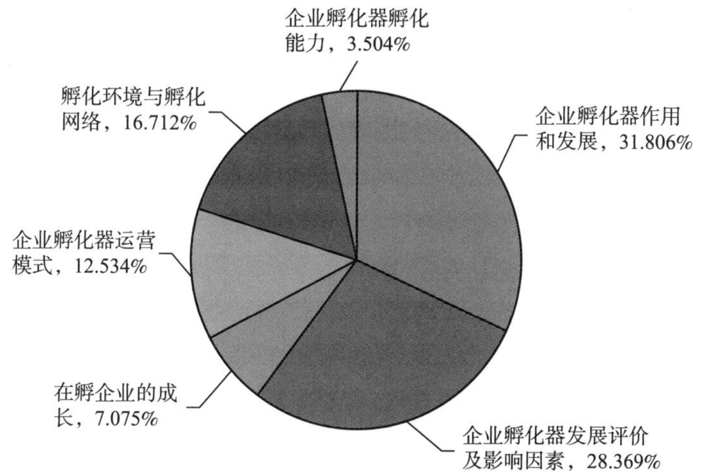

图 1－12　企业孵化器国内研究主题的分布情况

从图 1－12 中可以看出，国内对于企业孵化器作用和发展的研究占比最大，为 31.806%。其次，是对企业孵化器发展评价及影响因素的研究，占比 28.369%，再次，是对孵化环境与孵化网络、企业孵化器运营模式、在孵企业的成长研究，分别占比 16.712%、12.534%、7.075%。最后，是对企业孵化器孵化能力的研究，占比 3.504%。

7. 研究热点

关键词可以代表一篇文献的核心内容，如果在一个时期内，某个关键词反复出现在某研究领域的期刊文献中，表明该关键词所表征的研究主题是该时期、该领域的研究热点（王知津等，2010）。打开 CiteSpace V 的分析界面，设置节点类型为 keyword，Top N% =15，时间切割分区设置为 2，运行软件得到关键词共现网络知识图谱如图 1－13 所示。

关键词共现网络结构仍较松散，密度较低，在该领域的研究涉及的面较广，就某一主题进行的深入研究不够。相关研究者应该就某一主题，往纵深挖掘，使得企业孵化器的研究更加深入。通过知识图谱展示的节点信息，剔除标识性不强的关键词，如“创业”“企业”，以及检索词，其余的几个关键词，如“风险投资”“孵化网络”“孵化企业”等成为企业孵化器研究领域的高频词汇，这些关键词在图谱中的中心度值较高，将高频关键词及相关信息进行整理，如表 1－8 所示。

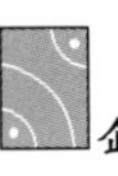

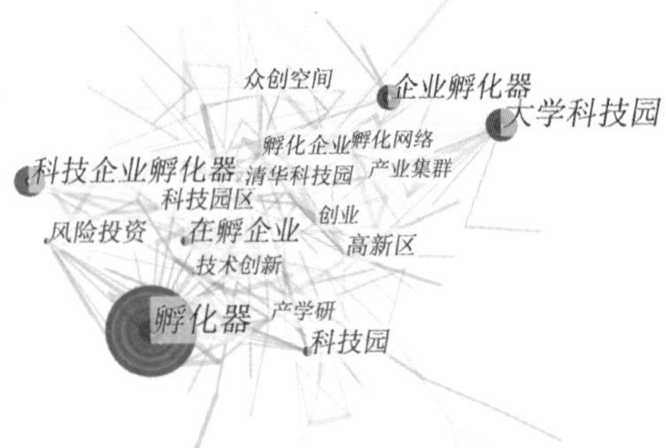

图1－13　企业孵化器国内研究关键词共现网络知识图谱

表1－8　企业孵化器国内研究高频关键词

排序	关键词	频次	中心度
1	技术创新	38	0.06
2	风险投资	37	0.13
3	高新技术	32	0.06
4	孵化网络	17	0.05
5	孵化企业	14	0.06
6	影响因素	9	0.02
7	创新绩效	9	0.01
8	协同创新	7	0.09
9	孵化能力	7	0.04

如表1－8所示，关键词技术创新（38）、风险投资（37）、高新技术（32）、孵化网络（17）、孵化企业（14）、影响因素（9）、创新绩效（9）、协同创新（7）、孵化能力（7）成为孵化器研究领域的高频词汇，其中风险投资（0.13）、协同创新（0.09）、孵化企业（0.06）、孵化网络（0.05）、孵化能力（0.04）等关键词的中心度排序靠前，由此可初步判断，国内企业孵化器研究领域关注的重点包括风险投资、在孵企业成长、孵化网络、孵化能力研究等。

8. 研究趋势

研究前沿代表了该学科发展的新趋势，以及研究中具有创新性和发展性的主题等（吴菲菲等，2015）。CiteSpace V可以通过关键词突现分析，将词频变

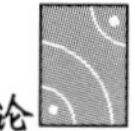

化率高的词从大量的主题词中提取出来，发现研究领域的变化趋势，从而确定研究领域的前沿（陈超美等，2009）。在我国企业孵化器研究的初期阶段，主要从国外引进概念，介绍西方国家企业孵化器的发展经验，并逐步探索我国企业孵化器建设的方式和发展模式。综合分析企业孵化器研究领域的突现关键词，软件运行结果如图 1－14 所示。

Top 24 Keywords with the Strongest Citation Bursts

Keywords	Year	Strength	Begin	End	1992~2019年
高新技术	1992	11.3087	1992	2004	
众创空间	1992	9.4646	2015	2019	
风险投资	1992	6.9266	2005	2006	
高新区	1992	6.6404	1999	2005	
孵化企业	1992	5.8632	2000	2003	
创业	1992	5.6276	2012	2019	
科技企业孵化器	1992	5.6092	2012	2014	
创业服务中心	1992	5.5143	1996	2002	
高新技术产业	1992	5.3945	2000	2006	
清华科技园	1992	5.3063	2007	2009	
企业孵化器	1992	5.3037	2002	2003	
创新绩效	1992	5.1687	2015	2017	
孵化网络	1992	4.5764	2012	2019	
大学科技园	1992	4.5463	2003	2006	
技术创新	1992	4.5218	2000	2004	
协同创新	1992	3.95	2014	2016	
创业绩效	1992	3.95	2014	2016	
商业模式	1992	3.8948	2013	2017	
科技企业	1992	3.8551	2004	2011	
创新创业	1992	3.854	2017	2019	
创业孵化	1992	3.787	2016	2019	
科技创新	1992	3.7233	2016	2017	
高校技术产业化	1992	3.6589	1993	2000	
扎根理论	1992	3.5997	2014	2019	

图 1－14　企业孵化器国内研究关键词突现知识图谱

（1）1992～2004 年，突现关键词为创业服务中心、企业孵化器、高新技术等。说明在初期，对企业孵化器的研究主要通过学习国外的先进经验，探索在我国的政策经济背景下，适合我国企业孵化器的发展道路。

（2）2000～2006年，突现关键词为孵化企业、风险投资等，企业孵化器作为链接各种资源的载体，通过产学研合作的形式，将高校的科研成果、高新技术，依靠优质的人力、智力资本和技术优势，转化为具有商业价值的生产力，推动区域经济和创新创业的发展。在企业孵化器的经营中，也逐步引入风险投资，尝试更多的盈利途径和发展方向。随着我国企业孵化器实践的发展，相关研究文献越来越多，主题从初期阶段的向国外模仿式学习，到结合我国情境发展的孵化器与在孵企业的协同成长、战略导向对在孵企业的影响、孵化器组织资源的解析等。

（3）2011～2019年，突现关键词为扎根理论、孵化网络、协同创新、创新绩效、创新创业、众创空间等。说明在近几年对企业孵化器领域的研究中，更注重微观层面的研究，通过对企业孵化器的商业模式、协同创新、孵化网络及治理方式的研究，以期提高创新创业的绩效水平。这为我们了解企业孵化器领域研究趋势提供了参考可能性。企业孵化器未来的研究，可以在已有研究的基础上，着眼于我国企业孵化器现实中的难题，探索如何提高企业孵化器孵化能力，如何构建孵化网络，实现资源链接等。

9. 研究不足

国内企业孵化器理论研究经过30余年的发展，取得了一系列重要的研究成果，为后续开展更为系统深入的研究奠定了一定的基础。从期刊文献的时间分布来看，1992～2019年，企业孵化器研究的科研成果增长迅速，并且呈现出明显的阶段性特征，以企业孵化器为主题的研究方法多样，涉及案例研究、实证分析等。在载文期刊分布上，根据布拉德福文献分散规律，企业孵化器研究形成了包括10种期刊的核心刊物群。从研究机构和作者分布图谱来看，参与企业孵化器研究的科研机构众多。这其中比较突出的科研机构有天津大学、清华大学、西安理工大学等。虽然参与企业孵化器研究的作者较多，但是作者之间的合作不够紧密，研究力量较为分散，少部分作者之间的合作也产生在同一机构内部，跨机构交流合作的学者很少。该领域研究涉及的面较广，但是缺乏深度。不同主题的研究都呈现了较为丰富的文献资料，形成了较为成熟的理论，然而理论研究仍存在不足。

（1）缺乏企业孵化器中国化发展道路的深入研究

在我国企业孵化器作为“舶来品”，早期的建设和发展主要学习借鉴国外孵化器的发展经验。国内研究的早期也多集中在对国际上企业孵化器产生和发展经验的介绍，明确企业孵化器的使命和功能。已有文献多对企业孵化器的发

展和作用、孵化绩效等传统主题展开研究，但缺少企业孵化器中国化发展道路的深入研究。

（2）缺乏对企业孵化器自身能力的系统研究

目前，国内的研究开始关注到企业孵化器孵化能力的重要性，但缺乏深入系统的研究。孵化能力的研究尚未建立起比较成型的理论体系，针对孵化能力的影响因素以及孵化能力提升的探索还存在比较明显的理论缺隙。

第一，孵化能力的深入研究缺乏。虽然很多文献研究的变量范畴（如企业孵化器创新绩效、孵化效率等）与企业孵化器孵化能力有一定联系，但是具体的内涵与外延并不完全相同。有关孵化能力的研究尚处于初步的理论探索阶段，相关研究还需要进一步深入和系统地探讨。关于企业孵化器孵化能力的研究目前大多停留在概念界定、评价等方面。很少深入到孵化能力影响因素的层面去分析孵化能力提升的问题，同时对于孵化能力的提升缺乏解释逻辑和框架，有必要加强质性研究和定量分析，深入发掘孵化能力的影响因素，从而为理论界关于孵化能力研究提供分析框架和理论基础，也为业界了解和提升孵化能力提供具体的理论指导。

第二，孵化能力影响因素的研究不全面。孵化能力研究理论基础相对薄弱，当前还缺乏一套整合性的理论框架对孵化能力进行分析论证。对孵化能力影响因素的研究，目前多集中于某一层面或者角度，比如，孵化网络对孵化能力的影响，孵化规模对孵化能力的影响，从多个层面或角度全面系统探讨孵化能力的影响因素的研究还不多见。相关研究还比较分散，缺乏系统性的理论分析和坚实的经验数据，而只有较为全面系统地揭示企业孵化器孵化能力的影响因素，才能更好地探寻孵化能力提升对策。

第三，提升孵化能力的研究缺乏。已有的文献多以定性分析和描述说明企业孵化器孵化能力的重要性，通过有关现象表明，我国孵化器孵化能力有待进一步提升，但是如何提升孵化能力，缺乏深入的理论探索，缺少提升对策方面的研究。

1.3 研究意义

1.3.1 理论意义

近些年，随着企业孵化器规模的扩大，管理实践的日趋成熟，它在帮助新创企业存活与成长以及推动地区创新创业发展等方面发挥着不可估量的作用。企业孵化器的相关理论研究也逐年增多，但有关企业孵化器孵化能力的研究略显不足。由于在孵化能力的概念界定、内涵理解、孵化能力的影响因素以及孵化能力的提升等众多方面都有很大的研究空间，选题有更多可以拓展的方向。因此，在相关理论学习的基础上，选取恰当的研究角度和研究方法，展开对企业孵化器孵化能力提升的探讨，试图寻找到已有研究中还未解答的一些问题。研究的理论意义体现在以下几个方面。

1.3.1.1 揭示了孵化能力的影响因素

本书基于扎根理论进行探索性研究，系统提炼企业孵化器孵化能力的影响因素，在此基础上，结合实证研究，检验提出的研究假设，揭示了个体层面二元主体协同、网络层面孵化网络健全、集群层面在孵企业集群管理、外部因素孵化环境对孵化能力的影响，弥补了孵化能力影响因素识别片面性的不足。给予当下解决孵化器战略地位日益凸显和负面问题频出矛盾局面的理论依据，为企业孵化器孵化能力后续研究的开展提供一个全面的分析框架。结合质性研究与实证研究分析方法，确保孵化能力研究所得结论的有效性，弥补该领域研究的理论缺口。通过打开企业孵化器孵化能力影响因素及其对孵化能力的作用这一“黑箱”，可以拓展提升企业孵化器孵化能力过程的研究思路，清晰孵化能力提升的研究框架，是对企业孵化器研究领域的重要补充。

1.3.1.2 丰富和完善了企业孵化器的科学管理理论

企业孵化器孵化能力的提升对于孵化理论的研究是一个极具复杂性的课题，对于它的提升更是需要全面的考量。这为本书提出挑战的同时，也为本书的创新留下了较大的空间。为此，在揭示孵化能力影响因素的基础上，提出孵化能力提升的对策，分别从加强二元主体协同，健全孵化网络，强化在孵企业集群管理和完善孵化环境来提升孵化能力，形成了企业孵化器孵化能力提升研究的理论框架，对孵化能力的相关研究作了有益的补充，丰富和完善了企业孵化器的科学管理理论。

1.3.2 实践意义

孵化能力对企业孵化器的生存和发展起着决定性的作用，通过加强二元主

体协同，健全孵化网络、加强在孵企业集群管理以及完善孵化环境，提升孵化能力。本书的研究成果将为政府决策者、企业孵化器管理者、在孵企业创业者在创新创业工作中的决策提供指导和思路指引。

1.3.2.1 有益于相关政策制定

目前，我国企业孵化器处在快速发展的时期，与此同时也面临许多问题，呈现出孵化器战略地位日益重要与孵化器发展受阻这一矛盾。由于我国企业孵化器多在政府的支持下开办创立，优惠的税收和扶持政策有利于为企业孵化器的成长营造稳定的发展环境。本书深入探讨和分析影响企业孵化器孵化能力的因素，提出孵化能力提升的策略，为相关部门更好地建设和促进企业孵化器发展提供理论指导，为更好地贯彻实施创新驱动发展战略，实现创新型国家的宏伟战略目标提供坚实保障。

1.3.2.2 促进企业孵化器的发展

虽然创新创业对促进我国经济转型升级、缓解就业压力和维护社会稳定都具有重要的意义，但在创新创业的过程中，新创企业和创业者都面临巨大的压力，如果技术不能转化为商业效益，企业产品或服务经受不住市场的考验，那么企业就无法长期生存下去。企业孵化器孵化能力是帮助在孵企业孵化能力的提升，可以为在孵企业的成长保驾护航，帮助解决在孵企业发展过程中，可能面临着融资难、市场经验匮乏、管理经验不足等问题，形成长期有效的孵化机制，提高在孵企业的毕业率，实现企业孵化器的健康发展。

1.3.2.3 提高资源的利用效率

在孵企业的成长离不开各种优质资源的支持，企业孵化器为在孵企业提供经营场地，在孵企业通过入驻孵化器以实现降低成本，规避风险的目的。然而，大部分企业孵化器并没有实现与在孵企业的协同，孵化网络的构建也不够完善，聚集在一起的在孵企业之间也没有产生应有的集群效应。通过加强二元主体协同、健全孵化网络、强化在孵企业集群管理、完善孵化环境，实现资源的有效整合，提高资源的利用效率，避免国家公共资源的浪费和投入产出的低效率。

1.4 研究目标、方法、内容与技术路线

1.4.1 研究目标

孵化能力是企业孵化器生存和发展的决定性因素，也是企业孵化器高质量发展的重要体现。本书的总目标是提升企业孵化器孵化能力。为达到总体目标，分为两个具体目标：第一，揭示企业孵化器孵化能力的影响因素。解决本书的首要问题，给予孵化能力提升全面的理论解释和分析框架。第二，针对所揭示出的孵化能力影响因素，提出企业孵化器孵化能力提升的对策。

1.4.2 研究方法

企业孵化器孵化能力提升的研究，是一项理论与实践紧密结合的过程，本书采用的研究方法，具体如下。

1.4.2.1 文献研究法

文献研究法是通过对已有文献的检索、甄别、梳理，整理出与研究问题相关的文献资料，进而形成对研究内容的科学认识。本书主要涉及社会网络理论、协同理论、集成理论等相关理论的整理与总结，以及对企业孵化器及其孵化能力等相关文献的梳理和述评。通过文献研究法，一方面奠定了本书的研究基础和理论支撑，另一方面可以全面地掌握已有研究的概况，总结出现有理论研究的不足，突出本书的创新点与理论贡献。在研究中，借助文献分析软件 CiteSpace V，对企业孵化器的整体研究情况，包括研究趋势、研究主题等进行分析，帮助更好地了解企业孵化器理论发展的知识全貌，为本书奠定理论基础。

1.4.2.2 访谈法

访谈法是通过访问者和受访者面对面地交谈来搜集客观的事实材料，用以分析研究的问题。访谈法的重点是探索某种现象和意义，希望在访谈资料的基础上发掘新的结论。为深入剖析企业孵化器孵化能力的影响因素，笔者选取洛阳大学科技园、中信重工集团创新院等孵化器和其中在孵企业进行实地调研，

并对孵化器和在孵企业的部分管理者进行访谈，从而切实了解企业孵化器孵化能力的影响因素。运用扎根理论对访谈收集到的资料进行编码分析，运用软件MAXQDA 12.0进行数据处理，从而揭示企业孵化器孵化能力影响因素。

1.4.2.3 问卷调查法

问卷调查法是指为了达到研究目标，研究者通过书面问题的方式向被调研对象了解情况或征询意见，从而获得所需信息的一种行之有效的方法。本书提出的研究假设，需要获取相关数据予以检验。因此，在参阅国内外成熟量表的基础上设计问卷，结合我国孵化器发展的实践，进行修改。问卷采用李克特5点量表。选取不同地区孵化器内不同行业的在孵企业作为样本，通过问卷调查获取样本的基础信息以及本书涉及的变量测量数据，包括孵化能力、网络结构、协同战略、协作意愿等变量的相关数据作为实证分析的原始数据。

1.4.2.4 定量分析法

定量分析法是将收集到的问卷数据进行量化分析，从而发现变量之间的关系和发展规律，进而实现对社会现象的正确解释和预测的一种研究方法。本书在对相关变量进行理论探索后，主要围绕变量之间关系的论证而展开。因此，对回收后的有效问卷进行定量分析，实证检验理论假设的合理性。主要使用信度分析、相关分析、因子分析等方法进行变量之间关系的探讨。定量分析的过程借助软件SPSS 22.0以及软件Smart PLS 3.0完成。

1.4.2.5 社会网络分析法

社会网络分析法是一种社会学研究方法，通过对网络中关系的分析，探讨网络的结构及其属性特征。本书孵化网络的分析包括网络图形的绘制和相关参数计算两部分内容。通过多种渠道和多种方式获取河南省和福建省孵化器外层网络和选取的孵化器内层网络的节点及其关系信息，在此基础上，运用社会网络分析软件Ucinet 6.0进行相关参数的计算和孵化网络图形的绘制，以定量测算得出孵化网络发展的相关指标数据，分析孵化网络现存问题。

1.4.3 研究内容

本书研究内容共分为五个部分。

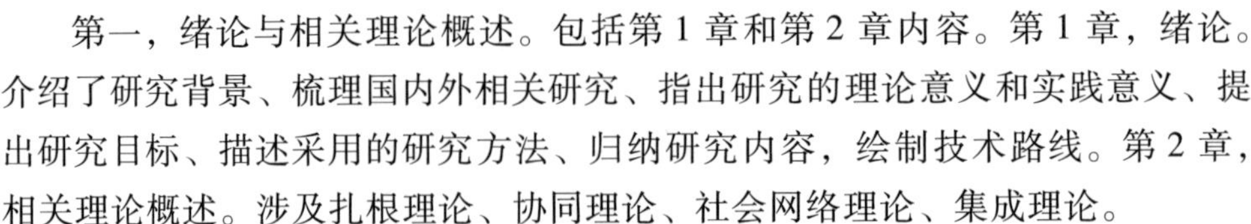

第一，绪论与相关理论概述。包括第1章和第2章内容。第1章，绪论。介绍了研究背景、梳理国内外相关研究、指出研究的理论意义和实践意义、提出研究目标、描述采用的研究方法、归纳研究内容，绘制技术路线。第2章，相关理论概述。涉及扎根理论、协同理论、社会网络理论、集成理论。

第二，企业孵化器发展及其孵化能力现状分析。第3章主要包括两部分：一是企业孵化器的概念界定，描述企业孵化器的发展历程、发展特点和发展现状；二是孵化能力的概念界定，分析孵化能力现状，挖掘发展中存在的问题。

第三，企业孵化器孵化能力影响因素分析。包括第4章和第5章内容。第4章，基于扎根理论的企业孵化器孵化能力影响因素分析。先后前往洛阳、上海、福州3地的4家企业孵化器和选择其中的在孵企业进行实地调研，收集访谈资料。通过对文本资料进行编码分析和理论饱和度检验，构建孵化能力影响因素理论模型，提出孵化能力影响因素的初始假设命题。第5章，企业孵化器孵化能力影响因素实证研究。通过调查问卷收集数据，对提出的研究假设进行实证检验，得出实证研究结果。

第四，企业孵化器孵化能力提升。包括第6～9章内容。第6章，加强二元主体协同，包括加强目标协同、提高协作意愿，有效整合资源，并探索使用耦合协调度模型、协同度模型，评价二元主体协同水平。第7章，健全孵化网络，包括完善孵化网络结构、加强孵化网络联系、强化孵化网络治理，并选取福建省、河南省及其中2家孵化器进行孵化网络评价。第8章，强化在孵企业集群管理，包括制定协同战略、优化组织结构、加强组织学习、采取界面管理。第9章，完善孵化环境。包括完善政策环境、创新环境、法律环境。

第五，提出研究总结与研究展望。主要对研究的内容及结论进行总结，并在此基础上指出本书的主要创新点和理论贡献，再分析研究的局限并提出研究展望。

1.4.4 技术路线

根据本书的研究目标，先进行文献梳理，再对企业孵化器发展及其孵化能力现状进行分析，进而揭示企业孵化器孵化能力的影响因素，在此基础上提出企业孵化器孵化能力提升的对策，具体技术路线如图1－15所示。

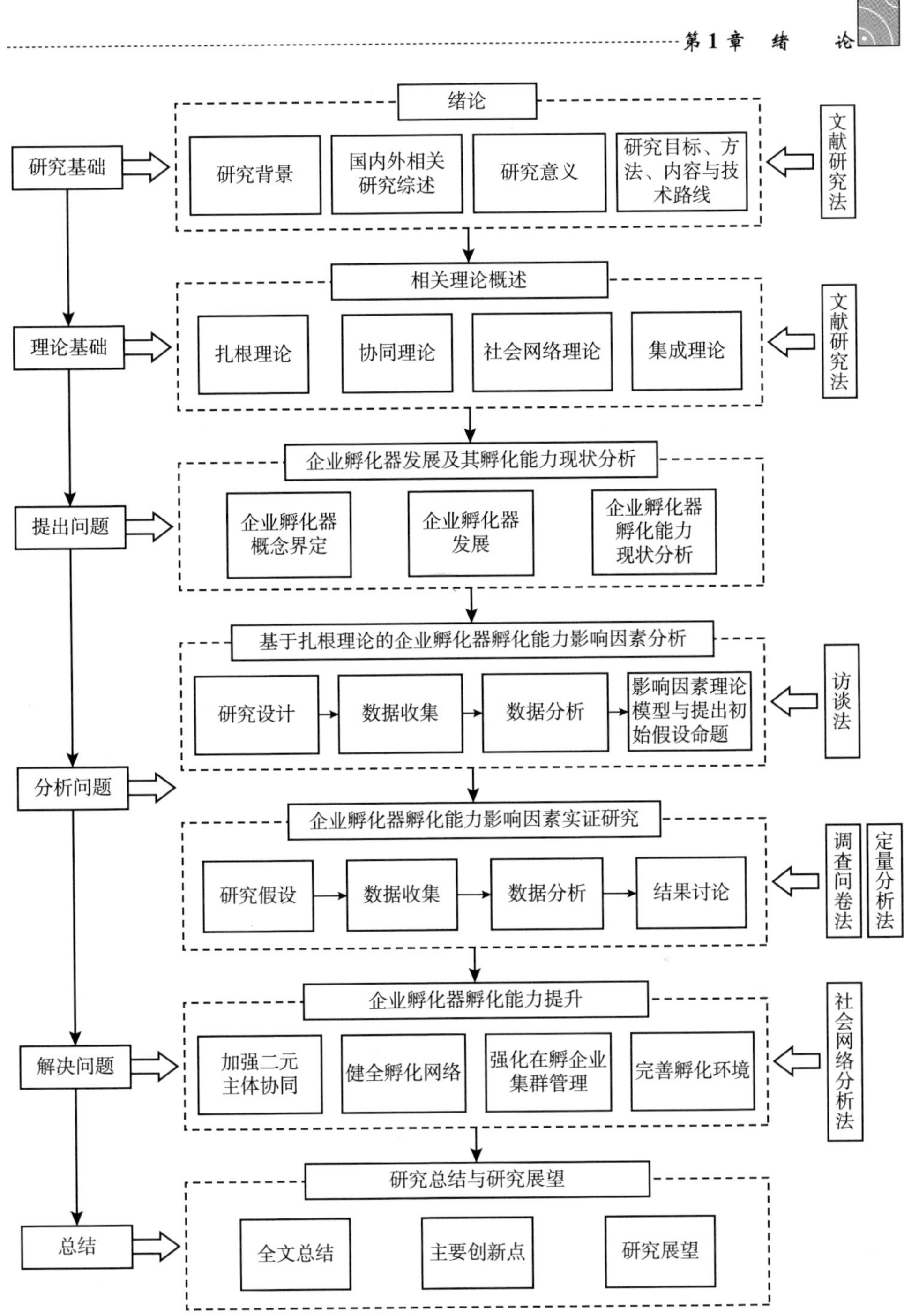

图 1-15 研究的技术路线

1.5 本章小结

企业孵化器是推动创新创业发展战略的重要载体。孵化能力是企业孵化器生存和发展的决定性因素，也是企业孵化器高质量发展的重要体现。本章介绍了企业孵化器孵化能力提升的研究背景，并对国内外相关文献进行梳理和评析，指出企业孵化器孵化能力提升研究的理论意义包括揭示了孵化能力的影响因素，弥补了孵化能力影响因素识别片面性的不足。给予当下解决孵化器战略地位日益凸显和负面问题频出矛盾局面的理论依据，为企业孵化器孵化能力后续研究的开展提供一个全面的分析框架。丰富和完善了企业孵化器的科学管理理论，对孵化能力的相关研究作了有益的补充。本书研究的实践意义在于为我国政府决策者、企业孵化器管理者、在孵企业创业者在创新创业工作中的决策提供指导和思路指引。有益于相关政策制定，促进企业孵化器的发展以及提高资源的利用效率。在此基础上，提出本书要达到的研究目标，描述采用的研究方法，归纳研究内容。最后，绘制本书的技术路线。

第 2 章

相关理论概述

本书所涉及的相关理论，主要包括扎根理论、协同理论、社会网络理论和集成理论。本章将分别对这些理论的内涵、思想、相关概念等进行系统性回顾和阐释，为后续研究的开展和理论探讨奠定基础。

2.1 扎根理论

2.1.1 扎根理论的基本思想

扎根理论（grounded theory）是由美国哥伦比亚大学的两位学者克莱泽和施特劳斯（Glaser & Strauss）于 1967 年首次提出的一种质性研究方法。他们一起研究了医院中的死亡过程。在美国 20 世纪 60 年代早期，医院工作人员很少谈到那些重病患者的垂死状态及死亡。克莱泽和施特劳斯的研究团队对不同医院环境里的死亡过程进行了观察，他们观察专业人员及其已到生命尽头的病人是在什么时候以及如何知道他们要死了的消息的，以及他们如何处理这些信息。克莱泽和施特劳斯对他们的数据进行了清晰的分析，产生了对社会组织及死亡过程的时间序列的理论分析。他们在长期的交谈中考察了分析性观念，交换了在该领域所作的分析性观察的初步笔记。当他们构建关于死亡过程的分析时，形成了系统的方法论策略。在他们的著作《扎根理论的发现》中，第一次明确指出了这些策略，提倡在基于数据的研究中发展理论，而不是从已有的理论中演绎可验证性的假设。指出系统的质性研究拥有自己的逻辑，可以产生理论。因此，扎根理论被认为是构建和发现新理论的方法，要达到的目标是发现某一特定现象或研究对象理论上的完整解释。克莱泽和施特劳斯的目的在于，使执行探究方法超越描述性研究，进入解释性理论框架的领域，由此对研究对象进行抽象性、概念性的理解。克莱泽和施特劳斯的质性研究建立在早期质性研究者含糊的分析程序和研究策略的基础上，并使其清晰化了，使得分析性的指导方法更加容易掌握了。在1960年，克莱泽和施特劳斯开始反抗实证主义量化研究的主导地位。到1990年，扎根理论不仅由于其精确和有用而闻名，而且由于其实证主义假设而为人所知。量化研究者接受了扎根理论，有时在复杂的研究中也用到这种方法。扎根理论方法描述了研究过程的步骤，并提供了进行这一过程的路径。扎根理论方法能够把其他方法补充到质性数据分析中来，而不是站在这些方法的对立面。

扎根理论研究者往往从一个领域开始，通过分析归纳，使理论逐渐从文本数据中浮现出来。扎根理论的主要目的是去发现或寻找对某一特定现象理论上完整的解释，研究者往往从一个研究领域开始，允许理论逐渐从资料中浮现出来。具体而言，扎根理论遵从自下而上建立理论的原则，从文本数据中提炼信息，逐步分析归纳建立理论。研究者可以选用深度访谈、档案信息等方式收集数据，获取丰富的文本数据源，在此之前并未提出研究假设，而是直接对收集到的资料进行归纳概括，对文本数据不断比较，抽象出概念和观点，进而发现概念之间的逻辑关联和范畴之间的互动关系与组织模式，在此基础上，提炼出核心范畴，从而构建新的理论或是形成对已有理论新的解释。扎根理论方法遵循一定的研究流程和编码程序，呈现了扎根分析过程的路径。扎根理论能从经验资料中抽象出新的概念和观点，发现新的互动关系与组织的模式。但由于分析数据来源于经验数据，从中获得想法和假设。诸多学者提出这些构念，需要在后续的实证研究中通过数据进行检验，这本质上也是演绎的过程。扎根理论自1967年被提出以后，经历了较多的发展并被应用在不同的方向上。克莱泽仍然坚持认为扎根理论是一种发现的方法，类属的生成来源于文本数据，依赖于直接的经验主义，分析基本的社会过程。但由于分析数据来源于经验数据，并且从中获得想法和假设。诸多学者提出这些构念，需要与理论分析相结合，在后续的实证研究中通过数据进行检验，这本质上也是演绎的过程（范培华等，2017）。施特劳斯则把这种方法向证实方向发展，卡宾（Corbin）也在已有研究的基础上进一步沿着这个方向前进。扎根理论与实证研究的结合，既可以用实证数据对理论进行检验，也为理论模型的因果关系测量提供方法依据（Margolis & Molinsky，2008）。随着扎根理论的发展，它不仅由于实用和灵活

而闻名，也由于其实证主义建设而为人所知，并吸引具有不同理论背景的学者开展质性研究。扎根理论发展至今，已经成为社会科学研究领域最有影响力的研究范式和质性研究发展最前沿的方法论。

2.1.2　扎根理论的特点

扎根理论具有如下特点。

2.1.2.1　从文本数据中产生理论

扎根理论方法强调从文本数据中提炼理论，指出只有对文本数据进行深入的分析和归纳，才能逐步形成一定的理论框架。这种方法是一个自下而上对文本数据进行不断归纳提炼的过程。

2.1.2.2　对理论保持高度的敏感性

扎根理论分析的过程要求研究者要始终保持对理论的高度敏感性，这样不仅有利于数据收集阶段找到目标和方向，也能在数据分析阶段注意找寻那些能集中、抽象表达数据内容的概念。

2.1.2.3　不断地进行比较分析

扎根理论的分析需要在资料之间、资料与理论之间进行比较。研究者从收集到的第一份文本数据开始，就需要纵向比较，以便全面地了解研究对象的基本特征。与此同时还需要在属性层次上进行文本数据之间的横向比较，以发现相似性和差异性，并加以分类。

2.1.3　扎根理论的研究流程

扎根理论的分析过程始于组织现象，终于理论饱和。扎根理论研究流程，主要分为以下几个阶段（见图 2－1）：第一，研究设计：文献讨论和研究样本选定。第二，研究数据收集：采用多种方法和渠道收集资料，并整理资料建立研究文本数据库。第三，分析数据：开放性编码、主轴编码、选择性编码。第四，研究结论：通过数据分析结果，构建理论。第五，理论饱和度检验（Pandit，1996）。当新的文本数据无法分析归纳出新的概念和关系时，可以认为理论处于饱和状态。

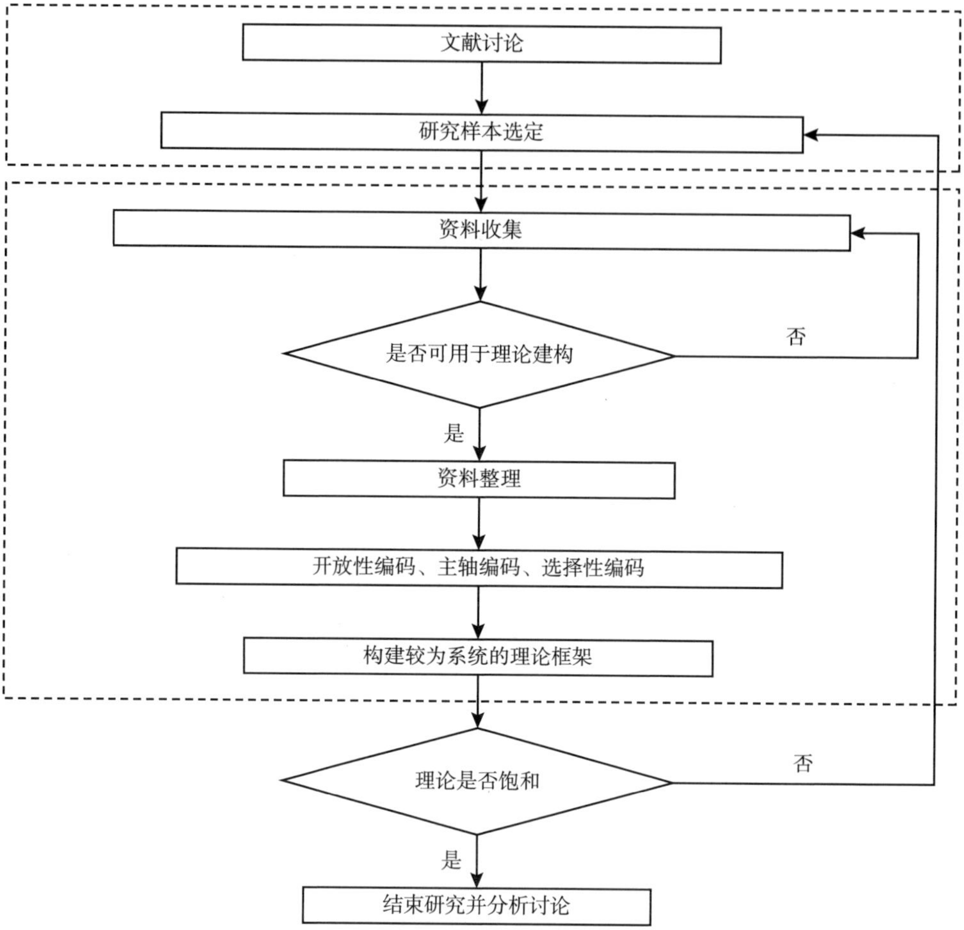

文献讨论

研究样本选定

资料收集

是否可用于理论建构

否

是

资料整理

开放性编码、主轴编码、选择性编码

构建较为系统的理论框架

理论是否饱和

否

是

结束研究并分析讨论

图2-1　扎根理论研究流程

根据凯西·卡麦兹的理论，扎根理论研究的标准，可以分为可信性（credibility）、原创性（originality）、共鸣（resonance）、有用性（usefulness）四个方面，如表2-1所示。

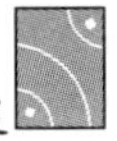

表2－1　扎根理论研究的标准

评价标准	评价内容
可信性	是否已经对研究背景或问题有足够的熟悉
	数据的范围、数量等是否能够说明你的判断
	是否在类属之间做了系统的比较
	类属是否涵盖了经验观察的广泛领域
	所收集的数据和论点及分析之间是否有很强的逻辑联系
原创性	是否提供了新的见解和发展了原有现象新的逻辑解释
	研究工作的社会和理论意义是什么
	是否对已有的观点、概念和实践提出挑战、扩展或完善
共鸣	这些类属是否广泛涵盖了原始的研究资料
	是否揭示了原初的、不稳定的习以为常的意义
	是否为研究对象或与他们具有同样背景的人来说，提供了关于他们工作和生活的更深刻的间接
有用性	分析的类属是否展示了某些一般的过程
	是否对这些类属作了一般意义的阐述
	是否对于该领域的知识研究发展具有贡献价值

资料来源：根据凯西·卡麦兹的《建构扎根理论：质性研究实践指南》书中内容整理。

2.1.4　扎根理论的编码程序

扎根理论研究根植于实践，不完全依赖已有的假设和研究，而是逐句分析研究资料的内容，逐步归纳，进行理论抽象。编码意味着将不同的标签贴于不同部分的文本数据，体现不同文本数据的特征。编码对文本数据进行了筛选和分类，使每一部分的数据可以与其他部分的数据进行比较。扎根理论研究的代表人物卡宾和施特劳斯提出了扎根理论的编码程序，编码程序如图2－2所示。

2.1.4.1　开放性编码

开放性编码（open coding）是将收集整理后的文本数据进行逐级缩编，它将最初范围比较宽泛的资料进行揉碎、重新整合提炼，发现概念和范畴并予以命名，以体现文本数据的核心内容。开放性编码旨在逐步收敛，以实现文本数

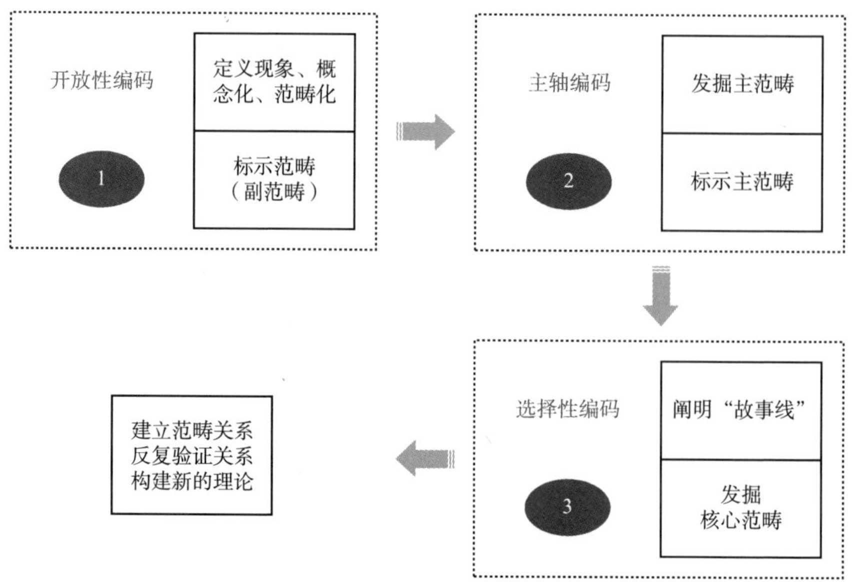

图 2-2　扎根理论编码程序

据的概念化、范畴化（费晓冬，2008）。

2.1.4.2　主轴编码

主轴编码（axial coding）是将开放性编码得到的各相对独立的范畴联系起来，发现和建立它们之间潜在的联系（王建明和王俊豪，2011），目的是更好地发掘主范畴。范畴之间通常会出现的关系包括因果关系、类属关系、先后关系等（郑烨和吴建南，2017）。

2.1.4.3　选择性编码

选择性编码（selective coding）是提取围绕原始资料能够涵盖最大多数研究结果、高度概括和归结其他范畴、起到提纲挈领作用的核心范畴。系统地与其他范畴之间建立联系，在所有已经发现的范畴中通过描述现象的“故事线”，验证彼此之间的关系，发展出系统理论（王建明和王俊豪，2011）。

2.1.5　扎根理论的适用性

科学研究的主要目的是建立理论、检验理论或者发展已有理论。作为一种研

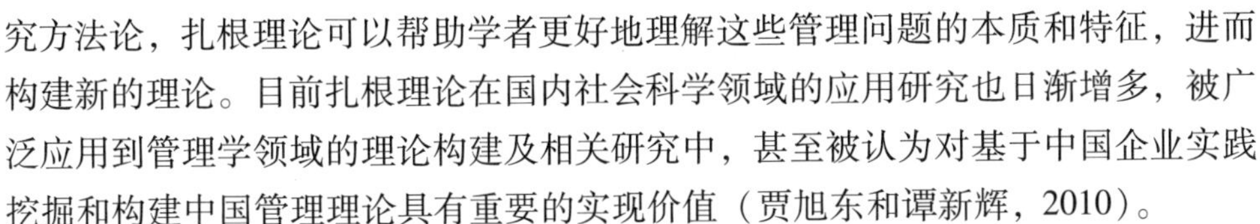

究方法论，扎根理论可以帮助学者更好地理解这些管理问题的本质和特征，进而构建新的理论。目前扎根理论在国内社会科学领域的应用研究也日渐增多，被广泛应用到管理学领域的理论构建及相关研究中，甚至被认为对基于中国企业实践挖掘和构建中国管理理论具有重要的实现价值（贾旭东和谭新辉，2010）。

本书研究的一个主要内容是需要去发掘影响孵化能力发展的因素。目前，以孵化器和在孵企业作为研究对象，对究竟有哪些因素影响孵化能力还没有形成理论上的完整解释。由于孵化能力的研究基础比较薄弱，相关研究还比较匮乏，有关孵化能力的影响因素研究没有系统全面的理论诠释。而扎根理论的基本研究逻辑是根植于实践，从经验数据中逐步提炼观点，不完全依赖已有的假设和研究，建构理论框架。能够帮助研究者更好地发现并解释这些未被完全解释的现象，从而找到解决问题的方法。按照相关研究者对于这类问题的建议与思考（周青等，2020），选择质性研究方法。扎根理论方法为本书探索孵化能力的影响因素，并发现影响因素对孵化能力的作用机制提供了一个有效的途径。扎根理论的应用，弥补了一般质性研究方法缺乏规范性操作步骤以及理论建构过程难以追溯检验等缺点（Gligor et al.，2016）。本书选择扎根理论，力图揭示孵化能力的影响因素，以期获得企业孵化器孵化能力发展系统全面的理论解释，提出针对性措施，提升企业孵化器孵化能力。

2.2　协同理论

2.2.1　协同理论的基本思想

1969 年，德国物理学家哈肯（Haken）教授在激光研究中发现协同的规律，首次提出协同学，它是一门跨自然科学和社会科学的横断科学，属于系统科学的范畴。1971 年，哈肯和格雷厄姆（Graham）论述了协同学的主要概念和思想，并以论文《协同学：一门协作的学说》形式发表。1977 年，哈肯系统地论述了协同学，发表了著作《协同学导论》，构建了协同理论的基本框架。1983 年，哈肯完成了《高等协同学》这一著作，在著作中描述了不稳定性、序参量等的基本原理，扩展了研究对象的演化过程，从最初的无序到有序转变向无序到有序、再到无序的全过程演化，自此协同学的微观理论走向成熟。哈肯在 1987 年定稿的新著《信息与自组织》中，在协同学中融入了信息论的基本思想，探寻了解决各类复杂系统问题的新途径。由此可见，协同理论是在多学科研究的基础上，经过了大量的探索、归纳，逐渐形成和发展起来的一门学科。

哈肯在对激光理论研究的过程中，发现了系统从无序向有序演变的内在机制和规律，形成了协同的思想。大自然和人类社会中，普遍存在着无序和有序的现象，但两者是可以不断演化发展的。在一个系统内，如果各子系统（要素）互相配合，在非线性的相互作用下，会形成新的有序结构，产生超过各子系统（要素）独自发展的效果和新功能。相反，当系统内部各子系统（要素）相互掣肘，不能协同时，必然陷入混乱无序的状态，影响各自功能的发挥和整体的效果，造成系统内耗，甚至出现瓦解的状况。实现参与主体多赢局面和共同繁荣，打破各子系统（要素）之间的壁垒与障碍，围绕共同的目标协同运作，实现超越各自要素独立作用的整体功效，产生协同效应，进而有效提高能力发展。

2.2.2 协同的内涵

协同（synergetics）一词最初的来源为古希腊语，最早的释义是“一起工作（working together）”。在百度百科中输入“协同”一词，给予的释义是协调两个或者两个以上的不同资源或者个体，协同一致地完成某一目标的过程或能力，并且由此产生协同效用。协同是指要素对要素的相干能力，表现了要素在整体发展运行过程中协调与合作的性质。在《辞海》中，协同的解释为各方互相配合，协助。协同本身包含协调、优化、整合等思想。随着科技的进步，经济社会的发展，关于协同的概念内涵也有所扩展。协同是指系统内部各子系统（要素），相互匹配、相互协作、相互影响以促进系统整体的结构和功能得到改进和完善的动态过程（Storper，1997）。协同的结果使各方获益，整体加强，共同发展。

协同理论主要研究远离平衡态的开放系统在与外界有物质或能量交换的情况下，如何通过协同作用，出现时间、空间和功能上的有序结构。只有通过子系统（要素）的相互影响，相互适应，相互协作，使得系统整体取得大于单个子系统（要素）之和的效果才是协同。这一过程实现的实质是系统各部分或各要素之间在序参量的支配作用下实现协同运动（郑玉雯和薛伟贤，2019）。协

同促使各子系统发挥自身的优势，实现各方共同发展和系统整体的发展，实现参与主体多赢局面和共同繁荣。协同的本质在于，打破各子系统（要素）之间的壁垒与障碍，使得各主体围绕共同的目标，相互依存、相互依赖、协同运作，产生超越各自独立作用的整体效果，实现 1 + 1 > 2 的协同效应，从而形成整个系统的统一性和有序性，进而有效提高能力。

2. 2. 3　协同理论的相关概念

协同理论的相关概念如下。

2. 2. 3. 1　序参量

序参量最早由苏联物理学家郎道为描述平衡相变的有序程度而提出，哈肯把它引入协同学中以描述系统的有序程度。序参量是决定系统演化方向的重要变量，它不仅是度量有序程度的标准，也是系统演化的主导力量，起着支配子系统行为、主导系统演化过程的作用。

2. 2. 3. 2　耦合度

耦合指多个系统之间或者组成系统的各要素之间相互影响、相互作用产生的相互促进或者制约的关系（刘耀彬等，2005）。耦合度是对各子系统或者各要素之间相互影响、相互作用的程度的度量（姚建建和门金来，2020）。耦合度取值范围为［0，1］，取值越大，表明系统或者要素之间的耦合作用强度越大。

2. 2. 3. 3　耦合协调度

耦合度能够反映系统间相互作用和影响的程度，但不能反映系统间整体的耦合协调发展水平（王会芝，2017）。耦合协调度特指在系统之间相互影响关系中彼此协调一致的程度，反映了系统之间整体的耦合协调发展水平（贺磊，2014），描述系统由杂乱无序转变为协调有序的变化趋势。耦合协调度的取值范围为［0，1］，取值越大，表明系统之间的耦合协调水平越高，当取值为 0 时，表明系统间完全不协调，系统组合处于无序发展状态。当取值为 1 时，表明系统间完全协调。

2.2.3.4　协同效应

协同效应是协同作用的结果。指复杂开放系统中，大量的构成要素之间发生非线性的作用，当达到某一临界状态时，所表现出的一种整体效应，进而实现 1 +1 >2 的效果。

2.2.3.5　协同度

协同度，即协同的程度，是度量子系统之间或者系统内部各要素之间在发展过程中彼此协调一致的程度（刘定惠和杨永春，2011）。协同度特指子系统视角下，子系统与子系统之间同时处于进化的一致程度。协同度的取值为［ -1，1］，其数值越大，表明协同度越高；反之，则越低。

2.2.4　协同理论的适用性

客观世界中存在着不同的系统类别，自然系统、社会系统、人体系统等。尽管系统与系统之间，系统内部各要素之间存在着不同的属性，但他们之间相互影响。因此，协同理论的研究内容可以归纳为是各系统（要素）之间多遵循的规律性的探讨和研究。协同理论在近几十年获得发展并得到了广泛的应用，用来研究不同事物的共同特征及系统内各子系统（要素）的协同。协同理论的出现是现代系统思想的发展，它为我们处理复杂问题提供了新的思路。基于协同理论的普适性特征，协同理论被引入了管理学的研究。为解决管理问题开拓了新的研究视角和思维模式。在自然科学和社会科学的重大领域均受到重视。20 世纪 60 年代，美国战略管理学家伊戈尔·安索夫（Igor Ansoff）将协同的理念引入企业管理领域，并在其著作《公司战略》一书中，把协同作为企业战略的四要素之一，分析了协同战略将企业多元化业务有机联系的原理，从而使企业更有效地利用现有的资源和优势实现战略目标。协同理论将相互关联的子系统视为一个复杂的整体系统，对其进行有序和协同水平的分析，为物理学在经济学领域的研究开创了新的研究范式（刘莹，2018）。协同理论被广泛应用在了经济学问题的研究中，并给出了合理的理论解释视角。从社会学层面来看，系统内各要素和子系统只有加强彼此的合作，围绕共同目标努力，才能够使协同效应充分发挥，促进系统从无序趋向有序，使系统表现出超出个体效应之和的整体效应。如果系统中各要素和子系统缺少关联，各自独立运动，或是相互

产生负面关联，会使系统的无序度增加，无法发挥协同效应的作用，整个系统的效应也会降低。由上述可知，企业孵化器与在孵企业之间存在着相互影响、相互合作的协同关系。企业孵化器服务在孵企业，在孵企业驱动孵化器发展，二者交互融合。企业孵化器与在孵企业系统协同水平，综合考虑了企业孵化器与在孵企业两个子系统的运行状况，它为评价和测度孵化系统协同状况，寻求有效的管理效果提供了方法。因此，协同理论适用于本书研究的理论解释视角和孵化能力提升研究。

2.3　社会网络理论

2.3.1　社会网络理论的基本思想

社会网络研究起源得益于多种多样的学科和学派的发展，例如，人类学、社会学、心理学、数学、计量学等。各学科领域的相互交叉影响形成现在成熟的社会网络。英国著名的人类学家布朗（Brown）提出了社会网络的思想，他在对结构的关注中发现，社会现象不是个体的直接产物，而是把个体连接在一起的结构产物。英国人类学家巴纳斯（Barnes）提出，社会网络这一名词，认为对于社会领域的研究用网络来探讨是适宜的。他在对挪威一个渔村进行社会调研时，发现正式的社会关系，比如，工作关系、层级关系不足以完整地描绘当地的社会结构。如果将朋友关系、亲戚关系、邻里关系等非正式关系考虑进来的话，才能对当地的社会运作关系进行完整的描述。社会网络理论可以帮助我们更好地理解关联在一起的关系，以及这些关系结构产生的影响（刘军，2004）。20 世纪 60 年代末，哈佛大学的怀特（White）教授开始从数学角度进行社会结构研究，开创了社会网络分析的新篇章。20 世纪 70 年代以来，一部分社会网络专家利用形式化方法表征各种概念，出现了许多网络分析技术，社会网络分析也开始得到广泛应用。社会网络分析进入了社会学研究的主流，在各个学科领域中得到应用和发展。社会网络理论作为一门整合性学科，涉及了数学、图论等学科内容，在各个学科交叉推动的影响下，形成了现在成熟的社会网络理论。

2.3.2 社会网络的内涵

社会网络（social network）指的是社会行动者（social actor）及其关系的集合。也可以说，一个社会网络是由多个节点（社会行动者）和各点之间的连线（行动者之间的关系）组成的集合（Laumann et al.，1978）。社会网络无处不在，比如，商家与顾客形成的交易网络，国家与国家之间形成的外交网络等。社会网络中包含一定数量的行动者，这些行动者可以是个人，也可以是组织或团体。每个行动者都与网络内其他行为主体或多或少存在联系，这种联系包括直接、间接两种类型。社会网络中关系的存在能够帮助行动者获得资源，同时也会限制其行动。

点和线是社会网络的形式化表达。社会网络这一概念强调，每个行动者都与其他行动者有或多或少的关系。这一理论概念源于社会学和人类学研究中的"社会互动"和"社会结构"，个体之间的连接类型和整体结构呈现了社会行为特征。威利曼和伯克维兹（Wellman & Berkowitz，1988）在研究中更加明确了社会网络的内涵，指出社会网络是由社会行动者与社会行动者之间连接构成的较为稳定的社会关系网络。随着研究目的和研究对象的不同，社会网络理论的构念已经广泛涵盖了个体、组织、团体等之间形成的不同联系内容的网络（易行健等，2012）。

2.3.3 社会网络理论的相关概念

从社会网络的内涵中，我们不难发现，节点及其之间的关系构成了社会网络的基本要素。如果在一个网络中，有几个社会行动者之间的联系很紧密，那么他们在网络中往往处于比较重要的地位。无论从个体角度还是从整个网络角度来看，对于网络联系的关注可以发现网络及其社会行动者的特征。在社会网络中，与网络联系密切相关的概念包括网络密度、距离等。社会网络研究主要分析社会行动者之间的关系特征、网络结构、网络特征对个体的影响等。对于网络结构的描述一般涉及网络规模等指标。下面分别介绍与社会网络有关的一些相关概念。

2.3.3.1　节点

节点（node）是社会网络中的基础要素，由社会行动者构成。社会行动者，可以是个人，也可以是团体、组织或企业事业单位，以及城市、省份甚至以国家的形式出现。社会行动者在网络中既独立存在又与其他行动者相互影响，相互依赖，在网络中扮演着不同的角色，拥有着不同的相互作用关系。

2.3.3.2　关系

关系（tie）是指社会网络中，社会行动者之间的联系。社会行动者由于各种目的和原因而产生关联关系。“关系”常常代表具体的联络内容（relational content）或者现实发生的实质关系。关系的类型较为多样化，可以是个人之间的情侣关系、邻里关系，也可以是国家之间的国际贸易关系、组织之间的合作关系等。形成关系的方式可以是咨询、合作等。社会网络关系的建立，可以帮助网络中的社会行动者获取资源，同时社会行动者也会受到网络关系的约束。

2.3.3.3　网络规模

网络规模（scale），是指网络中社会行动者的总计数量。该指标是描述网络特征的重要变量。网络规模大的社会网络，行动者数量就多。网络规模小的社会网络，行动者数量就少。网络规模大的网络，其结构通常也越复杂。社会行动者的个性特征和具有的资源，也会使得网络充斥着更多的差异或不均衡。

2.3.3.4　网络密度

网络密度（density），是指社会行动者之间联系的紧密程度，是社会网络分析中应用最为广泛的一个指标。一个密度大的社会网络，说明行动者之间的联系较为紧密，社会行动者与社会行动者之间的连接数量较多，该网络对其中行动者的态度、行为等产生的影响就越大。网络密度的计算为网络中节点之间实际的连线数与理论上存在的最大连线数的比值。网络密度与网络规模和网络节点之间的实际连线数量有关。

2.3.3.5 距离

距离（distance），两个节点之间的距离是图论意义上的距离，即两点之间在图论或者矩阵意义上最短途径（即捷径）的长度。即两点至少可通过多少条边连接在一起。

2.3.3.6 关系强度

关系强度（intensity），根据互动的频率、亲密性和时间长短将关系分为强关系和弱关系。强关系指社会行动者之间互动频率较高，相互之间的关系也较为密切，持续时间较久，容易建立信任，形成较强的约束规范。强关系更容易促进社会行动者之间的合作，利于行动者获取更多高质量、精练的信息资源。弱关系则相反，指行动者之间互动的频率较低，沟通机会较少，持续的时间较短。产生弱联系的行动者之间，知识结构、经验阅历等往往存在着较大差异，通过这种联系更容易获得多元化的异质资源。

2.3.4 社会网络理论的适用性

社会网络分析主要是研究行动者之间的关系，探索网络的结构属性及其形态，进而有效地测量网络结构的特征。目前社会网络分析的应用主要分为两个方面：自我中心社会网分析和整体网分析。自我中心社会网分析，主要是探讨行动者在网络中的地位，与其他行动者的连接关系，从而得出行动者在网络中扮演着什么角色。整体网分析主要是探讨网络的构成与形态。社会网络研究能够为我们提供很多新的见解。社会网络一般不是随机的，而是具有一定结构，可能表现为聚类性、核心—边缘结构等。通过分析社会网络，甚至可以为组织的关系管理带来直接效益。社会网络研究侧重于研究实体间关系，从网络角度对个体间关系及整体网络结构进行质性或量化分析。研究实体间的交互作用和结构，有助于架起微观和宏观之间的桥梁。

随着社会网络分析发展日趋成熟，目前不同领域的学者在研究各种网络时都已经采用该方法。任何经济活动都不是独立存在的，都是在社会关系网络中发生的。企业孵化器孵化在孵企业的过程，也是企业孵化器帮助在孵企业与各种社会网络主体连接，为其提供各种资源服务的过程。企业孵化器是创新创业资源的集散地，在孵企业通过孵化器与具备各种不同资源的组织机构进行连

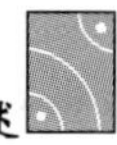

接，不同种类的资源通过网络联系在网络成员中流动、重组，推动在孵企业的成长。孵化网络是由众多不同类型的节点和节点之间的资源流动关系构成的一种特殊社会网络。企业孵化器是孵化网络各主体联系的节点和枢纽，它将孵化网络中的各主体联系起来。它们之间在特定的网络协议或社会关系下进行有序的互动，以达到各自的目标。因此，社会网络理论作为本书的理论基础和文献支撑是适用的。

2.4　集成理论

2.4.1　集成理论的基本思想

"集成"一词，较早地出现在计算机领域。1973 年，约瑟夫哈林顿（Joseph Harrington）博士首次在著作《计算机集成制造》中提出了计算机集成制造的概念。随着系统管理科学理论的不断发展和管理实践的逐渐复杂化，"集成"一词逐渐被引入系统管理科学领域。1990 年，著名科学家钱学森在《一个科学新领域——开放的复杂巨系统及其方法论》的发文中，指出解决复杂巨系统问题需要"从定性到定量的综合集成法"，奠定了集成理论思想。后来钱学森在多年研究的基础上，归纳出了一套完整的思想体系——大成智慧学，意指集古今中外有关经验、知识、智慧之大成，体现了集成思想。自此，引发了诸多学者对集成理论的思考。李宝山和刘志伟（1998）出版了专著《集成管理——高科技时代的管理创新》，对集成理论有着较为全面和深入的探讨。随后很多学者在李宝山学者集成管理研究的基础上，进一步深入分析和研究集成理论。吴秋明（2004）较为系统和深入地构建了集成理论体系，在出版的专著《集成管理论》中，详细阐述了集成与集成管理、集成力场等思想。

集成是一种要素的整合活动，集成的基本思想是整合增效。集成，既可以列为管理的对象，也可看作管理的一种方法和手段。集成理论在不同的学科领域得到了广泛的应用和不断的实践发展。为管理学问题的深入分析和探讨提供了新的研究思路与视角。

2.4.2 集成与集成管理的内涵

2.4.2.1 集成的定义

集成是具有某种公共属性的元素的集合。公共属性，为集成的约束条件（吴秋明和李必强，2003），可以是需求、目标、功能等内在或外在的性质，表达为数学式（2-1）所示：

$$A = \{X \mid P\} \tag{2-1}$$

式（2-1）中：

A——元素 X 的集合；

X——集合 A 的元素，X 是一个向量，$X=(X_1, X_2, X_3, \cdots, X_n)$；

P——集合 A 中元素的公共属性，即为满足集合 A 的约束条件。

集为汇聚，成为部分，集成为部分之集合。集成是一种元素的条件集合活动。我们注意到，无论是自然系统的集成还是社会系统的集成，都不是无缘无故的，都可以找到他们的公共属性。

2.4.2.2 集成的一般特性

1. 公共属性

公共属性是集成元素所需满足的约束条件，既可以是隐性的，也可以是显性的；既可以是成文的，也可以是不成文的。元素能成为一个集成体中的一员（元），必具备某种共同的性质，否则，元素不会被集成体所容纳，集成体也不会形成。

2. 互异性

互异性是集成体的又一特征。集成元素的互异性，最本质的表现，在于集成体中的任何一个元素，具有产权上的自主性、独立性。在集成的过程中，部分构成的集成体，或表现为互补型、或表现为增添型。往往引发互补型的集成元素是不同类的不同元素，引发增添型的集成元素是同类而不相同的元素。集成元素的互异性可以用数学表达式（2-2）所示：

$$A = \{X_1, X_2, \cdots, X_i, \cdots, X_j, \cdots, X_n \mid P\}\ (X_i \neq X_j) \tag{2-2}$$

集成元素的互异性，最本质的表现在于集成体中的任何一个元素，具有产权上的自主性、独立性。

3. 无序性

无序性是指集成元素在满足公共属性的同时，又具有时间、空间、心理上的无规则分布。无序性的数学表达式为（2－3）：

$$A = \{X_1, X_2, \cdots, X_i, \cdots, X_j, \cdots, X_n \mid P\} = \{X_1, X_4, X_3, X_n, \cdots, X_2 \mid P\} \tag{2-3}$$

集成的无序性，使得管理具有必要性。通过有效的管理方式，整合集成元素间的各种关系，使之形成有机的整体，发挥出集成的整体功能，实现集成群体的整合增效。

2.4.2.3　集成管理

集成管理，就是对集成活动的管理，在综合运用各种不同的平台、方法等的基础上，通过集成计划、集成组织、集成指挥、集成协调和集成控制，促进各项元素、功能和优势之间的互补、匹配，从而为企业催生出更大的竞争优势，达到整合增效的目的（李必强，2004）。上述的集成管理职能与一般管理职能比较一致，只是在内涵上有所区别。

1. 集成计划

集成计划，是集成管理的首要职能。主要是明确集成的动因，集成要达到的目的，谁来集成的问题。

2. 集成组织

集成组织，是构建组织结构、明确组织分工、制定行为规范、配置资源以及集成文化的建设。

3. 集成指挥

集成指挥，是为了实现集成元素的有序发展，所采取的集成元素集合或整合的动态过程。

4. 集成协调

集成协调，是协调集成元素之间、集成元素与整体之间的矛盾和冲突，实现有效的界面管理，达到整合增效的目的。

5. 集成控制

集成控制，是参照集成计划，对集成行为进行评估，对偏离计划的行为进行控制，以保证集成活动有序进行。

2.4.3 集成系统的界面管理

集成系统的界面管理，是集成管理的重要组成部分。矛盾与冲突，是集成系统与生俱来的产物。从某种意义上说，虽然矛盾与冲突有其积极的作用，但是，追求和谐永远是集成系统管理的主题。对于一个集成系统而言，只有内部安定、和谐，才能求得发展壮大。而和谐的本质，是集成系统内界面双方关系的和睦，它的实现应以界面管理为手段。

2.4.3.1 界面的含义

界面（interface）一词，首先出现在工程技术领域，是一个工程技术术语。它主要是用来描述各种仪器、设备、部件及其他组件之间的接口。

界面概念引入管理领域，指的是为实现某一系统目标，集成单元或集成基本单元（相对不可分单元）之间信息、物资、资金等要素交流、联系方面的交互状态。

2.4.3.2 解决界面矛盾与冲突

把具有公共属性的要素集合在一起，必然会产生基本集成单元之间、集成单元与整体之间的矛盾，这些矛盾是客观和难以避免的。这种矛盾的客观性，必然提出界面管理的要求。

纵观各种集成系统，无论是内部集成还是外部集成，集成系统的矛盾与冲突，发生处多在两个集成单元的接合部，即界面上。处理界面矛盾的传统方法，通常有三种：一是通过充分的交流与沟通，消除基本单元之间（内部），以及集成单元之间（外部）的矛盾与冲突。二是进行集成单元的合并，组成新的集成单元，减少集成单元的关系数，降低协调成本。三是通过成立跨集成单元界面的组织，或任命不同集成单元的领导，协调集成单元之间的矛盾。

2.4.4 集成理论的适用性

集成理论为管理学问题的深入分析和探讨提供了新的思路和视角。集成思想对于集群的发展演变及管理具有指导作用。集成活动对象千差万别，有方法集成、知识集成、信息集成等。尽管如此，它仍有内在的、共同的规律可循。

集成理论是把集成作为管理独立的研究对象，目的就是向集成要效益，提高能力。在孵企业具备公共的属性，新生弱小，寻求成长，聚集在企业孵化器内。相互之间存在着不同的作用力，形成在孵企业集群。运用集成理论的研究成果，分析在孵企业集群的发展演化，并实施有效的管理措施，对于提升孵化能力的研究是适用的。

2.5　本章小结

本章分别介绍了扎根理论、协同理论、社会网络理论、集成理论。扎根理论为第 4 章企业孵化器孵化能力影响因素分析提供理论支撑。主要概述了扎根理论的基本思想、特点、研究流程和编码程序以及对于本书研究的适用性。协同理论为第 6 章企业孵化器孵化能力提升之加强二元主体协同提供理论支撑。主要概述了协同理论的基本思想、内涵、相关概念（序参量、耦合度、耦合协调度、协同效应、协同度）以及对于本书研究的适用性。社会网络理论为第 7 章企业孵化器孵化能力提升之健全孵化网络提供理论依据。主要概述了社会网络理论的基本思想、内涵、分类、相关概念（节点、关系、网络规模、网络密度、距离、关系强度、中心性、网络治理）以及对于本书研究的适用性。集成理论为第 8 章企业孵化器孵化能力提升之强化在孵企业集群管理提供理论支持。主要概述了集成理论的基本思想、集成与集成管理的内涵、集成系统的界面管理以及对于本书研究的适用性。这些相关理论将为后续章节的开展与研究奠定理论基础与提供方法依据。

第3章

企业孵化器发展及其孵化能力现状分析

自1987年6月第一家企业孵化器在武汉创办以来，我国企业孵化器在创新政策驱动和经济发展的影响下，实现了规模和数量上的快速扩张。本章在企业孵化器概念界定，梳理企业孵化器发展历程、发展特点及发展现状的基础上，进一步分析企业孵化器孵化能力的现状，为后续研究奠定基础。

3.1 企业孵化器概念界定

全球第一家企业孵化器诞生于美国。1959年，约瑟夫·曼库索（Joseph Mancuso）家族收购了位于美国纽约州巴特维亚（Batavia）的一片闲置厂区，并将其整体出租来获得投资回报，然而，承租状况并不理想。于是，约瑟夫·曼库索将整片厂区进行分割，改造成较小的空间布局，以吸引企业前来承租，提高出租率。他还提出为承租企业免费进行培训、共享办公设备以及管理咨询等服务。很快，就有许多企业入驻。约瑟夫·曼库索受到其中一家养鸡户承租商的启发，将这种组织形式命名为"孵化器"（Camelia & Rusei，2012），并称"他们是在孵化小鸡，而我是在孵化企业（incubating businesses）"。这就是世界上第一家企业孵化器——巴特维亚工业中心（Batavia Incubator Center）。

对于企业孵化器的概念界定，不同的机构和学者从不同的角度出发，给出了不同的释义。

联合国开发计划署（United Nation Development Program）将企业孵化器描述为支持和发展成功的企业家和盈利企业的受控制的工业环境。

美国企业孵化器协会（NBIA）将企业孵化器定义为向新创企业提供一系列援助计划，通过内部的专门技术、共用技术与资源网络等帮助新创企业成

长，促进技术转化、新创企业的成长和实现地区经济的繁荣。该机构对企业孵化器的界定有了更多的内涵，强调孵化器为在孵企业提供技术服务、网络资源等。

随着企业孵化器的快速发展，在企业孵化器的概念界定中又注入了社会网络等的内涵。欧盟委员会企业孵化器是加速和创造成功创业的过程，通过给在孵企业提供综合和集成的创业支持服务，包括孵化空间、商业支持服务、集群和网络机会等。

我国科技部对孵化器的界定为服务机构，目的是孵育和扶持中小企业的生存和发展，向孵化企业提供硬件支持和孵化服务，降低创业者的创业风险和创业成本，提高创业成功率，促进科技成果转化，培养成功的企业和企业家。我国科技部对于孵化器的界定，明确了孵化器成立的使命。

不同学者也从不同角度对企业孵化器的定义作出了界定，但由于自身的学术研究方向和研究的目的不同，并且企业孵化器在各地区成立和发展的实践也不尽相同。因此，企业孵化器的定义在理论界未形成一个统一且权威的界定。在此，本书将与企业孵化器有关的、具有较高接受度的定义进行整理，如表3-1所示。

表3-1　　企业孵化器的代表性界定

来源文献	相关界定	侧重点
斯米勒（Smilor，1987）	企业孵化器是一个培养新创企业成长的创新体系，通过整合各种创业资源，激发创业者的能力，为新创企业提供各种创业支持，促进企业的成长	资源整合
格里马尔迪和格兰迪尔（Grimaldi and Grandil，2005）	企业孵化器不仅是为在孵企业提供软硬件服务的支持者，也应该是具备资源、信誉和可持续发展能力的企业	自身发展能力
景俊海和靳辉（1998）	企业孵化器是一个创新型的新企业的综合系统，给予在孵企业养分，促使其成长，造就充满活力的企业群体	企业集群
钱平凡（2000）	企业孵化器是为新创企业提供管理支持和资源网络，帮助和促进新创企业成长和发展的手段	资源网络
明大军（2004）	企业孵化器通过提供场地、通信、网络等方面的共享设施，提供系统培训和咨询等方面的支持，提高企业的成活率	软硬件服务
金加林等（2004）	企业孵化器是将一些处于创业阶段的企业安排到特定的区域进行培养，通过提供专业的管理服务、必需的财力支持以及关键专业资源来培养新创企业	管理服务和财力支持

综合以上分析可以看出，企业孵化器在国内外研究中虽然尚没有完全统一明确的定义，但所具备的创业支持这一基本特征并没有变化。

基于已有企业孵化器的研究成果与实践经验，笔者认为：企业孵化器是一种特殊的企业集群组织模式，它以提高新创企业的成活率、促进科技成果转化、推动地区经济发展为目标，通过提供廉价的办公场地、基础设施等硬件服务，以及构建孵化网络、整合各种创新创业资源等软件服务，帮助新创企业克服资源匮乏、管理经验不足等困难，支持新创企业成长和发展。

上述定义强调：（1）目标：促进科技成果转化、提高新创企业的成活率、推动地区经济发展；（2）职责：帮助新创企业存活和发展；（3）过程：为入驻企业孵化器的新创企业提供硬件服务和软件服务等创新创业支持。

企业孵化器于20世纪80年代从美国兴起的同时，也向全世界更广的范围扩散。企业孵化器概念、理论的全球传播及广泛实践，基本都与各国家经济社会发展目标和产业发展政策紧密结合，形成了各具特色的企业孵化器发展道路。因此，企业孵化器在不同的国家也被赋予了不同的称呼。企业孵化器起源于美国，在芬兰等北欧国家被称作科学园，在德国等一些欧洲国家被称作创新中心，而在我国，起初被称为创业服务中心，因与高新技术紧密结合在一起，后又被称为科技企业孵化器，通常被简称为孵化器。

3.2 企业孵化器功能

企业孵化器作为一种社会经济组织，为创新创业的发展提供全程式、个性化的服务，除了为新创企业有效规避风险，为在孵企业整合创新创业资源，提供增值服务外，还具有社会、经济功能。

3.2.1 风险规避功能

在前文有关企业孵化器定义的总结中，我们可以了解到，企业孵化器是一种受控制的环境，为新创企业规避创新创业风险提供有效的保护。因此，企业孵化器具有风险规避的功能。创业是创业者发现机会，把握机会，并创造出新颖的产品和服务，参与市场竞争，实现产品和服务增值的过程。然而，对于新创立的企业，面临市场的不确定性、新进入市场的威胁，资源匮乏等困境，生存能力弱，抗风险能力低，很容易导致创业失败。企业孵化器通过实现与在孵企业的专业化分工，节约入孵企业的成本帮助入孵企业规避风险，度过初创期。孵化器和入孵企业之间实现了专业化分工。企业孵化器为在孵企业提供初始阶段的各种条件，如提供公共设施，负责培训、给予管理协助，提供接受法律和金融等方面专门服务的渠道，而入孵企业则可以专门从事其他经营活动。这样，由于孵化器的专业化经营，大大降低了入孵企业在创业阶段的成本，提高了总的经济效益。另外，由于经营场地、办公设施、通信设备等方面与其他在孵企业共享，实现了规模经济，降低了单个在孵企业的办公成本。传统的企业在创立初期，除了经营场地、创业资金还需要一系列的税务、工商、财务登记手续，以及技术鉴定、申请专利、商标注册等创立活动。而依靠企业孵化器提供的专业化服务，可以由原来的创业者一对一交易行为转化为由企业孵化器统一代理的行为，大大提高了新创企业的运营效率和降低了创立成本。创业者由于缺乏管理经验，势必在经营的过程中，造成人工、材料等方面的浪费。企业孵化器通过向在孵企业提供免费的管理、市场营销、财务和保险知识等培训帮助他们少走弯路，避免资源的浪费，节约在孵企业的成本。初创期的企业面临着高风险，创业者经验不足，管理水平低下，市场份额小，容易受到已有大企业的冲击。企业孵化器为在孵企业提供了良好的初始条件。在孵企业在孵化器内聚集，方便信息沟通与日常的监控，可以及时发现在孵企业遇到的问题，为在孵企业提供个性化的相匹配的服务，帮助在孵企业规避可能的各种风险，度过初创期，提高成活率。

3.2.2 资源整合功能

企业孵化器自身的资源无法满足在孵企业对创新创业资源的全部需求，因此，企业孵化器更多的是充当资源的整合者，链接社会上的各种资源。创业者由于在创业初期，未建立声誉、品牌效应以及社会资本的稀缺，导致资源整合的难度较大。然而，依靠企业孵化器能较好地解决这个问题，实现资源的整合，提高对社会资源的利用效率。企业孵化器将不同行业、规模不一、经营状况各异的新创企业聚集在孵化器内，他们可能处在产业链的不同位置，有可能形成上下游企业。也可能拥有不同的科研成果和技术，具备不同的优势。通过战略联盟、合作等方式，实现在客户资源开发，产品与服务开发方面优势互补，互相支持。企业对资源的需求是多方面的。孵化器本身所能提供的资源是非常有限的，多数资源来源于社会，一方面，将一些中介服务机构直接吸引到企业孵化器内，达成战略伙伴关系，为企业提供便捷优质、价格适中的服务。另一方面，也可以构建外部孵化网络，比如会计师事务所、律师事务所、高校等机构建立联系。通过敏锐的分析和判断，将孵化器内部资源之间、内部与外部资源之间进行连接整合，使资源实现优化配置和共享，这样既可以提高资源的使用效率，又能降低企业的各种成本，提高孵化成功率。

3.2.3 促进企业创新功能

创新可以是新产品的开发、新工艺的应用、新组织的成立，创新涉及把发明创意转化成商业化产品和服务，最终参与市场竞争，实现盈利。企业孵化器建立了一种机制为跨越技术发现与商业化的鸿沟提供可能（Melkers & Xiao，2012）。在孵企业受企业孵化器影响，企业孵化器发展也受到在孵企业的制约，企业孵化器通过与高校、科研院所建立联系，如果在孵企业有良好的吸收能力，通过知识转移促进在孵企业成长和竞争力提升（毕可佳等，2017；张海红和吴文清，2017）。通过孵化网络的建立，以及孵化网络各主体的协助，降低在孵企业创新的不确定性。企业孵化器在培育在孵企业成长之外，也需要帮助其实现技术创新，在孵企业的创新活动得到了良好的发展和促进，也会促进企业孵化器发展。企业孵化器也在发展中不断完善革新服务功能，为在孵企业创造一个良好的创新环境。因此，企业孵化器也越来越被视为促进企业创新的重要工具。

3.3 企业孵化器发展

3.3.1 企业孵化器发展历程

1984 年，我国引进国外孵化器建设的成功经验并得到国家科委的重视。1985 年，我国开展科技改革，为孵化器的诞生奠定了良好的政策基础（申夫臣和侯合银，2010）。1987 年 5 月，联合国科技促进发展基金会主席拉卡卡（Ruskin Lakaka）访问中国，并建议在中国建立孵化器，该建议得到了国家科委和相关部门的重视，同年 6 月，我国第一家孵化器——武汉东湖新技术创业者中心成立。按照《国家中长期科学和技术发展规划纲要（2006 - 2020 年）》的战略部署，我国制定了于 2020 年建设成创新型国家的宏伟目标。为此，《国家科技企业孵化器“十二五”发展规划》明确了孵化器肩负的历史使命，“建设和完善科技创新创业服务体系，提升区域科技企业孵化能力，培育战略性新兴产业源头企业，培养高水平、高素质、高层次的创业团队，营造科技创新创业良好环境，在全社会形成科技创新带动创业高潮”“为转变我国经济发展方式、建设创新型国家奠定坚实基础”。

经过 30 多年的发展，我国孵化器无论在产业规模、基础设施建设、孵化效果等方面，都实现了全面突破。科技企业孵化器产业的发展也见证了我国新创科技型中小企业服务体系的成长，为我国创新创业的发展贡献了重要力量。在落实国家创新政策、连接创新资源、提高科研成果转化率，带动地区经济发展等方面发挥着重要作用。是世界范围创新驱动政策的制度化组成部分，培养了一大批创业者和创业企业。根据《中国火炬统计年鉴 2020》相关数据分析显示，截至 2019 年底，我国孵化器数量为 5206 家，累计毕业企业 160850 个，为社会培养了大批发展前景良好的优质成长型企业，培养了一大批创业者和创业企业。

我国孵化器的发展大致经历了以下几个阶段。

第一阶段：孵化器探索阶段（1987 ~ 1999 年）。

这一阶段的孵化器发展主要依靠政策的推动和政府组织创办。1988 年，国家“火炬计划”开始实施，旨在发展我国高新技术产业，在计划中明确了建立孵化器这一重要任务，由此拉开了我国建立孵化器的大幕。1994 年，国家科委发布《关于对我国高新技术创业服务中心工作的原则意见》，明确了建设创业服务中心旨在为高新技术成果转化，在创业阶段提供孵化场地、资金支持等综合服务。1999 年，科技部等七部委共同发布的《关于促进科技成果转化的若干规定》，首次从法律法规的层面明确对孵化器予以支持。在国家大政方针的指导下，以及政府出台的一系列优惠政策的引导下，北京、杭州等地开始着手创建孵化器。1999 年，国家出台了《中共中央 国务院关于加强技术创新，发展高科技，实现产业化的决定》，提出优化科技资源配置，形成有利于技术创新和科技成果转化的体制和机制。营造了更有利的孵化器发展环境。根据《中国火炬统计年鉴 2020》相关数据显示，截至 1999 年底，全国孵化器数量为 110 家。

阶段特征：第一，依靠政策驱动。这一时期的孵化器建设和发展，主要依靠政策驱动。在学习和模仿西方国家孵化器建设经验的同时，摸索出属于自己的发展道路。明确了孵化器建设的目的。第二，服务有限。这一时期我国孵化器主要提供硬件支持，比如基础设施和经营场所等，一些软性增值服务还在学习摸索当中。

第二阶段：孵化器稳步发展阶段（2000～2011 年）。

2000 年，世界企业孵化与技术创新大会在上海召开。这是首次在我国召开世界范围的孵化器会议。这一切都表明我国孵化器发展新阶段的到来，不论从投资主体还是孵化对象都呈现出多元化的特征（梁敏，2004）。2002 年，全国人民代表大会常务委员会第二十八次会议通过的《中华人民共和国中小企业促进法》在法律层面第一次提出建设孵化基地，确定了孵化器的法律地位。这一时期，出台了相关孵化器建设的税收、财政优惠政策，以提升科技成果转化服务功能。例如，2007 年，财政部、税务总局颁布了《关于科技企业孵化器有关税收政策问题的通知》，明确了对符合条件的孵化器采取的税收优惠，比如免征城镇土地使用税、房产税等。2011 年，又颁布财税〔2011〕59 号文件将优惠期限由 2010 年 12 月 31 日到期延期至 2012 年 12 月 31 日。这一时期，我国孵化器进入了发展的快车道。根据《中国火炬统计年鉴 2020》相关数据分析显示，截至 2011 年底，我国共有孵化器 1034 家。

阶段特征：第一，孵化器数量大幅度增加。在这一时期，国家颁布了更多、支持力度更大的政策制度，使得孵化器稳步发展。第二，服务质量提高。孵化器已经不仅停留在提供孵化场地、办公设施等基础硬件服务，还为在孵企业进行了相关法律、财务知识培训，提供工商税务登记代办等多种增值服务，孵化能力大大提高。

第三阶段：孵化器蓬勃发展阶段（2012 年至今）。

为了实现国民经济从增长质量到增长模式全面升级，提高就业率，加速技术水平的提升，政府鼓励大众创业，万众创新。2015 年的《政府工作报告》中，也曾多次提到这一关键词。我国创新创业活动不断兴起和蓬勃发展，给孵化器带来了蓬勃发展的新契机，为我国创业活动普遍存在失败率高、寿命短的问题，提供了一个有效的解决办法。2017 年《国家科技企业孵化器“十三五”发展规划》发布，明确了孵化器的战略地位和历史使命，并对其发展作出了整体规划。孵化器税收优惠政策的执行期限为 3 年，在 2013 年、2016 年、2018 年又连续延续了 3 次。这一时期，我国孵化器发展迅猛。根据《中国火炬统计

年鉴2020》相关数据分析显示，截至2019年底，我国孵化器数量共计5206家。

阶段特征：第一，孵化器数量陡增。在双创背景下，孵化器数量激增。第二，呈现出更多的特点。孵化器提供的不仅仅是基础性的增值服务，还为在孵企业提供商业计划、引进风险投资。孵化器的投资主体也更加多元化，开展的合作也更加广泛，呈现出生机勃勃、创新发展的态势。

3.3.2 企业孵化器发展特点

我国孵化器经过30多年的发展，整体呈现出以下特点。

3.3.2.1 投资主体多元化

发展初期，在我国相关政府部门的组织和优惠政策的驱动下，我国孵化器都是由政府单一主体投资建立，随着经济转型升级以及孵化器的市场化发展，由政府主导建设的孵化器数量正不断下降，投资主体呈现多元化，如高校、企业等参与孵化器的投资，实现完全自主经营、自负盈亏的情况越来越多。

3.3.2.2 发展类型多样化

随着时代的发展，孵化器的类型呈现多样化，出现了企业内部孵化器、综合型孵化器、专业孵化器等不同类型。企业内部孵化器，将企业自主研发的科研成果通过内部的孵化支持，完成科研成果转化。综合型孵化器，通过全面的服务支持，满足不同类型和不同行业的在孵企业的成长发展。专业孵化器，聚焦于某一专业类型的新创企业或创新成果，给予专业化的技术指导和服务，助推新创企业的生存和成长。不同类型的孵化器适应了不同创业人群的需求，促进了创新创业发展的步伐。

3.3.2.3 孵化服务升级化

早期的孵化器在政府的主导下建立，依靠场地出租和物业管理维持生存和发展，主要为准政府性质、公益性质。现阶段的孵化器的孵化服务不断升级，从最初的基础设施硬件资源到创业指导、引进风险投资、建立中介联系、提供商业计划等增值服务，以帮助在孵企业度过艰难的初创期，实现成为在市场上独立生存和发展的营利企业。

3.3.2.4 孵化资源集成化

创新创业需要面对不确定的市场环境和未知的发展前景。在孵企业对于资源要素的需求是多样化的。孵化器自身为在孵企业提供的有形资源与无形资源非常有限，通过孵化网络的构建，以战略联盟或者合作的方式，搭建起资源连接的桥梁，实现创新创业资源的有效整合和高效利用，帮助在孵企业存活和成长。

3.3.3 企业孵化器发展现状

我国科技企业孵化器产业在双创的时代背景下迅猛发展。无论在产业规模、基础设施建设还是孵化效果等方面都有所突破，但在快速发展的同时，也存在一些影响其发展的重要问题。运用 SCP 范式对该产业的市场结构、市场行为和市场绩效对企业孵化器发展现状进行分析。SCP 理论是哈佛学派建立起来的一种关于产业组织的分析框架，采用市场结构（market structure）——市场行为（market conduct）——市场绩效（market performance）理论范式进行分析。本书基于 SCP 范式的理论框架，以下通过对我国孵化器产业的市场结构、市场行为和市场绩效 3 个方面展开现状分析。

3.3.3.1 市场结构分析

市场结构指市场内的竞争程度，并以此为特征所形成的组织关系。可以反映市场结构的指标有很多。笔者选取产业规模和市场集中度 2 个方面来分析孵化器市场结构。

1. 产业规模

选取孵化器数量、孵化器（平均）场地面积来分析我国孵化器产业规模。

（1）孵化器数量

根据2020 年《中国火炬统计年鉴》的相关数据，分析孵化器数量变化，如图 3－1 所示。

图 3－1 表明，我国孵化器在数量上保持持续增长态势。我国孵化器数量截至 2019 年底，共计 5206 家，已经步入孵化器大国的行列。从 1995 年的 73 家增长至 2019 年的 5206 家，经过 30 余年的发展，在数量上实现了新的突破。增长率虽然呈现波动下降趋势，但年均增长率达到了 19.458%，仍处于较高

的水平。2016～2019年，受国家经济发展的影响和双创政策的驱动，在数量上更是持续上涨，孵化器的新建数量超过了总量的一半。

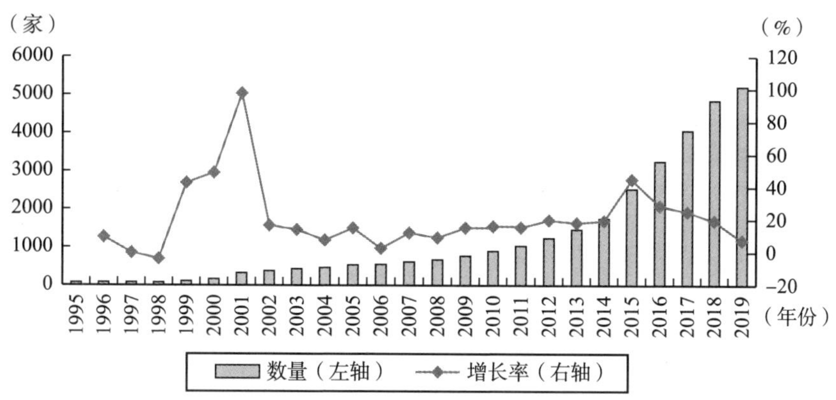

图3-1　1995～2019年中国孵化器数量与增长率变化

（2）孵化器（平均）场地面积

根据2020年《中国火炬统计年鉴》的相关数据分析显示，分析孵化器（平均）场地面积变化，如图3-2所示。

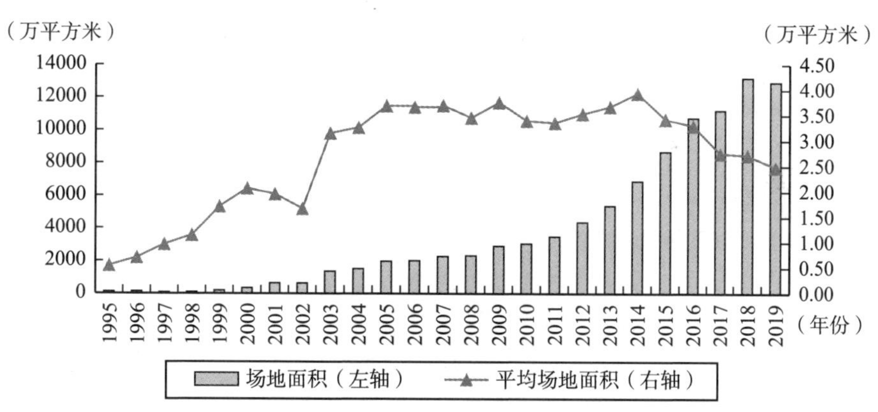

图3-2　1995～2019年中国孵化器（平均）场地面积变化

图3-2表明，我国孵化器不仅在数量上实现了突破，在孵化器场地面积上也大大增加。从1995年的40.2万平方米增长到2019年的12927.9万平方米，基本上呈现出持续增长的态势，仅在2019年略微有所下降。孵化器的平

均场地面积，从1995～2003年保持飞速增长的态势，从1995年的0.55万平方米增长到2003年的3.15万平方米，从2004～2014年，孵化器的平均场地面积保持一个较为平稳的发展状态，从2015～2019年，孵化器的平均场地面积又有所下降，但数值仍较大。

基于以上不同指标对我国孵化器产业规模的分析，可以看到，我国孵化器随着创新创业活动的蓬勃发展和政策的推动，得到了快速发展，从数量和面积上反映出我国孵化器规模较大。

2. 市场集中度

市场集中度是反映市场结构状况的重要指标之一。笔者选用CRn指数衡量我国孵化器的市场集中度。CRn数值越大，说明市场集中度越高，竞争程度就越小。相反，市场集中度越小，市场竞争程度越高。根据2020年《中国火炬统计年鉴》相关数据统计，2019年我国东部地区孵化器数量为3346家，中部地区766家，西部地区752家，东北地区342家。经整理计算得出我国不同区域孵化器数量占比情况，如图3－3所示，东部地区占比为64.272%，超过全国总量的一半；其次是中部地区，占比为14.714%；再次是西部地区，占比为14.445%；最后是东北地区，占比为6.569%。

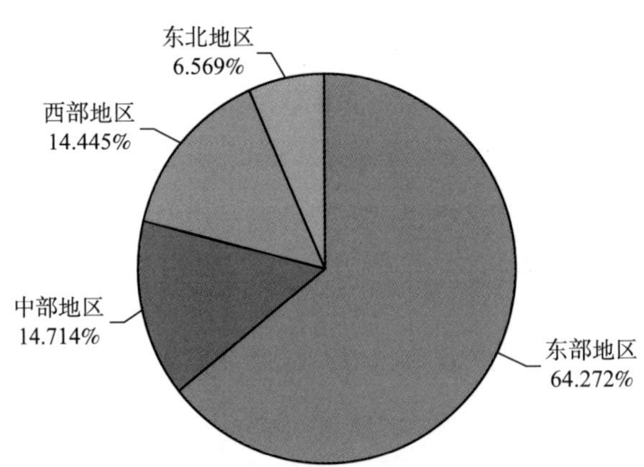

图3－3　2019年中国四大区域孵化器数量占比情况

图3－3表明，我国孵化器区域分布并不均匀，且表现出一定的地理集聚现象。东部地区分布最多，东北地区分布最少。由于东部地区经济发达，政府的政策支持力度以及技术资源的获取较为丰富，其孵化器的数量要远高于我国其他地区。

根据 2020 年《中国火炬统计年鉴》相关数据，我国孵化器数量不足 20 家的省份主要集中在西部经济较为落后的地区，如西藏、宁夏、青海等，其中西藏只有 1 家。孵化器数量超过 100 家的有广东、江苏、浙江、山东等，其中广东有 1013 家排在首位，其次是江苏有 832 家紧随其后。广东由于地处沿海经济发达地区，科技创新创业资源丰富，为孵化器的建立和发展创造了良好的契机。江苏在我国创新型试点城市的建设中成绩突出，这与当地政府重点扶持新创科技型企业发展的政策分不开，这也为孵化器在当地的蓬勃发展奠定了良好的政策基础。北京、上海两市的孵化器数量也超过了 100 家，除了当地的政策影响外，国内最一流的高校也多集中在这两个城市，智力型人力资本的充足，高校科研成果的丰富以及对转化的需求，都推动了孵化器的产生和发展。

我国孵化器产业市场集中度计算选取的是孵化器的数量指标。根据 2020 年《中国火炬统计年鉴》，排名前八名的省市累计孵化器的总量为 3390 家。其他省市累计孵化器数量为 1816 家，占总量的 34. 883%。将排名前八名的省份孵化器数量统计制表，如表 3 – 2 所示。

表 3 – 2　　2019 年中国孵化器（前八名）数量排名表

省份	孵化器数量（家）	占总量的比例（%）
广东	1013	19. 458
江苏	832	15. 982
浙江	363	6. 973
山东	358	6. 877
河北	251	4. 821
湖北	216	4. 149
黑龙江	182	3. 496
上海	175	3. 362
小计	3390	65. 117
其他省份	1816	34. 883
合计	5206	100

计算表 3 – 2 中数据，得到我国孵化器产业 CRn 的数值，其中 CR_4 = 49. 289%，CR_8 = 65. 117%。根据美国经济学家贝恩和日本通产省对产业集中

度的划分标准，$35\% \leqslant CR_4 < 50\%$，$45\% \leqslant CR_8 < 75\%$，我国孵化器产业集中度属于寡占Ⅵ型，低集中寡占型，具有一定的垄断程度，这与当地的经济发展速度、政府对创新创业方面的支持力度，以及所在地区高等院校的集中程度是分不开的。

3.3.3.2 市场行为分析

1. 运营模式

市场行为是指市场主体在追求利润最大化的目标导向下，充分考虑市场竞争的基础上所采取的适应市场需求的行为。选用孵化器的运营模式和孵化网络对我国孵化器的市场行为进行分析。孵化器运营模式是指该组织的管理者为了追求资源配置效率的最大化，提高培育科技型中小新创企业的成功率，而开展的一系列以企业孵化活动为主的运行范式（杜鹃，2014）。我国孵化器在成立之初，就带有政府支持的色彩。之后，在政府的引导下，越来越多的社会资金投入到该产业的建设和发展中。随着我国市场经济的发展，资本市场的逐步建立，开始出现了以企业为投资主体的孵化器，结合风险投资进入孵化器领域，孵化器的投资主体呈现多元化，公益型与盈利型模式并存。我国孵化器的运营模式分为不同的划分标准，根据资产性质，可以划分为社会公益性孵化器和盈利性孵化器。按照运营机制，又可以将其划分为事业型、事业企业型以及完全企业型孵化器（肖健，2002）。我国孵化器是在政府的推动和创新发展的背景下诞生的，是政府管理体制改革的缩影，经历了从最初的依靠政府投资建设到后来的依靠政府引导，市场与政府共同运营以及到现在的由市场主导三个阶段。根据《中国创业孵化30年》编委会的统计数据，截至2016年，我国共有665家事业单位性质的孵化器，906家国有企业性质的孵化器，1574家民营性质的孵化器，111家民办非企业单位创办性质的孵化器，它们分别占孵化器总数的20.43%、27.83%、48.33%和3.41%，其中民营性质的孵化器所占比例最大。

2. 孵化网络

越来越多的国家通过构建孵化网络健全孵化器产业发展的支持体系（张波和张根明，2010）。孵化网络的产生和发展以整合异质性资源为目的，以科技企业孵化器为中心，有效联结在孵企业、科研机构、风险投资等，使各方面资源协同作用的组织形式（王会龙和池仁勇，2004）。孵化网络具备动态性、协同性、根植性特征（李振华和李赋薇，2018）。孵化网络可以划分为由孵化器

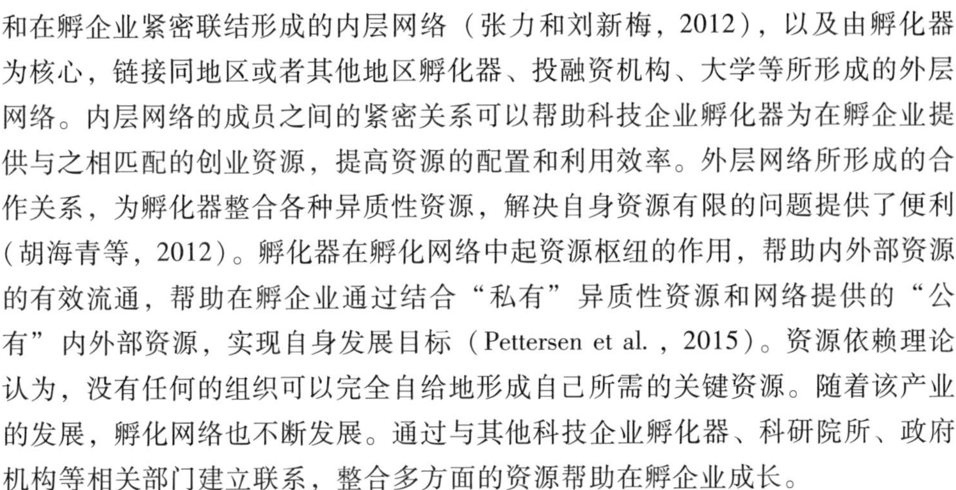

和在孵企业紧密联结形成的内层网络（张力和刘新梅，2012），以及由孵化器为核心，链接同地区或者其他地区孵化器、投融资机构、大学等所形成的外层网络。内层网络的成员之间的紧密关系可以帮助科技企业孵化器为在孵企业提供与之相匹配的创业资源，提高资源的配置和利用效率。外层网络所形成的合作关系，为孵化器整合各种异质性资源，解决自身资源有限的问题提供了便利（胡海青等，2012）。孵化器在孵化网络中起资源枢纽的作用，帮助内外部资源的有效流通，帮助在孵企业通过结合“私有”异质性资源和网络提供的“公有”内外部资源，实现自身发展目标（Pettersen et al.，2015）。资源依赖理论认为，没有任何的组织可以完全自给地形成自己所需的关键资源。随着该产业的发展，孵化网络也不断发展。通过与其他科技企业孵化器、科研院所、政府机构等相关部门建立联系，整合多方面的资源帮助在孵企业成长。

3.3.3.3　市场绩效分析

市场绩效是指市场运行的最终经济效果。我国孵化器的市场绩效从带动就业量来进行分析。孵化器的成立不仅帮助了新创企业的发展，同时也带动了当地的就业和促进了经济的发展，这也是很多国家成立孵化器的初衷所在。我国孵化器在缓解就业压力、提供就业机会方面也发挥了重要的作用。根据2020年《中国火炬统计年鉴》的相关数据，分析带动就业变化情况如图3－4所示。

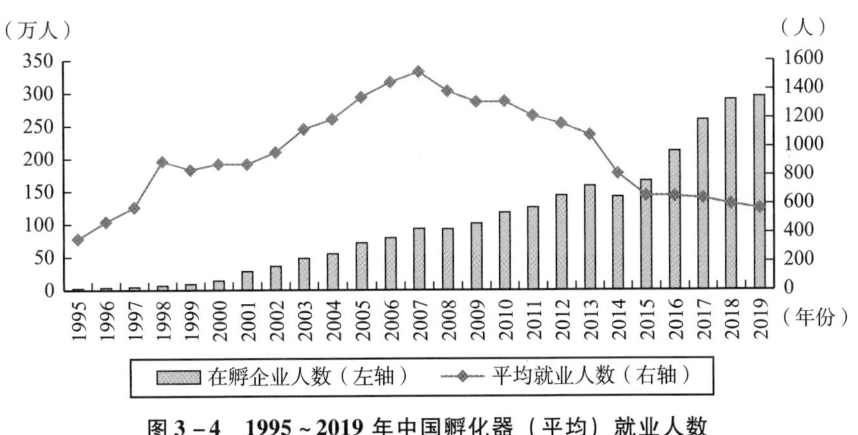

图3－4　1995～2019年中国孵化器（平均）就业人数

如图3－4所示，在孵企业从业人数也随着孵化器数量的增长，进入孵化器在孵企业数量的增多，实现了快速增长。从1995年的2.6万人增加到2019

年的294.9万人，平均就业人数在1995~2019年呈现先上涨后下降的趋势，2007年是平均就业人数的峰值，达到1520个就业岗位，带动了地区经济的发展，提高了就业率。

以上分析表明，我国孵化器的规模迅速壮大，无论在数量上还是在孵化面积上都呈现快速上涨的趋势。运营模式更加灵活，投资主体更加多元化，在带动地区就业方面也发挥了重要的作用，但从孵化器带动平均就业人数来看，却呈现下降的趋势，并且孵化器区域发展不均衡，主要集中在受政策推动力度较大，创新创业资源丰富的地区。

3.3.4 企业孵化器现存问题

随着经济发展的转型升级、创新创业的繁荣，企业孵化器也得到了快速发展，在孵企业对孵化需求也向更深的层次发展。截至2018年底，我国共计有企业孵化器4849家，孵化面积13192.9万平方米，办公场所和基本条件已经不再是制约孵化器和在孵企业发展的关键约束（程郁和崔静静，2016）。孵化器在数量和规模上呈现繁荣之势的同时，也出现了新的问题。2016年上半年，深圳接连出现了“地库”“孔雀机构”两个较为知名孵化器倒闭的现象，引发了社会各界对孵化器发展问题的反思（卢钢等，2017）。企业孵化器未能实现其应有的社会价值。很多研究成果则更深刻地指出，我国企业孵化器存在着结构趋同，社会网络资源的嵌入及整合不足，内涵型发展有待提高诸多亟待破解的难题。以下这些问题阻碍了企业孵化器的进一步发展。

3.3.4.1 盈利水平较低

我国大部分企业孵化器由政府投资，资金来源多依赖于“火炬计划”基金、科技创新基金等，但这也导致企业孵化器过度依赖政府资金的支持，以致缺乏企业化运作的灵活性和创造性，以及与其他组织积极合作的动力，自身盈利水平较低（解学芳和刘芹良，2018）。落后的经营发展模式，既无法满足在孵企业的孵化需求，也无法解决孵化器自身的生存发展问题。目前，我国有很大一部分科技企业孵化器还没有摆脱作为政府“二房东”的角色，对创业者的吸引和支持仅仅局限在政策优惠和租金低廉方面，不能充分发挥其应有的作用。企业孵化器依靠政府的补贴、税收优惠等政策红利维持生存，在后期发展中则频频出现“关门潮”现象。

3.3.4.2 孵化服务水平低

一些企业孵化器还仅停留在向在孵企业提供廉价的办公场地、物业管理等最为基础的服务，提供的服务与在孵企业的创新创业需求不完全匹配，也无法满足在孵企业对资源的需求。企业孵化器融资的主要渠道还是政府，其他融资方式参与力度不够，导致企业孵化器无法满足企业成长的需要（苏灿灿和李妃养，2018）。得到的扶持资金也较少，民间资本、社会力量参与孵化器建设的积极性还未得到充分激发，推动大众创业的动力支持不足。由于在孵企业自身研发能力有限，而高校、科研院所等研究机构，拥有丰富的科技人才、科研设施、先进技术等资源，拥有很多具有市场发展前景的科技项目和科研成果。企业孵化器以及在孵企业的不同发展阶段对资金的需求是不同的，企业孵化器成立的初期的资金主要源于政府的行政划拨、创业孵化基金等，但随着二元主体的不断发展，对资金的需求也逐渐增加，仅依靠政府的支持是无法满足二者的成长需求，孵化网络的不健全，使新创企业难以获得稳定的资金来源（王会龙和池仁勇，2004）。孵化器与高校之间、风险资本、律师事务所之间等没有建立交流、合作、协同机制，面临资金短缺、链接与整合社会资源不足等问题。企业孵化器无法提供更高水平的增值服务。影响最终的孵化效率和效果。

3.3.4.3 管理水平较低

主持科技企业孵化器运作的管理人员大多数是具有政府背景而缺乏企业管理经验的人员，但他们对企业的实际情况和企业运营管理经验不足，经营理念落后，管理水平不高，还仅停留在利用个人的社会资本和网络来吸引企业进驻孵化器，并不懂得建立孵化器的声誉，不利于孵化网络的建立和完善，不能充分发挥企业孵化器的作用，导致场地闲置、资源浪费等（孔善右，2008）。由于入驻企业分属于不同的技术门类，工作人员数量有限，这就要求每个人都要拥有多领域的专业知识，然而，现实中很多管理人员只具备单一方面的专业知识，复合型管理人才紧缺，这必然使孵化器在提供服务上避重就轻，不利于孵化能力的提高（钟卫东，2003）。企业孵化器与在孵企业的合作，可能存在摩擦、冲突等问题，从而影响合作的稳定性与持续性。协同发展对于二元主体至关重要，需要在孵化器发展中不断摸索。

3.3.4.4 孵化效率低

在我国各地普遍存在着重规模、轻效率的问题，这主要表现为单个企业孵化器规模过大，但是孵化器的孵化效率却不高。企业孵化器在政府部门的组织推动下，享受国家的优惠政策和补贴政策构建起来，从自身利益出发，扩大规模可以增加其收益。但是，因为入驻企业过多，也会降低对入驻企业的服务质量，影响其对外形象，另外，也会降低对入驻企业的进入门槛，这些都会导致孵化效率低下，影响孵化器的孵化成活率，造成对资源的严重浪费。

在看到国家重视企业孵化器发展和孵化器在推动创新创业方面发挥的积极作用的同时，也应该看到现存的不足，我国孵化器的功能尚未得到充分发挥，孵化器数量发展快，但质量却并未实现同步提高。而这些问题追根溯源都是孵化能力的问题（梁琳，2006；董华强和梁满杰，2003）。

3.4 企业孵化器孵化能力的概念及现状

3.4.1 孵化能力概念界定

随着孵化器的蓬勃发展，孵化能力逐渐引起国内学者的关注，并就此问题展开了相关研究，但研究成果仍然不足。孵化能力随着孵化器的发展而被提出，本书将与孵化能力有关的、具有较高接受度的定义进行整理，如表 3 – 3 所示。

表 3 – 3 孵化能力的代表性界定

来源文献	相关界定	侧重点
梁琳和刘先涛（2005）	孵化能力不仅包括孵化在孵企业的能力，也涵盖了孵化器自我孵化的能力；自我孵化能力指培育在孵企业的同时，自身经验、能力等得到提升；孵化在孵企业的能力指孵化新创科技型企业的过程中提供的综合培育能力	孵化企业和自身发展
刘瑞娥和袁玲（2008）	孵化能力的内涵体现在两个主体即孵化器与在孵企业之间的协同发展、共同成长	孵化器与在孵企业共同进步

续表

来源文献	相关界定	侧重点
于庆东等（2008）	孵化能力是孵化器通过综合社会各种创新资源，充分利用政府优惠政策，能够为处在不同阶段的在孵企业成长提供相应的发展资源而促使其不断成长的综合能力；通过孵化成功的高新技术中小企业、促进科技成果的有效转化等来体现孵化能力的强弱	孵化成果
胡小龙等（2011）	孵化能力是向在孵企业提供增值活动的能力，帮助在孵企业提高市场竞争力和生存能力	提供增值活动
张思琴（2016）	孵化能力是孵化器聚集各种资源，支持初创企业发展，衡量自身发展水平和在孵企业发展情况的综合能力	聚集创新创业资源
左等（2018）	孵化能力是加速区域科技创新结构和功能优化，促进高科技产业可持续发展的重要因素	重要性
王等（2020）	孵化能力是帮助新创企业获取不同类型资源和通过增进创新者和企业家之间的社会关系，促进知识的流动	增进社会关系

对于孵化能力的界定，不同学者基于不同的研究背景和研究目的，给予了不同的含义。可以看出，孵化能力内涵较为丰富。基于已有孵化能力的研究成果，建立在孵化器定义的基础上，笔者认为，孵化能力是扶持在孵企业生存和成长，并实现自身发展和收益的综合能力，孵化能力体现在孵化企业的毕业率、孵化器自身的收入等方面。

3.4.2　孵化能力现状分析

孵化器的发展在量上实现突破的同时，是否也在质上得到了提高，有待进一步通过数据进行定量分析，研究结果将有助于把握我国孵化器发展的本质特征，为后续研究的开展奠定基础。目前，较少有文献对孵化能力进行直接的测量。根据孵化能力的界定，孵化能力的强弱，体现于在孵企业的毕业情况、在孵企业的总收入以及孵化器的收入状况。因此，结合已有文献对孵化能力测算的研究，选取在孵企业（平均）收入、在孵企业毕业情况、孵化器（平均）总收入具体测量变量，同时结合国家级孵化器情况、国家级孵化器评定情况，综合分析孵化能力的水平。

3.4.2.1 在孵企业（平均）收入

在孵企业增加收入和创造盈利，既是他们自身实现生存和成长的体现，也是孵化器孵化能力的体现。根据2020年《中国火炬统计年鉴》的相关数据分析在孵企业（平均）总收入变化，如图3-5所示。

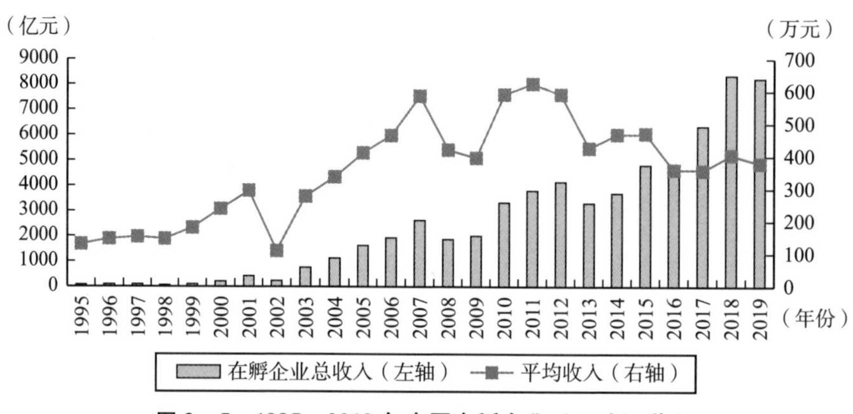

图3-5 1995~2019年中国在孵企业（平均）收入

从图3-5可以看出，在孵企业总收入从1995年的24.2亿元增长到2019年的8219.9亿元，在孵企业总收入随着在孵企业数量的增多而逐渐上涨，但是在孵企业的平均收入却出现了一定幅度的波动。从2011年开始出现波动下降的趋势。2011年在孵企业平均收入为623.704万元，2016年、2017年、2018年、2019年分别为359.580万元、356.856万元、404.953万元、379.098万元，下降幅度明显，甚至低于2005年411.587万元的水平。图3-5表明，虽然在孵企业总收入随着在孵企业数量的增长在不断攀升，但在孵企业平均收入却未实现同步提升。

3.4.2.2 在孵企业毕业情况

根据2020年《中国火炬统计年鉴》的相关数据，分析在孵企业毕业情况，如图3-6所示。

随着我国孵化器数量的增加和面积的扩大，在孵企业和毕业企业的数量都呈上涨趋势。从图3-6可以看到，截至2019年底，已经毕业了160850家企业，在孵企业共计216828家。孵化器在培育企业成长方面发挥了重要的作用。

然而，毕业企业数量占在孵企业数量的比重，从 2014 年开始至 2017 年呈持续下降趋势，2018 年、2019 年略微有所上升，但仍低于 2014 年的水平。

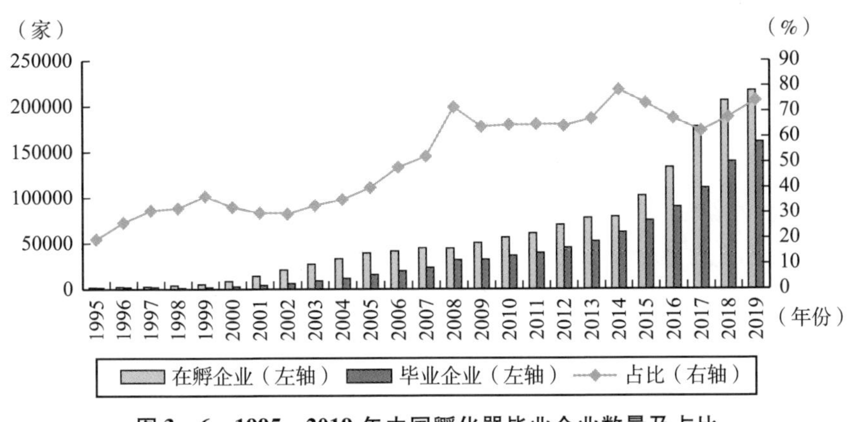

图 3－6　1995～2019 年中国孵化器毕业企业数量及占比

3.4.2.3　孵化器（平均）总收入

随着孵化器的市场化运作和投资主体的多元化，追求利润最大化和可持续发展成为孵化器的重要目标之一。孵化器（平均）总收入体现了孵化能力的强弱。根据 2014～2020 年《中国火炬统计年鉴》的相关数据，分析孵化器（平均）总收入变化，如图 3－7 所示。

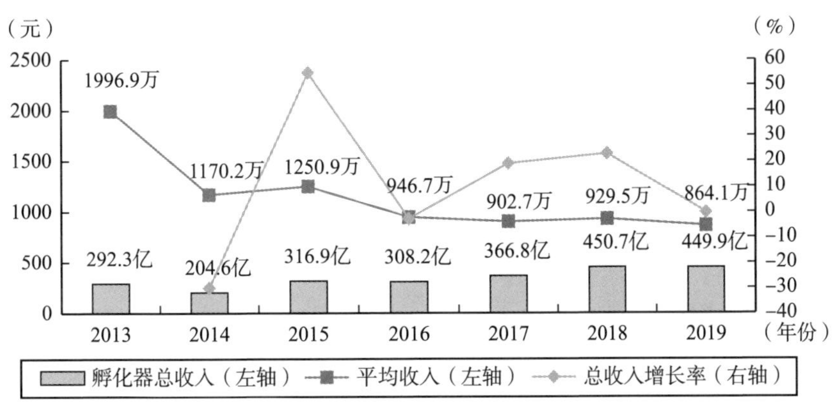

图 3－7　2013～2019 年中国孵化器（平均）总收入及其增长率

从图 3－7 可以看到，总收入从 2013 年的 292.3 亿元增长到 2019 年的

449.9 亿元，年均增长率为 7.452%。总收入增长率具有一定的波动性并且呈现下降的趋势。平均收入也呈现下降的趋势，从 2013 年的 1996.9 万元下降至 2019 年的 864.1 万元。

3.4.2.4 国家级孵化器情况

我国科技部 2018 年出台了《科技企业孵化器管理办法》，明确了国家级孵化器的认定条件，只有达到标准的孵化器才会被授予国家级孵化器的称号。因此，国家级孵化器具有更高的孵化质量，具备更强的孵化能力。所以，选取国家级孵化器占比作为评价孵化能力的间接指标。根据 2011～2020 年《中国火炬统计年鉴》相关数据，分析我国国家级孵化器数量变动，如图 3－8 所示。

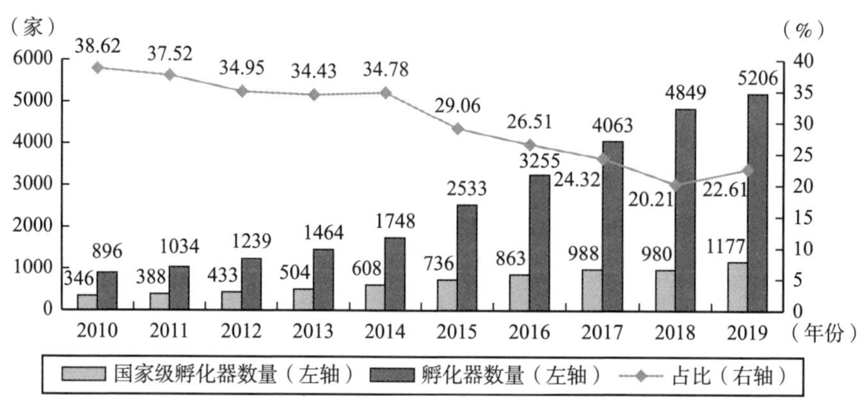

图 3－8 2010～2019 年中国（国家级）孵化器数量

从图 3－8 中可以看到，2010～2019 年，虽然我国孵化器呈现迅猛发展的态势，但是被授予国家级孵化器的数量增长速度却较为缓慢，虽然二者的数量都有所上升，但国家级孵化器的数量占孵化器总量的比重总体呈下降趋势。2019 年略微有所上升，但所占比重仍较小，仅为 22.61%。

3.4.2.5 国家级孵化器评定情况

2020 年 12 月，科学技术部火炬高技术产业开发中心公布了国家级孵化器 2019 年度考核评定结果，通过对 2019 年 1173 家国家级孵化器的考评，评定结果中优秀（A 类）的国家级孵化器 235 家、良好（B 类）的国家级孵化器 474 家、合格（C 类）的国家级孵化器 428 家、不合格（D 类）的国家级孵化器

36 家。不同评定级别的占比，如图 3 – 9 所示。

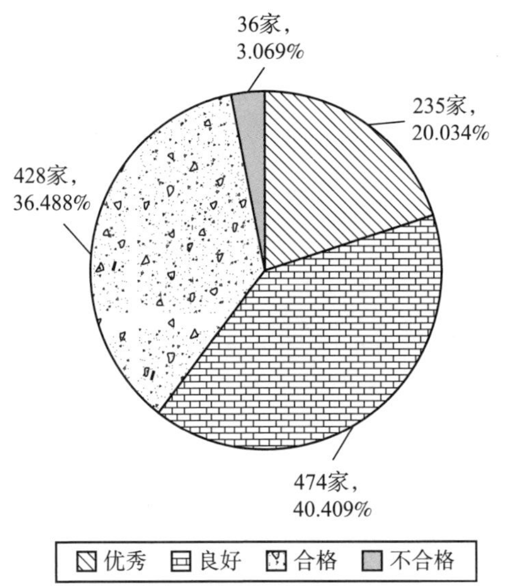

图 3 – 9　2019 年中国（国家级）孵化器评定级别占比

从图 3 – 9 可以看到，优秀国家级孵化器仅占总量的 20. 034%。由此可见，在国家级孵化器的评定中，优秀级别的国家级孵化器所占比重偏少，在参与评定的 1173 家国家级孵化器中，被评为合格和不合格的国家级孵化器数量占比达到 39. 557%。

以上分析结果表明，随着我国经济发展的转型升级、创新创业的繁荣，孵化器虽然实现了数量和规模上的突破，但未实现量质齐升的局面。通过对在孵企业毕业情况、孵化器（平均）总收入、国家级孵化器评定情况等进行分析，可以看出我国孵化器孵化能力有待提升，同时随着市场竞争的加剧，在孵企业对创新创业资源需求的多样化，在孵企业对孵化需求也向更深的层次发展。在看到国家重视孵化器发展和孵化器在推动创新创业方面发挥积极作用的同时，也应该看到现存的不足，我国孵化器的功能尚未得到充分发挥，孵化能力提升是当前我国政府面临的重要和紧迫任务。

3.5　本章小结

界定了企业孵化器的概念，梳理了企业孵化器发展历程包括企业孵化器探索阶段、企业孵化器稳步发展阶段、企业孵化器蓬勃发展阶段。总结企业孵化器发展特点包括投资主体多元化、发展类型多样化、孵化服务升级化、孵化资源集成化。分析企业孵化器发展现状和指出企业孵化器发展现存问题，主要有盈利水平较低、孵化服务水平低、管理水平较低、孵化效率低。在此基础上进一步界定孵化能力的概念，利用统计年鉴相关数据对孵化能力进行分析，得出我国孵化器虽然在规模和数量上实现了巨大的飞跃，但是质量却未实现同步提升并呈现下降趋势。孵化能力是企业孵化器生存和发展的决定性因素，对孵化能力展开研究表现出急迫性和必要性。本章主要发现并提出问题，为后续研究的开展奠定了理论基础和研究逻辑的起点。

第 4 章

基于扎根理论的企业孵化器孵化能力影响因素分析

通过第 3 章的分析，我们发现，尽管我国孵化器的发展形势喜人，但在发展过程中呈现的种种问题，向我们发出预警，我国企业孵化器孵化能力亟须进一步提高和发展。这是一个值得关注的问题。当前有关孵化能力的研究还缺乏一套整合性的理论框架对其进行分析论证。只有有效识别影响因素和影响机理，发现其中的规律，才能提出有针对性的孵化能力提升方案。本章拟展开质性研究，旨在为孵化能力提升提供一个全面的理论解释视角。为孵化能力后续研究的开展提供了分析框架和思路指引。本章将应用扎根理论与方法，对深度访谈等获得的资料进行编码分析，揭示孵化能力的影响因素，提出初始假设命题。

4.1 研究设计

4.1.1 研究框架

本书的主要内容之一是挖掘孵化能力的影响因素。目前，孵化器孵化能力的研究基础比较薄弱，相关研究还比较匮乏，有关孵化能力影响因素的研究没有较为系统全面的理论诠释，而扎根理论的基本研究逻辑是根植于实践，从经验数据中逐步提炼观点，不完全依赖已有的研究，寻求反映和解释研究问题的核心概念，然后通过在这些概念之间建立联系而建构理论框架（Spezial & Carpenter，2006），能够帮助研究者更好地发现并解释这些未被完全解释的现象，更好地理解这些管理问题的本质和特征，从而找到解决问题的途径（徐淑英和张志学，2011）。扎根理论为本书揭示孵化能力影响因素及其作用机制，进而提出孵化能力提升对策提供了一个行之有效的途径。因此，本书选择扎根理论，力图揭示孵化能力的影响因素，以期获得孵化能力发展较为系统全面的理论解释，为后续孵化能力影响因素实证研究和提升对策研究的开展奠定理论基础。

斯拜兹和卡朋特（Spezial & Carpenter，2006）将扎根研究分为6个步骤：资料形成、资料分析、概念形成、发展概念、核心变量、形成理论。遵循卡麦兹（Charmaz）的基本思想，按照扎根理论的分析步骤，采用开放性编码、主轴编码、选择性编码以及理论饱和度检验等（Charmaz，1999）。根据本书的研究目的和研究情境将扎根理论分析步骤分为以下几步：文献回顾、数据收集、数据分析、构建并形成理论，如图4－1所示。

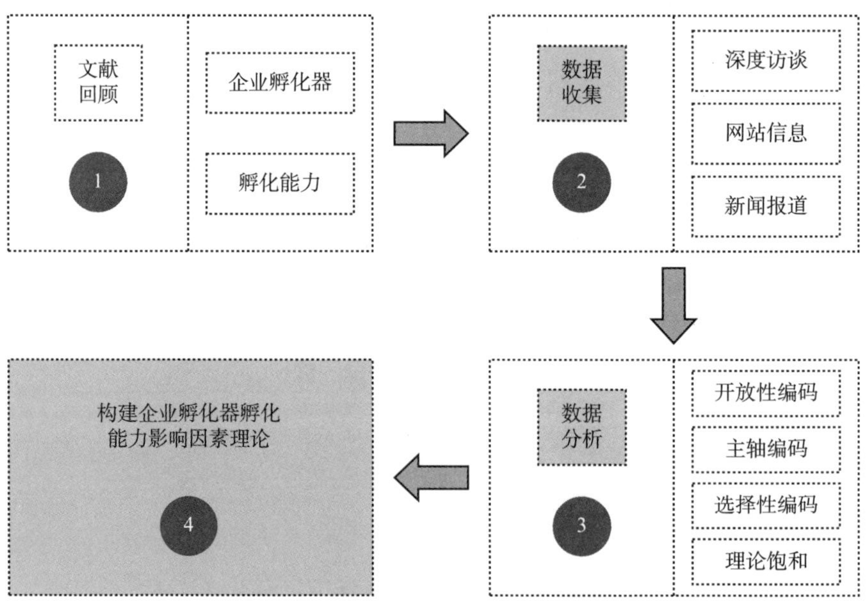

图4－1　孵化能力影响因素分析框架

本书将孵化能力影响因素分析框架共分为4个步骤：首先，回顾企业孵化器与孵化能力相关文献，对企业孵化器和孵化能力的概念和内涵进行全面的把握。其次，收集孵化能力影响因素的文本数据。再次，在上述研究的基础上对收集的数据进行编码分析，直至理论饱和。最后，构建企业孵化器孵化能力影响因素理论模型，提出孵化能力影响因素的初始假设命题。

4.1.2　研究的信效度

按照扎根理论的基本思想和扎根理论的步骤，为保障研究的规范性和严谨性，同时为了提高研究的信度和效度，采用如下编码步骤。

第一步，成立讨论小组。在编码工作开始前与自己的导师探讨编码注意事项，按照编码要求进行编码，以确保编码结果的严谨性和客观性。将数据分为两个部分，随机选取 2/3 命名为数据 1，剩余部分命名为数据 2。先将数据 1 的部分文本资料，应用软件 MAXQDA 12.0 进行编码，编码完成一部分后，与导师就编码结果进行讨论，交换意见，直至完成数据 1 的全部编码工作。对于一致性较差的编码结果或没有意义的编码进行修正或剔除，保障研究的信度。

第二步，译码结果比较。将初步研究结果反馈给对该研究领域比较熟悉的老师和参与访谈的孵化器和在孵企业管理者。与此同时，也反馈给对本研究不太熟悉的管理人员，比如没有参与访谈调研的孵化器及在孵企业管理者。当他们对分析结果给出的评判与本研究得出的结论基本一致时，说明研究的效度良好。

第三步，理论饱和度检验。利用新的未进行编码的文本数据进行分析，如果不再产生新的概念和范畴关系，则认为理论饱和，否则需要再收集数据资料进行新一轮的编码分析，直至理论饱和（费晓冬，2008）。在本研究中，选择数据 2 进行理论饱和度检验。

4.2　孵化能力影响因素分析

4.2.1　数据收集阶段

4.2.1.1　样本选取

基于研究问题和研究目标，本章采用以下标准选择调研对象：第一，调研对象的代表性。选取我国不同地区的孵化器及其中的在孵企业作为深度访谈的调研对象，孵化器的发展较为成熟、孵化器内孵化企业和孵化项目涉及不同行业，对孵化能力的研究具有理论意义和推广复制的现实价值。第二，调研对象类型的多样性。选取的调研对象分别为综合型孵化器、专业孵化器以及企业内部孵化器，涵盖了孵化器的多种不同类型。第三，研究数据的易获得性。选取的调研对象积极配合调研工作，从而保证可以获得真实可靠翔实的一手资料。

遵从以上标准，本书分别从上海、福州、洛阳 3 地选取 4 家孵化器及其中 10 家在孵企业，其中在孵企业涉及软件、新材料、环保等多个行业。所调研孵化器都已形成了自己的孵化网络，与风投机构、科研机构、专业服务机构等建立了一定的合作关系。在调研的过程中，选取了调研对象的中高层管理人员共计 14 人作为访谈对象。受访人员大部分有 2 年以上与科技创新及创业相关的经验，对科技创新创业有较为全面的认知，保证了调查结果的真实性和可靠性。走访的 4 家孵化器分别为洛阳大学科技园、中信重工集团创新院、福州金山科技企业孵化器、上海浦软孵化器。通过深度访谈，了解孵化器发展中存在的问题，归纳分析影响孵化能力的因素有哪些，如何作用于孵化能力的发展，收集构建扎根理论模型所需的原始资料。

4.2.1.2 访谈设计

在访谈之前，围绕孵化器孵化能力影响因素这个研究问题，设计了一份访谈提纲。访谈提纲初稿形成后，交给该研究领域的专家和从事孵化工作经验丰富的人士审阅，通过参阅他们的意见以及多次沟通反馈之后，形成访谈提纲的终稿，以便在调研中获得更多有效的信息。

根据研究目的，调研提纲设计体现了以下三部分的内容要求。

1. 调研目的

访谈问题涉及孵化器与在孵企业两个方面，应满足：聚焦于孵化器孵化能力影响因素；关注孵化器（在孵企业）的基本发展情况、提供（需要）的服务和竞争优势等方面；关注孵化器（在孵企业）发展所面临的问题和瓶颈；关注孵化器与在孵企业之间产生的相互影响和作用；关注孵化器网络构建情况及其对在孵企业的影响；关注孵化环境对孵化器（在孵企业）发展的影响；关注孵化器内在孵企业集群管理状况。

2. 孵化器（在孵企业）的基本情况

具体包括：孵化器（在孵企业）名称；孵化器（在孵企业）成立时间；孵化器（在孵企业）成立的背景；孵化器（在孵企业）当前规模（例如，从业人员、年收入）；孵化器（在孵企业）具体情况。

3. 主干问题

主要分为六大问题及其子问题（详见附录1）。比如：孵化器在发展中面临哪些方面的问题，您认为突破哪些瓶颈后会得到更好的发展？孵化器与在孵企业之间在发展中产生了哪些相互影响？孵化器帮助在孵企业与哪些机构建立了联系？孵化器面对的孵化环境如何？比如，税收优惠、财政支持等。在孵企业聚集在一起具有哪些优势？

访谈主要依据提纲展开，但在实际访谈中不拘泥于这些提纲中所列的问题。围绕这些问题得到的访谈答案捕捉出概念范畴，并在此基础上进一步追踪提问，尽可能系统全面地发掘影响孵化能力的深层次因素。

4.2.1.3　数据收集

以深度访谈获取的资料作为收集数据最主要的方式。深度访谈是通过面对面针对具体问题的谈话，展开对研究对象或呈现现象的深入探究。这对于解释性研究是一种有效的数据搜集方法，在不同类型的质性研究中得到了广泛应用，与此同时，访谈法具有形式灵活的特点，采访者可以根据受访者的回答，即时改变提问方式或进行追问，挖掘更深层次的信息。另外，采访者在访谈中可以根据受访者的面部表情，洞察受访者的心理，及时调整访谈内容和重点，消除受访者的顾虑，使对方敞开心扉回答相关问题，提高研究结果的信度和效度。

面对受访者，首先阐明此次访谈的目的，即访谈是了解孵化器孵化能力的影响因素有哪些，这些因素对孵化能力产生怎样的作用。其次解释这些资料如何被使用，并作出承诺，仅用于科学研究。对于访谈问题，大部分采用直接提问的方式，对于一些可能涉及受访者知识缺乏以及不愿意直接回答的问题，则采用间接问题。为了获取更为丰富和全面的访谈资料，鼓励受访者举出相关事例进行说明。

数据收集主要集中在两个时间段，2019年9～11月和2020年7～9月。为了研究的需要，有的企业进行了第二次的补充访谈，并且增加了不同行业类型的在孵企业调研访谈。每次访谈时间为1～1.5小时。提前对访谈对象做预约，告知访谈涉及的主题和进行访谈的目的，以便其做相关准备。正式访谈时，对孵化能力做一个简单的阐释，以确保受访对象能正确理解孵化能力的含义，方便后续访谈工作的开展。数据收集按照如下步骤进行。

第一，实地访谈。对选取的样本涉及的调研对象进行实地访谈，并且在实地获取企业宣传册，结合网站如企业官网、搜狗、百度等搜索引擎搜集到的新闻报道等相关信息，进行三角证据取证。

第二，建立原始资料数据库。将访谈资料、官网信息、新闻报道，以及在实地调研中，受访者给予的企业宣传册、文本资料等收集到文本数据库中，进行分类和整理，以便提高研究的信度。

4.2.2 数据分析过程

为了揭示孵化器孵化能力的影响因素，数据收集完成之后，需要对文本资料进行数据分析。随机抽取 2/3 的文本资料归档为数据 1，剩下的 1/3 文本资料归档为数据 2，通过编码程序和理论饱和度检验，最终获得孵化能力影响因素理论模型。而数据分析通过开放性编码、主轴编码和选择性编码逐步分析、归纳，提炼出核心构念。借助软件 MAXQDA 12.0 对文本数据 1 进行编码分析和梳理，编码结果如图 4－2 所示。

代码系统	数据1	总数
二元主体协同		0
共同目标	●	41
协作意愿	·	14
资源整合	●	65
孵化网络健全		0
网络结构	●	31
网络联系	·	18
网络治理	·	15
在孵企业集群管理		0
协同战略	●	29
组织结构	·	17
界面管理	·	20
组织学习	·	20
孵化环境		0
政策环境	●	42
政策执行	·	9
创新环境	·	25
法律环境	·	16
Σ 总数	362	362

图 4－2 孵化能力影响因素的编码矩阵

注：图 4－2 为软件 MAXQDA 12.0 编码代码系统可视化图。

从图 4－2 孵化能力影响因素的编码矩阵可以看到，通过编码分析，共获得 362 个初始概念和 14 个范畴及 4 个主范畴。

4.2.2.1　开放性编码

开放性编码（open coding）对收集到的文本资料逐段、逐行、逐句分解并加以编码，编码不是简单的命名，而是根据文本资料体现的内涵进行概念化，并把存在关联关系的概念聚成一类，即范畴化，用以正确反映文本资料的内容。本研究首先对文本资料，在原始语句的基础上，提练初始概念。比如："入驻我们孵化器的企业均享受优惠政策，比如第一年均享受100%的房租补贴。"提炼出的概念为优惠政策。"在认真落实上级有关就业文件精神的同时，结合自身实际情况，提出就业创业合理性建议 18 条，配合完善相关促进就业政策文件 3 个。"提炼出的概念为实施细则。对这些初始概念，经过重复性合并、无效剔除，再经过多次探讨和整理之后，总共提炼出 58 个概念。范畴则是在彻底打乱所有有效概念的基础上，重新进行分类整理和归纳而获得的（林海芬和尚任，2017）。经归类和提炼后得出 14 个范畴（见表 4－1）。表 4－1 节选了开放性编码内容，由于涉及概念较多，所以每个范畴仅节选 3 条原始资料语句及对应提炼得出的初始概念（在此仅列举部分）。

表 4－1　孵化能力影响因素开放性编码分析

范畴	原始语句（初始概念）
政策环境	入驻我们孵化器的企业均享受补贴，比如，第一年均享受 100% 的房租补贴（优惠政策）
	为入驻基地创业的毕业 2 年内的高校毕业生提供 100 余个就业见习岗位，提供免费创业培训（政策引导）
	我们调整完善基地就业政策内容，为推进就业创业工作创造积极条件（政策调整）
政策执行	在认真落实上级有关就业文件精神的同时，结合自身实际情况，提出就业创业合理性建议 18 条，配合完善相关促进就业政策文件 3 个（实施细则）
	随着孵化基地配套政策的逐步落实，对在孵企业关心和服务的不断深入，孵化器进入快速发展期（执行力度）
	将国家颁布的有关创新创业的优惠政策，也会传达给在孵企业，保障孵化器内在孵企业可以很好地理解并公平地享受国家相关部门出台的优惠政策（政策公平）
共同目标	为高校师生、科技人员创新、创业提供平台和服务，促进高校智力、成果资源和社会资源的结合，培育新的经济增长点（孵化任务）
	科研成果也需要在良好的环境中，通过孵化、转化才能产生十倍甚至百倍的增值（入孵需求）
	在孵化器的大力扶持以及共同努力下，公司很快在当年产生效益（孵化效果）

续表

范畴	原始语句（初始概念）
协作意愿	协助在孵企业办理经营手续和相关证件，协助在孵企业联系开户银行和投资合作方（协助办理）
	在孵企业积极参与孵化器内组织的培训、沙龙、讲座等（参与活动）
	负责种子基金项目的实施、管理、验收与回收和日常管理工作（跟踪监控）
资源整合	入驻我们这里后，根据在孵企业的发展需求，免费提供研发平台支持其研发（配置资源）
	整合风险投资人员、创新创业成功者、专业技术人才等资源，建立创业导师团队，形成功能较为齐全的培训体系（获取资源）
	将高校、科研院所的智力资源优势与其他社会优势资源引入我们的孵化器内，为在孵企业的成长补充能量（识别资源）
网络治理	种子基金的使用分为有偿使用和投资两种方式。有偿使用种子基金须办理相应的担保或抵押手续，占用费比率按银行同期贷款利率执行，有偿使用最高限额为 20 万元（契约治理）
	孵化器内有些在孵企业，之前也有过合作，形成了信任关系和合作基础，对于它们之间的关系，一般情况下，我们不做行政干预（关系治理）
组织学习	在组织内部和外部，大家相互之间也会探讨，互相学习专业知识和相关技能（互相学习）
	以 QQ 群、微信群等方式，播放平安宣传视频，进行安全知识传播（创建学习平台）
	设计科技项目申报、双软认证、财务税收统计、消防安全知识等学习内容（设计学习内容）

4.2.2.2 主轴编码

主轴编码（axial coding）的目的是厘清各个范畴及其相互之间的关系，提炼出更高层次的范畴。根据开放性编码提炼出的孵化能力影响因素的范畴，依据它们在概念层次上的相互关系和逻辑次序对其归类，运用扎根理论中的典型分析范式，“条件/原因—行动/互动策略—结果”将开放性编码中得出的各范畴联结在一起。比如，以孵化器与在孵企业的协同为例，因果条件是双方追求发展的共同目标，中介条件是双方具有协作的意愿，行动/互动策略是资源的有效整合，结果是实现二元主体的有效协同。通过详细逐个分析，归纳得出 4 个主范畴，分别为二元主体协同、孵化网络健全、在孵企业集群管理、孵化环境，各主范畴对应的具体范畴和意义见表 4－2。

表 4－2　　孵化能力影响因素主轴编码分析

<table>
<tr><th colspan="3">典型分析范式</th><th rowspan="2">主范畴</th></tr>
<tr><th>条件/原因</th><th>行动/互动策略</th><th>结果</th></tr>
<tr><td>共同目标</td><td rowspan="2">资源整合</td><td rowspan="2">孵化器与在孵企业的协同</td><td rowspan="2">二元主体协同</td></tr>
<tr><td>协作意愿</td></tr>
<tr><td>网络结构</td><td rowspan="2">网络治理</td><td rowspan="2">孵化网络的健全</td><td rowspan="2">孵化网络健全</td></tr>
<tr><td>网络联系</td></tr>
<tr><td rowspan="3">协同战略</td><td>组织结构</td><td rowspan="3">在孵企业集群得到管理</td><td rowspan="3">在孵企业集群管理</td></tr>
<tr><td>组织学习</td></tr>
<tr><td>界面管理</td></tr>
<tr><td>政策环境</td><td rowspan="3">政策执行</td><td rowspan="3">孵化环境</td><td rowspan="3">孵化环境</td></tr>
<tr><td>创新环境</td></tr>
<tr><td>法律环境</td></tr>
</table>

表 4－2 中 4 个主范畴及其范畴的内涵解释如下。

1. 二元主体协同

孵化器与在孵企业都拥有清晰的目标。孵化器追求的目标是通过孵化服务收入、股权收益、政府政策优惠与补贴等途径实现自身发展与收益。在孵企业追求的目标是寻求创新创业资源的支持，促进创新成果市场化、产业化，以获取市场份额和利润，最终发展成为能够独立运营和盈利的企业。二者具有共同的目标，即追逐收益和自身的发展。孵化器给予在孵企业创新创业资源的支持和管理的辅助，促进在孵企业积极转化科技成果，帮助在孵企业拓展市场，创造利润，能够成长为可以在市场上独立生存和发展的企业。在孵企业往往拥有科技成果或者较强的科技创新能力，拥有较为丰富的智力资源，通过孵化器的支持，实现盈利和独立运营。两者在价值创造上具有依存性，产生协作的意愿，形成了维持协同的自觉和期望。孵化器要识别在孵企业的资源需求，通过自身优势获取资源并为在孵企业配置资源，在孵企业有效利用资源，实现协同效应，达到协同目标，实现整体优化。因此，二元主体之间存在着协同关系。二元主体协同由共同目标、协作意愿、资源整合因子决定。

2. 孵化网络健全

在孵企业的发展离不开创新创业资源的支持。孵化网络的构建，弥补了孵化器无法满足在孵企业多样化资源需求的不足，提高了在孵企业的抗风险能力。网络结构关注的是结构对资源的影响和孵化功能的发挥，它关系到资源在网络中的分布和流动情况。孵化器帮助在孵企业与多元化主体之间形成合作网络，与不同主体之间建立正式或非正式的关系，通过对资金、人力、技术等资源的共享和交易活动，使在孵企业获取生存和成长的资源。通过网络治理可以有效协调各个主体之间的关系，维护网络高效、有序运作。因此，网络结构、网络联系、网络治理构成了孵化网络健全。

3. 在孵企业集群管理

入孵企业由于孵化需求而共同聚集在孵化器内，形成在孵企业集群。当在孵企业集群形成后，从事高新技术活动的新创中小型企业在空间上高度集聚。其中不乏产品和服务的供应商以及专业技术的提供者，向下游延伸至销售客户，横向扩展至互补产品的制造商以及核心技术相关或有着共同投入品的企业。有效的管理，可以使得在孵企业借助集群内部关系，高效地利用、协调和整合资源要素，产生低于市场成本的成本优势，可以更好地促进在孵企业的成长和发展。因此，提出协同战略。孵化器的管理组织结构分为不同的职能部门，为在孵企业的管理实行专业化分工。孵化器内的在孵企业具有创新和新创的公共属性。通过学习，可以更好地识别资源并获取资源，提高对环境的适应性。在孵企业之间由于接触与合作，存在界面，现实中由于信息不对称、利益差异等产生矛盾，采取界面管理，可以减少冲突和摩擦。协同战略、组织结构、组织学习、界面管理构成了在孵企业集群管理。

4. 孵化环境

孵化器起到庇护和孵育在孵企业发展的作用。鉴于孵化器在创新创业中发挥的重要作用，孵化器的建设和发展已经上升到国家战略层面的高度。因此，出台了一系列政策对孵化器的发展给予支持，比如，给予财政支持以及税收的减免等措施。优惠政策制定后，具体的实施细则，相关部门的执行力度，会影响孵化政策的落实。孵化器属于创新创业服务行业，国家对于创新创业的重视，推动了孵化器与在孵企业的发展，为孵化器获取创新资源奠定了重要的基础。随着经济的发展，孵化器也逐步实现企业化运作模式，相关法律的完善程度决定了孵化器及与其有联系的相关主体的合法权益是否得到有效的保障。因此，政策环境、政策执行、创新环境、法律环境构成了孵化环境。

4.2.2.3　选择性编码

选择性编码是通过对开放性编码和主轴编码抽象出的14个范畴和4个主范畴，继续进行深入剖析，完成“故事线”，抽象出孵化能力影响因素这一核心范畴，发展出新的实质理论构架，主范畴的关系结构如表4－3所示。

表4－3　　孵化能力影响因素主范畴的关系结构

关系结构	关系结构的内涵	受访者的代表性语句（提炼出的关系结构）
二元主体协同→孵化能力	个体层面：孵化器与在孵企业的协同，是影响孵化能力的驱动因素	孵化器的根本任务是培养在孵企业成功出孵，独立存活，面对竞争和经营的考验；在孵企业为了能够度过初创的艰难期，来孵化器寻求帮助和支持；在共同目标的驱动下，二者之间产生协作意愿；孵化器帮助在孵企业整合所需要的资源
孵化网络健全→孵化能力	网络层面：孵化网络健全，影响网络成员之间的有效合作，以及在孵企业对资源的获取，直接影响孵化能力	新创科技型企业由于新生劣势，面临更大的风险；在创立的初期，资源短缺，孵化器通过自身的优势，与相关机构建立联系，比如科研院所、风投机构等，帮助他们获取所需要的资源支持；在这期间，他们以不同的方式建立持久的联系和合作关系
在孵企业集群管理→孵化能力	集群层面：在孵企业集群管理，会影响在孵企业之间资源的利用，是直接影响孵化能力发展的关键因素	孵化器为新创科技型中小企业提供经营场地，它们因此聚集在一起；它们有的同处于一个产业链上，关注它们之间的相互关系，并且加以正确的引导，可以帮助它们更好地成长和发展
孵化环境→孵化能力	外部因素：孵化环境对孵化能力起到调节作用	对于政府颁布的优惠政策，以及相关政策的执行，还有所处创新环境和法律环境，对于推进科技成果转化、培养创新创业人才，孵化高科技企业的目标具有支持性

二元主体协同从个体层面影响孵化能力，孵化网络健全从网络层面影响孵化能力，在孵企业集群管理从集群层面影响孵化能力，孵化环境也对孵化能力产生影响，如图4－3所示。

每个影响因素对孵化能力的作用不同：二元主体协同是孵化能力发展的驱动因素，孵化网络健全是孵化能力发展的重要保障，在孵企业集群管理是孵化能力不断提升的坚实基础，孵化环境是孵化能力发展的必要条件，起到调节作用。

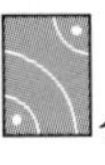

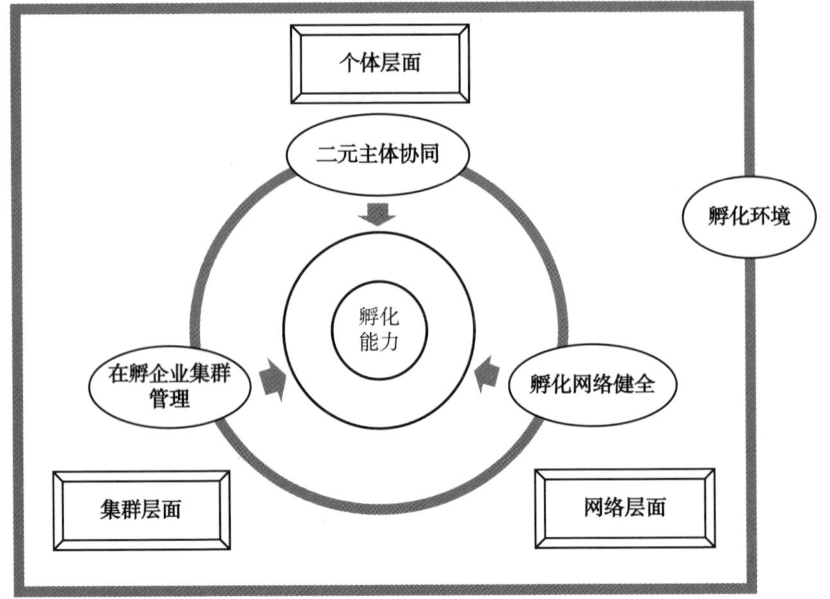

图 4-3 孵化能力影响因素理论模型

4.2.2.4 理论饱和度检验

为了进行理论饱和度检验，对余下 1/3 的文本资料命名为数据 2 的文本数据进行同样的编码分析。在分析过程中，经过反复比较，没有发现新的范畴和关系，每个主范畴内部也没有产生新的概念。每个范畴下出现初始概念的频次统计结果如图 4-4 所示。

如图 4-4 所示，分别对数据 1 与数据 2 中呈现的初始概念频次进行统计，通过对频次统计结果进行比对，发现并没有新的初始概念和范畴出现，说明理论饱和。

4.2.3 孵化能力影响因素理论模型

经过编码分析和理论饱和度检验等步骤循环反复，发现孵化能力的影响因素，可以归纳为以下 4 个主范畴：二元主体协同、孵化网络健全、在孵企业集群管理、孵化环境，但它们对孵化能力的影响方式和作用机制并不一致，下面进行具体阐述。

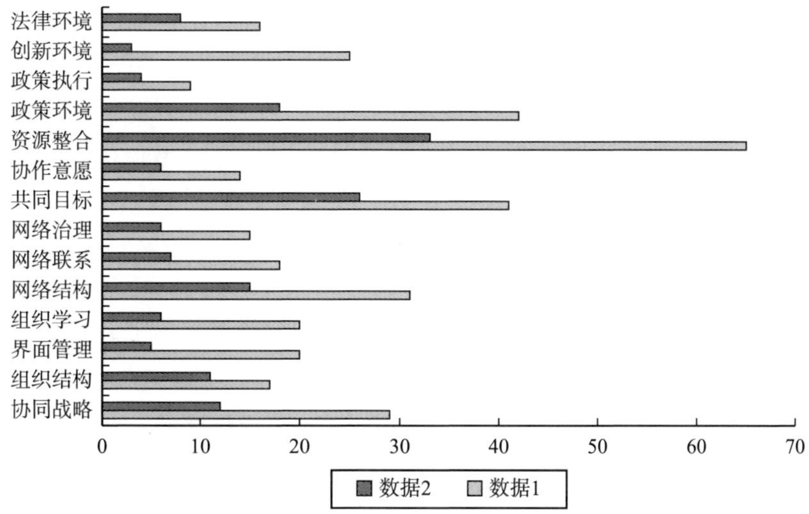

图 4-4　孵化能力影响因素理论饱和度检验编码结果统计

4.2.3.1　二元主体协同的影响

孵化器与在孵企业是孵化系统中两个关键的组织（顾静，2015）。孵化器的根本任务是促进在孵企业科技成果转化，帮助其健康成长，发展成为创造财务利润、独立运营的企业。受访者也反复提到这一点，如“我们创办这个孵化基地的初衷也就是希望能够为促进科技成果转化，为帮助新创中小型科技企业孵化等创新创业活动提供支撑和服务管理”。在孵企业由于新生弱小，在成长的初期，资源匮乏以及运营经验的不足，渴望入驻孵化器以寻求各方面的支持。在我们的访谈中，很多受访者都提到这一点，如“科研成果需要在良好的环境中，通过孵化、转化才能产生十倍甚至百倍的增值”等。二者具有共同的目标。孵化器为在孵企业协助办理经营手续和相关证件，比如，提供验资、年检等咨询及代办服务，协助他们联系开户银行和投资合作方等服务，尽可能减少初创企业由于经验不足带来的困惑。在孵企业也积极参加由孵化器组织的培训、讲座、沙龙等活动。企业拥有创新、管理和进一步开发的资源是其获得竞争优势的重要因素。企业在不具备所需资源的时候，会向外部寻求资源。资源基础理论强调企业为了实现价值创造最大化目标，需要整合和利用有价值的资源。在孵企业可以通过已有的资源，借助孵化器与其他机构的资源进行对接、融合，进而实现科技成果的转化和企业的创新发展。孵化器作为连接各种异质性资源的主体，对于资源的整合起着至关重要的作用。孵化器通过及时有效的沟通，以及跟踪监控，第一时间了解到在孵企业的资源需求，并通过网络主体地位，构建异质资源网络，为在孵企业提供多元化、多渠道的可供选择使用的资源。协同是孵育增值的基础（李浩，2016），直接影响孵化能力。

4.2.3.2 孵化网络健全的影响

面对激烈的竞争，随着在孵企业创新周期的缩短和竞争压力的提升，使得创新创业资源的有限性和在孵企业对创新创业资源需求多样性之间的矛盾越来越明显。在二元主体协同的驱动下，要求不断优化孵化网络，对网络中存在的关系进行治理，使孵化网络健全。孵化器根据目标需求与资源互补的相关机构建立合作关系，满足在孵企业对信息、技术、知识、资金等资源的需求，获得资源互补的经济效应。孵化网络是由孵化器、在孵企业及科研机构、各类专业服务机构等构成的创新网络。孵化器是孵化网络的核心，对内外部各实体实现有机协同，以发挥整体资源集成优势的平台（王会龙和池仁勇，2004）。孵化器通过与政府构建的网络联系，可以获得政府相关的补贴和优惠政策，促进它们及时将信息反馈给在孵企业，帮助在孵企业获得政府支持。通过加强与高校、科研机构之间的交流合作，促进在孵企业科技成果的转化，项目技术的对接，技术信息的共享，帮助在孵企业解决技术上的疑点和难题，实现在孵企业的快速成长。通过与专业服务机构建立合作关系，寻求法律、会计、劳务等方面的帮助。与金融机构建立的连接，不仅可以帮助在孵企业搜寻可行的资金解决方案，还可以加快在孵企业的融资速度，解决资金紧缺的问题。孵化网络成为聚集各种异质性资源，推动在孵企业创新发展的组织模式与制度安排。受访者也曾提到，如“充分发挥我们平台的示范作用，在已有的技术力量的基础上，引入国内著名科研机构的研发力量、联合省内外重点大学、研究机构参与建设孵化基地的开放性网络，加快对在孵企业的培育”。在孵化网络的构建中，孵化器根据自身需求和发展目标，选择网络伙伴，促进成员之间的合作，调整网络结构，强化成员之间联系，以契约治理和关系治理方式维护孵化网络健康发展，改善资源状况。孵化网络健全直接影响孵化能力。

4.2.3.3　在孵企业集群管理的影响

孵化器为在孵企业构建了健全的孵化网络，越来越多的新创企业入驻孵化器，享受孵化资源。受访者也明确表示："孵化器已经成为各类创新要素与资源汇集、融合的热土，在孵企业也因此聚集在这里。"孵化器不仅为在孵企业提供经营场地，还提供资源整合网络，因而聚集了一批在孵企业。集群是企业在某一地域范围内的集聚体。在孵化器内，众多在孵企业是一个企业群体，有的甚至同处于一个产业链上，会产生集群效应。通过在孵企业集群管理，不仅可以提高集群内富余资源的利用率，还可以实现某些短缺资源的投入。每家在孵企业的建立都是基于特定的资源和能力，并且具有一定的共同特性，尤其是共处于同一产业链上的在孵企业。关注在孵企业之间相互关系的建立，并加以正确的引导，能更好地促进在孵企业的成长和发展，实现能力互补或能力升级。在孵企业大多是科技型创业企业，相关从业人员素质较高，所从事业务的知识含量也较高。各在孵企业由于共处于孵化器内，彼此之间朝夕相处，自然而然地产生影响，除在企业内部形成学习交流外，与其他在孵企业之间也相互学习，交流知识、技术、管理等方面的内容。在相互接触的过程中，也会产生界面，由于沟通不畅，或者利益分配的不合理等原因导致界面之间发生冲突，与此同时界面之间又相互渗透，对界面矛盾进行管理，可以提高资源的利用效率和提升相互之间的能力。由此可见，在孵企业集群管理对孵化能力具有直接影响。

4.2.3.4　孵化环境的影响

对于孵化器而言，政策、创新、法律环境对孵化能力的成长性起着重要的作用，孵化环境具有支持性。孵化器在政府政策的推动下成立，适度的政策干预与财税支持，可以推动技术的革新、激发创业的活力。合理的制度框架是孵化器得以有效运转的保障。设计鼓励创新创业的制度框架，可以促使孵化器、在孵企业及相关机构达到较高的投入水平，实现合作的有效率状态。公平完善的法律环境，为孵化器及与其合作的相关主体的发展保驾护航。孵化环境是孵化器开展孵化活动的基本条件。孵化器培育在孵企业的发展是嵌入在一个环境情境之中的，孵化能力也是情境依赖性变量。所以，孵化环境是调节变量。在孵企业作为新创科技型企业，往往由于技术更新换代的频率较快，技术转化为商业产品和服务周期的缩短，导致只有对企业发展提出更高的要求，才能够对抗外界带来的淘汰风险。这从受访者的一些代表性观点也可以看出，如“在创业的头一两年是非常艰难的，面临着没有客户、资金短缺等等的压力”“创业是有风险的，很多企业都是摸着石头过河，不知道如何管理，如何应对竞争”，等等。在这样的背景下，在孵企业寻求到孵化器中发展，获取有用资源来促进企业成长。孵化环境支持性在不同层面的影响因素与孵化能力之间起到正向调节作用。在孵化器的孵化活动中，良好地适应和合理地利用孵化环境支持性对孵化能力产生着影响作用。对于脆弱的新创企业而言，孵化器是一种更加适合的生存环境，孵化环境又会影响孵化器帮助在孵企业成长的能力。

4.2.4 初始假设命题的提出

基于以上分析，根据扎根理论的研究结果，本研究提出 6 个初始假设命题。

命题 1：二元主体协同对孵化能力具有正向影响。

命题 2：孵化网络健全对孵化能力具有正向影响。

命题 3：在孵企业集群管理对孵化能力具有正向影响。

命题 4：孵化环境支持性正向调节二元主体协同与孵化能力之间的关系。

命题 5：孵化环境支持性正向调节孵化网络健全与孵化能力之间的关系。

命题 6：孵化环境支持性正向调节在孵企业集群管理与孵化能力之间的关系。

以上初始假设命题是对影响因素如何作用于孵化能力的具体深化，也是下一章提出研究假设和构建概念模型的重要基础。

4.3 本章小结

本章应用扎根理论，采用深度访谈，先后从洛阳、福州、上海 3 地选取孵化器和在孵企业作为调研对象，通过访谈获取主要文本数据，并进行开放性编码、主轴编码、选择性编码逐步分析、归纳，提炼出核心构念。再进行理论饱和度检验，构建了孵化能力影响因素理论模型，阐释了这些影响因素对孵化能力的作用。孵化能力的影响因素，主要有二元主体协同、孵化网络健全、在孵企业集群管理以及孵化环境 4 个主范畴，它们分别从不同层面和外部因素对孵化能力产生影响。在此基础上，提出 6 个初始假设命题：二元主体协同对孵化能力具有正向影响；孵化网络健全对孵化能力具有正向影响；在孵企业集群管理对孵化能力具有正向影响；孵化环境支持性正向调节二元主体协同与孵化能力之间的关系；孵化环境支持性正向调节孵化网络健全与孵化能力之间的关系；孵化环境支持性正向调节在孵企业集群管理与孵化能力之间的关系。为下一章影响因素作用于孵化能力的实证研究奠定了基础。

第 5 章

企业孵化器孵化能力影响因素实证研究

在第 4 章，通过扎根理论的质性研究，初步得出孵化能力的影响因素，包括二元主体协同、孵化网络健全、在孵企业集群管理、孵化环境，并提出了对孵化能力影响作用的 6 个初始假设命题。本章将针对第 4 章提出的命题，进一步展开实证研究。

5.1 理论分析和研究假设

5.1.1 二元主体协同对孵化能力的影响

二元主体协同对孵化能力的提升扮演着重要的角色。孵化器的历史使命是促进科技成果转化、孵育新创企业，培养企业家。在孵企业的目标是实现科技成果有效转化，创造利润，实现独立发展。然而，创新创业活动具有极强的探索性，每一个环节都存在着失败的风险，导致新创企业很可能无法收获想要的结果，并且随着技术产品和服务生命周期的不断缩短，也增加了新创企业失败的风险。新生弱势致使新创企业面临资源匮乏、资源利用率低及资源获取成本高昂的困境。新创企业如果想要生存和成长，并且在激烈的市场中站稳脚跟，则必须加强对资源的有效获取。因此，新创企业渴望入驻孵化器成为在孵企业，寻求各方面的支持。二元主体之间具有共同目标，追求系统整体资源的有效整合，实现协同效应，追求收益和发展。这产生了它们协同的动力，相互之间形成了协同的自觉性和积极性，维护协同关系成为可能。在共同目标的驱动下，二者形成协作意愿。资源依赖理论观点强调企业的行动离不开资源的支持，当资源匮乏时，它将采取各种方式获取必需资源（王庆喜和宝贡敏，2007）。在二元主体协作的过程中，通过资源整合可以有效加快企业获取资源速度并提高资源利用效率（Reymen，2016；郭润萍，2016）。依据在孵企业的成长目标，有效整合人力资源、创新资金、技术资源、专业服务资源等，提高孵化器孵育在孵企业的整体功能。资源整合是一种战略行为，反映了孵化器获取资源并配置资源（董保宝等，2011）。孵化器识别外部有价值的创新创业资源并吸收归集到孵化器内，配置、融合不同的资源给在孵企业，促进资源协同效应最大化。资源整合强调孵化器对不同渠道、不同结构的异质性资源进行选择、汲取、配置和融合，重构契合在孵企业战略发展的孵化资源。孵化器为在孵企业提供生存成长的资源支持，在孵企业的经营发展反哺孵化器的发展。协同是实现可持续发展的前提和基础（甘丹丽，2014）。二元主体协同是二元主体之间相互依存、相互作用、相互促进，实现系统结构不断优化、系统有序程度不断提升的动态发展演化过程，二元主体协同的最显著特点是通过二者之间的非线性相互作用与协作，产生“1+1>2”的协同效应，影响孵化能力的发展。二元主体协同由共同目标、协作意愿和资源整合因子构成。基于以上分析，提出如下假设：

H1：二元主体协同对孵化能力具有正向影响。即二元主体协同度越高，孵化能力越强，反之，孵化能力越弱。

5.1.2 孵化网络健全对孵化能力的影响

在孵企业的创新创业过程也是对技术、资金等资源进行有效利用并进行核心产品生产和服务提供的过程（Borg，2001）。在孵企业的创新成长具有资金需求量大、孵化周期长、具有高度的风险性等特征，并且随着在孵企业成长需求的多样化，这决定了单个孵化器无法仅靠自身能力和资源提供全面的孵化支持和服务。孵化器提升孵化质量的重要措施是建立全面的社会网络关系（仲深等，2018）。孵化网络健全是影响孵化能力的重要因素（Monsson & Berg，2016）。孵化网络是具有资源共享效应的社会网络，孵化器通过与在孵企业及其他外部机构，比如，高校、政府部门等建立正式或非正式的合作关系而形成（Ratinho & Henriques，2010；Sean & David，2004）。孵化网络为在孵企业提供了资源交换的平台，有效缓解了未来不确定性带来的冲击（张红娟和谭劲松，2014）。网络结构是网络主体获取网络资源的渠道（Zheng et al.，2013），决定了资源在网络中的分布情况和流动频率，影响着资源向在孵企业的效能传递（李振华等，2017）。网络结构的完善能够拓展网络成员获取资源的广度和深度。孵化网络中包含不同的网络成员，在孵企业更容易通过频繁密切的合作与更多的主体建立联系，增加其与上下游企业和其他网络成员之间的合作机会（朱建民和史旭丹，2015），这在很大程度上可以降低交易成本和风险，并且使在孵企业获得更多凭借自身力量无法获得的资源，促进相互间的信息传递和资源共享。把网络成员之间的正式和非正式关系看成一种网络联系，在实现产品和服务价值的整个过程中，网络成员通常会形成某种程度的分工，可以在一定程度上实现创新资源的互补，合理配置和利用有限资源，解决在孵企业在成长过程中的资源困境。网络联系的成员，或许拥有更多的异质性资源和信息，并且愿意与网络伙伴分享，从而获得更广的信息和资源收集渠道（Uzzi，1997）。广阔的接触机会为在孵企业接触到网络当中更多有价值的资源并知道如何运用提供了条件和选择的基础，即使是同一类型的合作伙伴，在孵企业可以选择与多家合作，提供选择资源和交叉验证的机会等。因此，这些网络联系帮助在孵企业减少了未知，而且相互之间在不断接触中会产生信任感和认同感。通过对拥有关键资源的网络节点间合作制度与互动规则的设计，针对网络关系和行为开展网络治理，促进孵化器、在孵企业及其他网络成员的决策效率，实现合作目标和共赢发展。减少各孵化网络主体的恶性无序竞争，促进资源的有效流动，减少资源的浪费。网络治理的重要性源于对网络资源的合理规划和有效配置，进而提升在孵企业的成长性，增强孵化能力（Meyer，1993）。孵化网络健全帮助在孵企业增加接触异质性资源主体的机会，消除因资源匮乏或资源转移成本较高带来的资源获取障碍，促进资源共享和转移（Patton，2014），有利于在孵企业开展创新创业活动，提高成活率。网络结构、网络联系以及网络治理构成了孵化网络健全，孵化网络健全直接影响孵化能力。基于以上分析，提出如下假设：

H2：孵化网络健全对孵化能力具有正向影响。即孵化网络越健全，孵化能力越强，反之，则孵化能力越弱。

5.1.3 在孵企业集群管理对孵化能力的影响

企业集群是处在同一地理区域或者以研发为基础，集中在工业园区的一群企业（Baptista & Swann，1998）。也有学者将企业集群视为处于同一特定产业领域，地理上接近，具有共性或互补性的一组企业群体（王缉慈，2001）。不同行业、规模不一、经营状况各异的新创企业聚集在孵化器内，他们可能处在产业链的不同位置，有可能形成供应商与客户的关系，也可能拥有不同的科研成果和技术，具备不同的优势，通过合作、战略联盟等方式，实现在客户资源开发、产品与服务开发方面优势互补，互相支持。对于在孵企业之间关系的有效引导，可以帮助在孵企业更好地利用资源和节约成本。协同战略是为了实现协同效果的一种企业战略，通过使用隐性资源的方式来达到战略目标。孵化器内的在孵企业之间存在着许多隐性资源。在孵企业集群的管理中，提出协同战略，有助于在孵企业对资源的高效利用。组织结构是组织任务的划分、组合等方式。组织结构决定了组织内部的权责分配，决策的制定与执行。企业在创立初期，除了经营场地、创业资金，还需要一系列的税务、工商、财务登记手续，以及技术鉴定、专利申请、商标注册等创立活动。而依靠孵化器相应职能部门提供的专业化服务，可以由原来创业者自行前往办理的相关业务转化为由孵化器统一代理的行为，大大提高了新创企业的运营效率，并降低了创业成本。新生企业往往知识和经验匮乏，比如，管理经验、营销技巧、市场拓展、维系客户等方面。组织学习是创业者获得知识并将其应用到创业实践中的社会过程（张红和葛宝山，2016）。组织学习旨在提高创业活动的效率，在新创企业的创建和成长阶段最为明显（刘井建，2011），可以实现知识的传播和对环境更好的适应。新创企业需要不断地学习以提高抵御风险的能力和降低对未来不确定性的容忍程度（蔡莉和单标安，2013）。在孵企业之间建立关系的同时，也会产生界面。由于沟通不畅，或者利益等原因也会产生界面矛盾。界面管理的目的在于实现界面的和谐和消除交互障碍。界面管理将产生矛盾的界面双方纳入管理状态，通过协调界面关系，实现对管理对象良好的控制与协作（Kahn，1996）。因此，在孵企业集群管理由协同战略、组织结构、组织学习、界面管理构成。在孵企业集群管理直接影响孵化能力。基于以上分析，提出如下假设：

H3：在孵企业集群管理对孵化能力具有正向影响。即在孵企业集群管理越完善，孵化能力越强；反之，则孵化能力越弱。

5.1.4 孵化环境的调节作用

环境因素是影响孵化能力的外部因素。孵化环境具有支持性，即环境因素对孵化器发展的支持作用（邢蕊，2013）。孵化环境对孵化器孵育在孵企业生存和成长的过程中发挥着重要的作用。作为技术创新型的在孵企业需要面对更大的挑战，这对企业提出了更高的要求，也会降低企业对创业前景的信心和预期（Shepherd et al.，2009）。面对孵化环境对孵化器的支持，在孵企业会积极主动地与孵化器加强协同，以获得生存和发展所需要的资源来应对竞争和挑战。孵化器将自然努力地提升自身对于孵化环境的敏锐性，并努力识别在孵企业所亟需的各种创业资源，孵化能力发展的重要意义也更加凸显。但在孵企业对于创新创业资源需求的多样化，使得孵化活动的顺利开展难度增大。孵化网络是社会网络的一种表现形式，是由孵化器、在孵企业及其他相关主体组成的利益共同体。孵化环境对孵化器的支持作用，使得孵化器更易于构建孵化网络。在孵化网络中充斥着各种信息和资源，只有加强合作关系，建立多次频繁合作，孵化器才能帮助在孵企业更好地获取到有价值的资源和信息。网络治理是基于契约形式的正式制度安排与基于关系形式的非正式制度安排。在孵化网络运营中，网络治理可以有效提高在孵企业对网络资源的利用效率（Al-mubaraki et al.，2015；谢雅萍和张金连，2014）。我国政府积极推进区域创新创业网络的发展，为孵化网络的构建及完善提供了基础和机遇。支持性的孵化环境使孵化网络更加健全，在孵企业更易通过孵化器构建的孵化网络获取多样化的创新创业资源，综合孵化网络中的各种信息，作出科学的研判，准确把握创新创业时机（Mcadam & Marlow，2008），对孵化能力产生积极的影响。在孵化器创立发展的初期，政府给予的政策性的资金补贴和支持，可以有效缓解孵化器资金压力，增加孵化器资源禀赋，并增强他们提高孵化服务水平的动力，进而促进在孵企业的成长。与此同时，入驻孵化器并获得创投基金青睐的在孵企业，也会向社会公众传递一种该在孵企业具备较好的成长性和良好的发展前景的积极信号，从而增进利益相关者的信赖程度和合作意愿（Kleer，2010）。政府相关部门通过制定并强有力地执行政策，比如，税收优惠、公共财政投资、降低行政壁垒等措施，以及完善法律环境和创新环境，创造有利于创新创业的孵化环境（Colombelli，2017）。在孵化环境的支持下，孵化器获得更多的技术、信息等方面的支持，利于孵化器将这些有益的资源带入孵化器，通过有效和高效地管理在孵企业集群，更好地利用孵化器内外部资源，从而提升孵化能力。基于以上分析，提出如下假设：

H4：孵化环境支持性正向调节二元主体协同与孵化能力之间的关系。

H5：孵化环境支持性正向调节孵化网络健全与孵化能力之间的关系。

H6：孵化环境支持性正向调节在孵企业集群管理与孵化能力之间的关系。

结合第4章扎根理论研究结果，并基于国内外相关研究文献，进一步从理论上探讨了孵化能力影响因素及其作用机制。深入剖析了二元主体协同、孵化网络健全、在孵企业集群管理、孵化环境支持性对孵化能力的影响。综合以上理论分析，本书提出孵化能力影响因素作用机制概念模型，如图5－1所示。

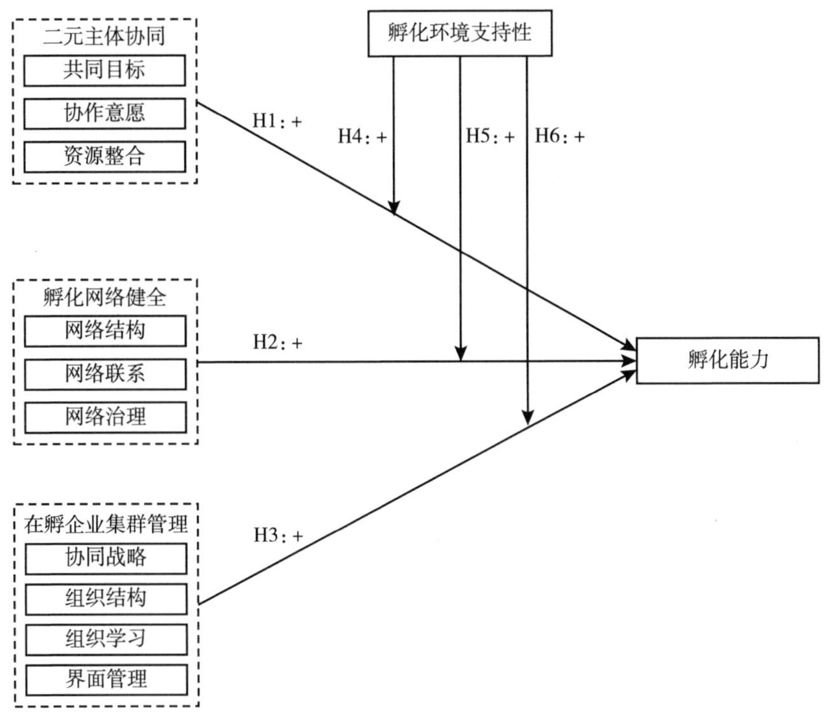

图5－1　孵化能力影响因素作用机制概念模型

5.2　样本数据收集与分析方法

5.2.1　问卷设计与变量测量

5.2.1.1　问卷设计

问卷设计应满足为研究内容提供所需要的有效数据。本书的问卷设计主要围绕孵化器孵化能力影响因素展开，主要包括两大部分内容，一是企业及个人基本信息，二是变量测量表。需要测量的变量包括共同目标、协作意愿、资源整合、网络结构、网络联系、网络治理、协同战略、组织结构、组织学习、界面管理、孵化能力、孵化环境支持性。

5.2.1.2 变量测量

变量测量是进行实证研究工作的前提和基础，是将概念模型与研究假设中涉及的变量变成现实的可操作、可衡量的过程。在深入研究大量文献资料的基础上，依据相关研究总结出各变量的测量指标。变量测量量表的设计步骤如下。

第一，文献基础。基于大量文献的总结，归纳得出本书所涉及的变量评价指标，参考已有研究成果的题项设计，并结合孵化器特征，设计变量测度题项。尽量选用已被国内外实证研究检验过的量表，并根据孵化器的特点做出相应调整。

第二，深度访谈。在调研过程中，有很多机会与在孵企业、孵化器等创业相关主体的中高层管理人员接触，对于我国孵化器的现状、问题、孵化能力影响因素，以及中国特色的创业思维和管理体制有切身体会，并就本书所持观点与上述主体管理层互换了认识。

第三，在变量测量题项设计的过程中，通过与相关专家进行探讨，对调查问卷的设计及变量的测度等进行了修正，在一定程度上保证了量表的内容效度。

第四，预调研。本书的初始量表大部分是借鉴和参考国内外成熟量表而形成。但由于文化背景和研究背景的差异，需要进一步分析初始量表的有效性。因此，对问卷进行大规模发放前，首先对其进行小样本检验，对变量测量题项表述的清晰性、问题的可辨识度进行检测并加以改良，以保证大规模调查的质量，经过预调研最终得出大规模发放调查问卷的终稿。本书所涉及变量测量采用主观评断的方法，并使用李克特（Likert）的5点量表。研究变量及变量测量如表5-1所示。

表5-1　变量及变量测量

研究变量	测量题项	测量指标来源
共同目标（YJ）	企业对孵化器的使命和孵化目标具有较高的认同度	卡朗通等（Calantone et al.，2002），蔡等（Tsai et al.，1998）
	企业各部门与个人明确要达到的目标和承载的任务	
	企业员工都保持激情去完成孵化目标和任务	
协作意愿（XZ）	企业员工积极参与孵化器组织的各项活动	郑刚（2004）、蔡（Tsai，2002）、宋迎春（2010）
	企业在孵化器的协助下完成各项事宜	
	企业非常重视孵化器组织的培训、讲座、比赛等	
	企业积极配合孵化器的跟踪监控工作	
资源整合（ZH）	所在孵化器认识到企业资源与所需资源间的差距	党兴华（2013）、布鲁什（Brush，2001）、董保宝（2011）
	所在孵化器认识到企业所需资源的所有者	
	企业借助孵化器处获取所需资源	
	所在孵化器根据企业目标把各种资源结合在一起	
	所在孵化器利用已整合的资源帮助企业进行创新	
网络结构（GM）	企业通过孵化器与其他多家在孵企业取得紧密联系	鲍威尔等（Powell et al.，1990）、巴特贾格尔等（Batjargal et al.，2004）、格兰诺维特（Granovetter，1985）、卡帕多（Capaldo，2007）、张方华（2010）
	企业通过孵化器与多家政府机构取得紧密联系	
	企业通过孵化器与多家专业服务机构取得紧密联系	
	企业通过孵化器与多家高校、科研机构取得紧密联系	
	企业通过孵化器与多家金融机构取得紧密联系	
网络治理（MD）	企业在合同中明确了合作双方应该履行的责任和利益分配	耿超（2012）、韩炜等（2014）
	企业与合作方按规定进行交易活动	
	孵化网络中存在成员共同默守的规范	
	企业更愿意与具有共同社会价值观的其他网络成员合作	
	当双方出现违约行为能够依据合同及时予以处罚	
网络联系（QD）	企业与合作伙伴的互动频繁	乌兹（Uzzi，1997）、瑞德雷氏等（Rindfleisch et al.，2001）、彭伟等（2015）
	企业与合作伙伴彼此信任对方	
	企业与合作伙伴的合作涉及生产、技术和市场多个方面	
	企业与合作伙伴的合作中投入了大量的资源	

续表

研究变量	测量题项	测量指标来源
组织结构（JG）	所在孵化器更喜欢使用松散、非正式的控制	希娜等（Sine et al.，2006）、苏等（Su et al.，2011）
	所在孵化器有明确的分工，形成不同的职能部门	
	所在孵化器组织层级较少	
	所在孵化器管理者的经营风格可以自由的在正式和非正式之间转换	
	所在孵化器根据个人对环境的需求和个人性格的需求决定工作行为	
组织学习（CX）	企业从所在孵化器获取相关的新知识	哈里森等（Harrison et al.，2005）、陈文婷和李新春（2010）
	企业员工利用了大量相关的新知识	
	企业员工通过内部、外部交流获取大量专业技能	
	获取的新知识、专业技能使得企业发生重要改变	
	所在孵化器内所有人员都能互相学习，并不断提升自己	
协同战略（ZL）	对协同理念的认同非常必要	安德森（Andersen，2009）、韦尔雷恩（Verreynne，2016）
	协同路径的明确非常重要	
	协同行动的落实非常必要	
界面管理（JM）	企业与企业之间的界面沟通状况良好	米尔斯等（Mills et al.，2000）、莫伦科普（Mollenkop，2011）
	企业与企业之间的界面协调状况良好	
	企业与企业之间的界面融合状况良好	
	企业与企业之间的界面协作状况良好	
孵化能力（FH）	企业销售收入不断上升	佩尔图萨－奥尔特加等（Pertusa-Ortega et al.，2010）
	企业投资回报率不断上升	
	企业主要产品市场份额不断扩大	
	企业所在孵化器发展较好	
	企业所在孵化器收益良好	
孵化环境支持性（QJ）	孵化政策良好	戴尔等（Dyer et al.，2001）、卡洛吉鲁等（Caloghirou et al.，2004）
	相关政策制定具有连续性	
	孵化政策得到落实	
	创新环境良好	
	法律环境完善	

5.2.2 数据分析方法

数据分析是实证研究中最重要的一个环节。为验证概念模型中提出的研究假设，不仅要进行问卷设计，数据收集，还要对收集到的数据进行定量的计算和分析，以验证提出的研究假设是否显著。因此，选择合适的研究方法或程序显得尤其重要。

5.2.2.1 描述性统计分析

描述性统计分析一般用于描述实证研究中样本的基本情况，便于研究者掌握样本的数据分布结构，了解样本分布概况和特点。本书中描述性统计分析主要对调研对象的基本资料，包括企业规模、销售收入、在孵企业年龄等进行统计分析，以描述样本的特征和分配比例等。

5.2.2.2 信度分析

信度即可靠性，指测量结果的一致性和稳定性程度。信度分析主要通过判断量表各个题项对其构念测度的一致性和可重复性，来判断问卷结果的可靠性。信度检验主要通过 Cronbach's Alpha 值反映，并以 0.7 作为信度检验通过的标准，该值越高，说明测量项目的信度越高。以及修正后的项与总计相关性（CITC）进行检验，一般认为，若 CITC 的值小于 0.5，并且在删除该题项后，Cronbach's Alpha 值提高，则删除该题项。

5.2.2.3 效度分析

效度即有效性，指题项能够真正测量出研究人员所要衡量的事物的真实程度。效度分析是用于检验实证研究中所使用的量表能否真正反映各相关研究变量的内涵和结构的一种分析方法。常用的效度有两种，内容效度和结构效度。

内容效度是指研究所使用的量表能够反映研究主题的程度，它的本质是各个研究变量的测度题项是否能够代表各变量的真正含义，以及各测度题项反映变量含义的对应性和全面性。

结构效度是量表测度出理论上的结构或特征的程度。对于量表结构效度的评价往往采用因子分析法，运用 KMO 值和 Bartlett 球体检验进行探索性因子分析的条件检验。一般认为，当 KMO 值大于 0.7，而 Bartlett 球体检验显著时，则较为适合进行因子分析。在此基础上，采用主成分分析法与方差最大旋转，提取特征值大于1的因子，对量表进行探索性因子分析，当所提取的因子累计方差贡献率超过50%，各个测量题项在其所属因子上的载荷也均大于0.5时，表明该量表具有相应的结构效度。

收敛效度指测量相同构念的题项会落在同一共同因子上。区分效度指题项对不同目标潜变量的解释差异性（吴明隆，2010）。其中，收敛效度利用平均方差萃取量AVE（Average Variance Extracted）值判断，区分效度利用各变量AVE值的开方和所有变量的相关系数判断。当AVE值大于0.5，且AVE平方根的值明显大于抽取因子之间的相关系数，表明问卷的收敛效度和区分效度都比较理想。

5.2.2.4 结构方程模型分析

本书将运用结构方程模型建模（structure equation modeling，SEM）的方法进一步检验变量间的作用路径，确认不同层面影响因素和孵化环境对孵化能力的不同作用机制。结构方程模型是一种建立、估计和检验因果关系模型的方法，包含测量模型（measurement model）和结构模型（construct model）。因此，在已构建概念模型的基础上，通过结构方程模型的分析，检验观测变量对潜变量的测度效度，估计各个潜变量之间的路径系数，并根据路径系数的数值和显著性、交叉验证冗余度指数Q^2、t统计量等验证概念模型中各变量之间的影响效应。本书借助软件Smart PLS 3.0进行分析。

选择偏最小二乘法（partial least squares，PLS）对构建的概念模型的路径系数的显著性进行检验，获得提出的研究假设的结果。PLS - SEM在样本量较小或测量数据偏态时，仍能保持稳健的结果，并且可以实现预测效力最大化。因此，尤其适合模型复杂的情况使用（张军，2007）。PLS方法最初是为了解决复杂问题，并且理论基础薄弱，因预测分析而产生的探索性研究方法（Hair et al.，2012）。本章的研究目的是为了全面、系统地识别孵化能力的影响因素及其作用机制，是一项探索性研究。因此，选用该方法对本书研究是适宜的。

具体而言，对预调研收集的数据，运用软件SPSS 22.0对初始量表进行探索性因子分析、信效度检验，以检验初始量表的质量。运用软件Smart PLS 3.0对正式调研收集的数据，进行信度和效度检验，得出Cronbach's α值和CR值，以及AVE的值和AVE平方根的值是否大于抽取因子之间的相关系数用以判断量表的信效度，并进一步通过结构模型的分析，估计各个潜变量之间的路径系数，对提出的研究假设进行显著性检验。

5.2.3　预调研

在大规模发放调研问卷之前，需要对调查问卷的量表质量进行检验。本书主要通过预调研对调查问卷量表的信度与效度进行检验，以确保初始量表中变量测量的有效性。在预调研阶段，收集数据主要通过实地走访洛阳大学科技园，现场向园内在孵企业发放调查问卷，以及通过“问卷星”网站，线上向福州金山科技企业孵化器内在孵企业发放调查问卷，共计发放问卷 160 份，其中收回问卷 143 份，问卷的回收率为 89.375%，去掉漏选、多选、答案呈现明显规律性等问卷后，还剩下 126 份问卷，问卷的有效率为 88.112%，将回收有效问卷借助软件 SPSS 22.0 进行信度效度分析，以检验初始量表中题项及变量测量的有效性，保证实证研究的科学性。

5.2.3.1　信度分析

运用软件 SPSS 22.0 对二元主体协同、孵化网络健全、在孵企业集群管理、孵化能力、孵化环境量表进行信度检验，分析的详细结果如表 5－2 所示。

表 5－2　　孵化能力影响因素量表信度

<table>
<tr><th>分量表名称</th><th>分量表维度</th><th>题项</th><th>CITC</th><th>删除该项后的 Cronbach's Alpha</th><th>Cronbach's Alpha</th><th>总体 Cronbach's Alpha</th></tr>
<tr><td rowspan="12">二元主体协同</td><td rowspan="3">共同目标</td><td>YJ1</td><td>0.683</td><td>0.749</td><td rowspan="3">0.822</td><td rowspan="12">0.836</td></tr>
<tr><td>YJ2</td><td>0.630</td><td>0.805</td></tr>
<tr><td>YJ3</td><td>0.739</td><td>0.693</td></tr>
<tr><td rowspan="4">协作意愿</td><td>XZ1</td><td>0.664</td><td>0.841</td><td rowspan="4">0.862</td></tr>
<tr><td>XZ2</td><td>0.745</td><td>0.810</td></tr>
<tr><td>XZ3</td><td>0.800</td><td>0.785</td></tr>
<tr><td>XZ4</td><td>0.643</td><td>0.849</td></tr>
<tr><td rowspan="5">资源整合</td><td>ZH1</td><td>0.710</td><td>0.857</td><td rowspan="5">0.881</td></tr>
<tr><td>ZH2</td><td>0.678</td><td>0.865</td></tr>
<tr><td>ZH3</td><td>0.720</td><td>0.855</td></tr>
<tr><td>ZH4</td><td>0.803</td><td>0.837</td></tr>
<tr><td>ZH5</td><td>0.694</td><td>0.862</td></tr>
</table>

续表

分量表名称	分量表维度	题项	CITC	删除该项后的 Cronbach's Alpha	Cronbach's Alpha	总体 Cronbach's Alpha
孵化网络健全	网络结构	GM1	0. 674	0. 852	0. 872	0. 876
		GM2	0. 786	0. 824		
		GM3	0. 696	0. 846		
		GM4	0. 694	0. 847		
		GM5	0. 664	0. 855		
	网络治理	MD1	0. 832	0. 848	0. 892	
		MD2	0. 707	0. 877		
		MD3	0. 708	0. 875		
		MD4	0. 731	0. 870		
		MD5	0. 735	0. 869		
	网络联系	QD1	0. 738	0. 834	0. 872	
		QD2	0. 806	0. 805		
		QD3	0. 712	0. 843		
		QD4	0. 671	0. 858		
在孵企业集群管理	组织结构	JG1	0. 728	0. 845	0. 876	0. 858
		JG2	0. 690	0. 854		
		JG3	0. 650	0. 864		
		JG4	0. 819	0. 822		
		JG5	0. 664	0. 860		
	组织学习	CX1	0. 656	0. 850	0. 869	
		CX2	0. 660	0. 849		
		CX3	0. 697	0. 841		
		CX4	0. 802	0. 815		
		CX5	0. 679	0. 844		
	协同战略	ZL1	0. 762	0. 745	0. 844	
		ZL2	0. 690	0. 809		
		ZL3	0. 711	0. 784		
	界面管理	JM1	0. 638	0. 816	0. 842	
		JM2	0. 772	0. 760		
		JM3	0. 705	0. 788		
		JM4	0. 622	0. 824		

续表

分量表名称	分量表维度	题项	CITC	删除该项后的 Cronbach's Alpha	Cronbach's Alpha	总体 Cronbach's Alpha
孵化能力	孵化能力（单维）	FH1	0.761	0.862	0.891	0.891
		FH2	0.708	0.877		
		FH3	0.857	0.840		
		FH4	0.679	0.880		
		FH5	0.712	0.873		
孵化环境	孵化环境支持性（单维）	QJ1	0.729	0.853	0.882	0.882
		QJ2	0.724	0.857		
		QJ3	0.794	0.837		
		QJ4	0.701	0.860		
		QJ5	0.651	0.871		

从表 5 -2 可以看出，分量表中二元主体协同、孵化网络健全、在孵企业集群管理、孵化能力、孵化环境的 Cronbach's Alpha 系数分别为 0.836、0.876、0.858、0.891、0.882，均高于 0.8，并且分量表各维度的 Cronbach's Alpha 系数也都高于 0.8，每个题项的 CITC 值都高于 0.6，而且单独删除任一项后的 Cronbach's Alpha 系数都低于原来的值，表明所设计的孵化能力影响因素量表通过信度检验，不需要删除相关题项，并具有很好的内部一致性。

5.2.3.2　效度分析

本书采用探索性因子分析对初始量表的效度进行检验。首先进行 KMO 值与 Bartlett 球体检验，判断是否适合进行因子分析，具体结果如表 5 -3 所示。

表 5 -3　　孵化能力影响因素量表 KMO 值与 Bartlett 球体检验

分量表名称	KMO 值	Bartlett 球体检验		
		近似卡方	df	Sig.
二元主体协同	0.826	739.361	66	0.000
孵化网络健全	0.849	990.187	91	0.000
在孵企业集群管理	0.819	1098.286	136	0.000

续表

分量表名称	KMO 值	Bartlett 球体检验		
		近似卡方	df	Sig.
孵化环境	0.870	316.769	10	0.000
孵化能力	0.864	360.125	10	0.000

由表5-3可知，二元主体协同、孵化网络健全、在孵企业集群管理、孵化环境、孵化能力量表的 KMO 值分别为 0.826、0.849、0.819、0.870、0.864，均大于0.8，大于临界值0.7，并且 Bartlett 球体检验达到了较高的显著性水平（P<0.001），以上表明孵化能力影响因素量表非常适合进行探索性因子分析。

5.2.3.3 因子分析

1. 二元主体协同

对二元主体协同量表进行因子分析，提取特征值大于1的因子，共提取了3个因子，经旋转后每个题项都落在归属的因子，且因子载荷均大于0.75，远远大于0.5，没有出现跨因子载荷现象。二元主体协同量表的累计方差贡献率为71.219%（见表5-4）。综上分析，表明二元主体协同量表具有很高的效度。

表5-4　二元主体协同量表因子分析结果

研究变量	题项	因子1	因子2	因子3	方差贡献率（%）	累计方差贡献率（%）
共同目标	YJ1	0.815			28.360	28.360
	YJ2	0.837				
	YJ3	0.878				
协作意愿	XZ1		0.799		24.018	52.378
	XZ2		0.852			
	XZ3		0.896			
	XZ4		0.774			

续表

研究变量	题项	因子 1	因子 2	因子 3	方差贡献率（%）	累计方差贡献率（%）
资源整合	ZH1			0.785	18.842	71.219
	ZH2			0.768		
	ZH3			0.803		
	ZH4			0.893		
	ZH5			0.807		

2. 孵化网络健全

对孵化网络健全量表进行因子分析，提取特征值大于 1 的因子，共提取了 3 个因子，经旋转后每个题项都落在归属的因子，且因子载荷均大于 0.74，远远大于 0.5，没有出现跨因子载荷现象。孵化网络健全量表的累计方差贡献率为 70.253%（见表 5－5）。综上分析，表明孵化网络健全量表具有很高的效度。

表 5－5　孵化网络健全量表因子分析结果

研究变量	题项	因子 1	因子 2	因子 3	方差贡献率（%）	累计方差贡献率（%）
网络结构	GM1	0.791			25.195	25.195
	GM2	0.879				
	GM3	0.775				
	GM4	0.772				
	GM5	0.747				
网络治理	MD1		0.916		24.117	49.312
	MD2		0.768			
	MD3		0.794			
	MD4		0.806			
	MD5		0.803			
网络联系	QD1			0.805	20.941	70.253
	QD2			0.907		
	QD3			0.804		
	QD4			0.784		

3. 在孵企业集群管理

对在孵企业集群管理量表进行因子分析，提取特征值大于 1 的因子，共提取了 4 个因子，经旋转后每个题项都落在归属的因子，且因子载荷均大于 0.72，远远大于 0.5，没有出现跨因子载荷现象。在孵企业集群管理量表的累计方差贡献率为 70.033%（见表 5-6）。综上分析，表明在孵企业集群管理量表具有很高的效度。

表 5-6　　在孵企业集群管理量表因子分析结果

研究变量	题项	因子 1	因子 2	因子 3	因子 4	方差贡献率（%）	累计方差贡献率（%）
组织结构	JG1	0.825				20.039	20.039
	JG2	0.791					
	JG3	0.724					
	JG4	0.909					
	JG5	0.743					
组织学习	CX1		0.738			19.796	39.835
	CX2		0.765				
	CX3		0.774				
	CX4		0.895				
	CX5		0.787				
协同战略	ZL1			0.902		16.355	56.190
	ZL2			0.803			
	ZL3			0.831			
界面管理	JM1				0.746	13.843	70.033
	JM2				0.886		
	JM3				0.821		
	JM4				0.779		

4. 孵化环境

对孵化环境量表进行因子分析，提取特征值大于 1 的因子，每个题项都落在这 1 个因子，且因子载荷均大于 0.76，远远大于 0.5。孵化环境量表的累计方差贡献率为 68.262%（见表 5-7）。综上分析，表明孵化环境量表具有很高的效度。

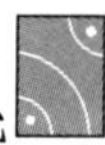

表 5－7　　孵化环境量表因子分析结果

研究变量	题项	因子 1	方差贡献率（%）	累计方差贡献率（%）
孵化环境支持性	QJ1	0.836	68.262	68.262
	QJ2	0.831		
	QJ3	0.879		
	QJ4	0.813		
	QJ5	0.769		

综上分析，通过预调研，经过对初始量表的信度效度分析，结果表明，孵化能力影响因素整体量表达到了较高的信度效度水平。因此，生成本书正式的调查问卷，详见附录 2。

5. 孵化能力

对孵化能力量表进行因子分析，提取特征值大于 1 的因子，每个题项都落在这 1 个因子，且因子载荷均大于 0.78，远远大于 0.5。孵化能力量表的累计方差贡献率为 70.330%（见表 5－8）。综上分析，表明孵化能力量表具有很高的效度。

表 5－8　　孵化能力量表因子分析结果

研究变量	题项	因子 1	方差贡献率（%）	累计方差贡献率（%）
孵化能力	FH1	0.853	70.330	70.330
	FH2	0.813		
	FH3	0.917		
	FH4	0.789		
	FH5	0.816		

5.2.4　问卷的发放及回收

本书正式调研问卷的发放和收集主要集中在 2020 年 7 月初至 2020 年 9 月底，前后共经历近 3 个月的时间。为了方便搜集和整理数据，正式调研问卷数据的收集主要通过国内专业调研网站“问卷星”收集，通过委托上海推进科技创新中心建设办公室的工作人员、福州金山孵化器内一家在孵企业高管等，向数个孵化器内在孵企业微信群和 QQ 群定向代发电子问卷链接并且请求在孵企业管理者在线填写问卷，通过“线上”方式发放和回收问卷的效率较高。还有小部分问卷通过前往洛阳大学科技园实地发放纸质调查问卷，由于直接面向发放对象，并当场填写和回收，所以得到较高的问卷回收率。通过两种方式相结合，共发放 500 份问卷，共收回 426 份问卷，将多处漏选、呈明显规律性选项问卷剔除，共得到有效问卷 323 份，有效问卷率为 75.821%。问卷发放及回收情况如表 5 -9 所示。

表 5 -9　　调查问卷发放及回收情况

<table>
<tr><th>数据收集方式</th><th>问卷发放（份）</th><th>问卷回收（份）</th><th>问卷回收率（%）</th><th>有效问卷（份）</th><th>有效问卷率（%）</th></tr>
<tr><td>实地发放</td><td>42</td><td>42</td><td rowspan="3">85.2</td><td>40</td><td rowspan="3">75.821</td></tr>
<tr><td>网络平台</td><td>458</td><td>384</td><td>283</td></tr>
<tr><td>总计</td><td>500</td><td>426</td><td>323</td></tr>
</table>

5.3　数据分析与结果讨论

5.3.1　样本数据描述性统计分析

为了使分析数据结果更加合理和客观，测量量表的设计中对在孵企业的基本情况设计了相关题项，主要包括被调研者的职务、企业年龄、企业规模、销售收入、行业背景方面的问题。在对样本数据进行信度与效度分析之前，需要对收集到的样本数据中在孵企业的基本信息进行描述性统计分析。有效问卷的基本信息完整情况如表 5 -10 所示，从表 5 -10 可以看出，有效问卷的基本信息完整。

表 5 - 10　　基本信息完整情况

题项	有效问卷（份）	缺失值	完整率（%）
被调研者职务	323	0	100
企业年龄	323	0	100
企业规模	323	0	100
销售收入	323	0	100
行业背景	323	0	100

对回收的 323 份有效样本信息进行统计分析，结果如表 5 - 11 所示。

表 5 - 11　　样本特征统计表

样本信息	样本特征	数量	占比（%）
被调研者职务	部门经理	60	18.58
	董事长/总经理/董事	146	45.20
	副总经理/总经理助理	82	25.39
	其他	35	10.83
企业年龄	1 年以下	30	18.27
	1 ~ 2 年	59	9.29
	3 ~ 4 年	139	43.03
	5 ~ 6 年	40	12.38
	6 年以上	55	17.03
企业规模	10 人以下	55	17.03
	10 ~ 30 人	75	23.22
	31 ~ 50 人	119	36.84
	51 ~ 70 人	52	16.10
	70 人以上	22	6.81
销售收入	10 万元以下（X < 10）	30	9.29
	10 万 ~ 50 万元（10 ≤ X < 50）	47	14.55
	50 万 ~ 100 万元（50 ≤ X < 100）	142	43.96
	100 万 ~ 500 万元（100 ≤ X < 500）	58	17.96
	500 万元以上（X ≥ 500）	46	14.24

续表

样本信息	样本特征	数量	占比（%）
行业背景	IT 业	35	10.84
	环保、新能源技术	28	8.67
	生物医药技术	17	5.26
	机械制造	91	28.17
	电子及通信设备	21	6.51
	食品制造及农副食品加工	13	4.02
	纺织及服装	15	4.64
	化工	12	3.72
	其他	91	28.17

从表5－11中可以看出，在收集的样本数据中，填写调查问卷的对象大部分属于在孵企业管理层，占比89.17%。其中，中高层管理者占比70.59%，基层管理者占比18.58%，管理者往往具有多年创业孵化相关经历，并且熟悉孵化过程和孵化情况，对孵化能力有客观的认识和深刻的主观体会。在孵企业成立时间主要集中在3～4年，占比为43.03%，入孵条件中，一般要求企业成立时间不超过两年，不同孵化器根据在孵企业所属的行业给予不同的孵化期限。入孵企业在孵化器的支持作用下，不断成长，这个分布特征符合我国孵化器对在孵企业的孵育情况。在孵企业所属的行业中机械制造、IT业所占比重略高，分别为28.17%、10.84%，与此同时可以看到，调研样本基本涵盖了目前的高新技术产业。在孵企业的规模多集中在10～30人、31～50人，所占比重分别为23.22%、36.84%。销售收入多集中在50万～100万元以及100万～500万元，占比分别为43.96%、17.96%，这些也比较符合在孵企业新创性的特征。总而言之，本书收集的调查问卷覆盖范围相对较广，具有一定的代表性，使得研究结论对于孵化能力具有较强的解释力。

5.3.2 测量模型检验

为了排除共同方法偏差的影响，采用Harman单因子检验方法进行检验（陈昊等，2016），如表5－12所示。

表 5－12　　方差贡献率

因子	初始特征值			提取载荷平方和			旋转载荷平方和		
	总计	变异的（%）	累计（%）	总计	变异的（%）	累计（%）	总计	变异的（%）	累计（%）
1	10.734	20.253	20.253	10.734	20.253	20.253	3.566	6.727	6.727
2	3.182	6.003	26.256	3.182	6.003	26.256	3.489	6.583	13.310
3	3.002	5.701	31.958	3.002	5.701	31.958	3.444	6.498	19.808
4	2.932	5.532	37.490	2.932	5.532	37.490	3.437	6.485	26.293
5	2.635	4.971	42.461	2.635	4.971	42.461	3.437	6.484	32.777
6	2.506	4.727	47.188	2.506	4.727	47.188	3.399	6.414	39.191
7	2.346	4.427	51.615	2.346	4.427	51.615	3.384	6.385	45.576
8	2.200	4.152	55.767	2.200	4.152	55.767	2.901	5.473	51.049
9	2.081	3.927	59.694	2.081	3.927	59.694	2.851	5.379	56.429
10	1.976	3.728	63.422	1.976	3.728	63.422	2.833	5.345	61.774
11	1.840	3.471	66.893	1.840	3.471	66.893	2.230	4.207	65.981
12	1.705	3.218	70.111	1.705	3.218	70.111	2.189	4.130	70.111

检验发现，未旋转时抽取出的因子数量共计 12 个，累计方差贡献率为 70.111%，且第一个因子的累计变异数贡献率为 20.253%，不超过 40%，即未析出一个公因子解释大部分变异，表明不存在共同方法偏差问题。

对正式调研数据借助软件 Smart PLS 3.0 进行分析。按照安德森和韦尔雷思（Anderson & Weitz，1992）的建议，首先对测量模型进行信度和效度分析，检验测量模型的可靠性。再分析结构模型路径系数的显著性。

5.3.2.1　一阶测量模型的检验

测量模型的检验主要包括信度和效度检验，如表 5－13 所示。

表 5－13　　测量模型的信度和效度

潜变量	Cronbach's Alpha（α）	CR	AVE	Factor loading	t-test	显变量指标
共同目标	0.811	0.888	0.725	0.824	36.328	YJ1
				0.853	48.249	YJ2
				0.877	50.290	YJ3

续表

潜变量	Cronbach's Alpha（α）	CR	AVE	Factor loading	t-test	显变量指标
协作意愿	0.853	0.901	0.695	0.815	44.231	XZ1
				0.809	43.440	XZ2
				0.807	42.318	XZ3
				0.900	80.257	XZ4
资源整合	0.888	0.918	0.692	0.812	43.832	ZH1
				0.815	49.201	ZH2
				0.822	48.656	ZH3
				0.904	77.997	ZH4
				0.802	47.172	ZH5
网络结构	0.881	0.914	0.680	0.771	33.753	GM1
				0.901	79.951	GM2
				0.811	47.920	GM3
				0.803	39.988	GM4
				0.831	51.249	GM5
网络治理	0.865	0.903	0.651	0.873	51.496	MD1
				0.795	37.688	MD2
				0.792	38.582	MD3
				0.780	40.608	MD4
				0.790	39.156	MD5
网络联系	0.859	0.905	0.703	0.827	46.516	QD1
				0.880	58.881	QD2
				0.819	48.656	QD3
				0.827	46.997	QD4
组织结构	0.867	0.904	0.654	0.776	36.547	JG1
				0.788	37.590	JG2
				0.814	45.423	JG3
				0.882	60.918	JG4
				0.779	37.958	JG5

续表

潜变量	Cronbach's Alpha（α）	CR	AVE	Factor loading	t-test	显变量指标
组织学习	0. 877	0. 910	0. 670	0. 786	39. 754	CX1
				0. 853	60. 373	CX2
				0. 797	39. 506	CX3
				0. 839	43. 126	CX4
				0. 816	45. 749	CX5
协同战略	0. 802	0. 883	0. 715	0. 863	35. 385	ZL1
				0. 815	29. 819	ZL2
				0. 857	38. 304	ZL3
界面管理	0. 855	0. 902	0. 698	0. 816	45. 794	JM1
				0. 878	58. 601	JM2
				0. 838	53. 664	JM3
				0. 808	41. 517	JM4
孵化能力	0. 874	0. 908	0. 664	0. 795	35. 979	FH1
				0. 765	30. 749	FH2
				0. 884	55. 580	FH3
				0. 812	41. 974	FH4
				0. 816	43. 815	FH5
孵化环境支持性	0. 873	0. 907	0. 663	0. 817	37. 483	QJ1
				0. 809	34. 164	QJ2
				0. 762	26. 329	QJ3
				0. 878	50. 914	QJ4
				0. 800	33. 813	QJ5

从分析结果可以看出：第一，信度检验：CR、Cronbach's Alpha 的值均高于0. 8，超过0. 7 的标准值，表明测量模型通过信度检验，信度良好；第二，效度检验：所有的因子载荷（factor loading）都大于0. 7 并且显著，远超过0. 5 的标准值，达到合理解释潜变量的基本要求（Barclay et al. ，1995），满足结构效度标准。文中的研究变量多来自国内外成熟的量表，根据研究目的和背景加以改建，依据中文的表述习惯适当修改，并征求相关专家学者建议，确保较高

的内容效度（万莉和程慧平，2016）。AVE 的值表征了收敛效度，结果所示，AVE 的值在 0.651 ~ 0.725 之间，高于标准值 0.5（Hair et al.，2011）。因此，判定本书测量模型的收敛效度十分理想。

区分效度，通过比较 AVE 平方根的值与变量间的相关系数来判断，如表 5 - 14 所示。

表 5 - 14 AVE 平方根与潜变量间相关系数

	CX	FH	GM	JG	JM	MD	QD	QJ	XZ	YJ	ZH	ZL
CX	**0.819**											
FH	0.294	**0.816**										
GM	0.255	0.256	**0.824**									
JG	0.311	0.247	0.177	**0.809**								
JM	0.218	0.220	0.293	0.240	**0.835**							
MD	0.176	0.175	0.220	0.205	0.198	**0.807**						
QD	0.314	0.260	0.229	0.252	0.165	0.207	**0.839**					
QJ	0.193	0.296	0.238	0.201	0.160	0.177	0.310	**0.814**				
XZ	0.276	0.250	0.262	0.245	0.250	0.276	0.250	0.243	**0.834**			
YJ	0.227	0.205	0.255	0.172	0.167	0.239	0.197	0.191	0.159	**0.852**		
ZH	0.276	0.241	0.332	0.225	0.207	0.193	0.268	0.236	0.244	0.215	**0.832**	
ZL	0.185	0.205	0.233	0.110	0.187	0.280	0.194	0.194	0.195	0.222	0.241	**0.846**

区分效度的分析结果（见表 5 - 14）显示，各潜变量 AVE 的平方根分别为 0.819、0.816、0.824、0.809、0.835、0.807、0.839、0.814、0.834、0.852、0.832、0.846，均大于该潜变量与其他所有潜变量之间的相关系数，表明本书模型的区分效度较好（Straub et al.，2004）。

5.3.2.2 二阶测量模型的检验

二元主体协同、孵化网络健全和在孵企业集群管理均是二阶构念。其中二元主体协同通过共同目标、协作意愿和资源整合这 3 个一阶潜变量的共 12 个题项进行测量。孵化网络健全通过网络结构、网络治理、网络联系这 3 个一阶潜变量的共 14 个题项进行测量。在孵企业集群管理通过组织结构、组织学习、协同战略、界面管理这 4 个一阶潜变量的共 17 个题项进行测量，检验结果如表 5－15 所示。

表 5－15　　二阶测量模型的检验结果

二阶潜变量	一阶潜变量	β 值	T 值	R^2	Q^2
二元主体协同（XT）	共同目标（YJ）	0.511	7.114	0.261	0.179
	协作意愿（XZ）	0.661	12.484	0.437	0.294
	资源整合（ZH）	0.833	37.654	0.694	0.467
孵化网络健全（WL）	网络结构（GM）	0.743	19.363	0.552	0.369
	网络治理（MD）	0.694	14.666	0.481	0.293
	网络联系（QD）	0.633	11.326	0.400	0.275
在孵企业集群管理（JQ）	组织结构（JG）	0.727	18.743	0.528	0.334
	组织学习（CX）	0.748	20.373	0.560	0.364
	协同战略（ZL）	0.402	5.465	0.161	0.108
	界面管理（JM）	0.609	11.511	0.371	0.248

根据二阶测量模型的检验结果（见表 5－15）可知，二元主体协同这个二阶构念的解释方差反映在它的 3 个维度上，共同目标、协作意愿和资源整合的方差解释率分别为 26.1%、43.7%和 69.4%。此外，二元主体协同到这 3 个一阶潜变量的路径系数都是显著的。同理，孵化网络健全这个二阶构念的解释方差反映在它的 3 个维度上，网络结构、网络治理和网络联系的方差解释率分别为 55.2%、48.1%和 40.0%，孵化网络健全到这 3 个一阶潜变量的路径系数也都是显著的。在孵企业集群管理这个二阶构念的解释方差反映在它的 4 个维度上，组织结构、组织学习、协同战略和界面管理的方差解释率分别为 52.8%、56.0%、16.1%和 37.1%，并且在孵企业集群管理到这 4 个一阶潜变量的路径系数都显著。Q^2 均大于 0，表明二阶模型具有良好的预测相关性。

5.3.3　结构模型的评价与检验

在分析结构方程模型的信效度之后，还要检验理论建构阶段提出的概念模型潜变量之间的关系是否成立。当 GoF 等于 0.1 时，表示拟合优度较小；当

GoF 等于 0. 25 时，表示拟合优度中等；当 GoF 等于 0. 36 时，表示拟合优度较高。可翰（Cohen，1988）认为：当 R^2 等于 0. 02 时，表示解释力度小；当 R^2 等于 0. 13 时，表明解释力度中等；当 R^2 等于 0. 26 时，表明解释力度较大。此外，R^2 判定标准还会因学科的不同而有所区别。除了 R^2 作为模型解释预测力的评价指标外，还可以选取交叉验证冗余 Q^2 作为预测相关性的标准。当 Q^2 大于 0 时，表示该模型有预测相关性（Henseler et al.，2009）。孵化能力的 R^2 值为 0. 184，大于中等解释力度临界值 0. 13，说明模型具备较高的解释力，孵化能力能被二元主体协同、孵化网络健全等解释。孵化能力的 Q^2 为 0. 114，大于临界值 0，这说明模型的预测相关性较好。拟合优度 GoF 经计算得出结果为 0. 361，说明模型的拟合优度较高。

通过以上分析结果可见，模型的效度较好。在此基础上，通过 5000 次样本量为 323 的自助分析方法，在软件 Smart PLS 3. 0 中运行 bootstrapping，得到各潜变量之间的相关路径系数，检验结果如表 5 - 16 所示。

表 5 - 16　　假设检验结果

假设	模型构念间关系	路径系数 β	T 值检验	检验结果
H1	二元主体协同→孵化能力	0. 143	2. 121	接受
H2	孵化网络健全→孵化能力	0. 138	2. 275	接受
H3	在孵企业集群管理→孵化能力	0. 239	3. 858	接受
H4	孵化环境支持性 × 二元主体协同→孵化能力	0. 195	3. 730	接受
H5	孵化环境支持性 × 孵化网络健全→孵化能力	0. 272	5. 456	接受
H6	孵化环境支持性 × 在孵企业集群管理→孵化能力	0. 154	2. 882	接受

通过分析结果（见表 5 - 16），提出的研究假设均得到了证实。个体层面二元主体协同、网络层面孵化网络健全以及集群层面在孵企业集群管理均对孵化能力产生不同程度的影响，外部因素孵化环境在 3 个层面影响因素与孵化能力之间起正向调节作用。其中，二元主体协同与孵化能力之间显著正相关（β = 0. 143，T = 2. 121），说明假设 H1 可以被接受。孵化网络健全与孵化能力之间呈显著正相关关系（β = 0. 138，T = 2. 275），说明假设 H2 可以被接受。同样，在孵企业集群管理也对孵化能力产生显著正向影响（β = 0. 239，T = 3. 858），表明假设 H3 可以被接受。通过实证分析结果得出假设 H1、H2、H3

均成立。孵化环境支持性正向调节二元主体协同（$\beta=0.195$，$T=3.730$）、孵化网络健全（$\beta=0.272$，$T=5.456$）、在孵企业集群管理（$\beta=0.154$，$T=2.882$）与孵化能力之间的关系，表明假设 H4、H5、H6 可以被接受。

5.3.4 实证研究结果

二元主体协同对孵化能力有显著正向直接影响。二元主体协同是指孵化器与在孵企业之间相辅相成，两者在价值创造上相互依存。在协同状态下，各主体要素之间的运作能够产生超越各自独立作用的整体效果（Tan & Kong, 2020）。二元主体协同程度越高，孵化能力越强。在孵化器发展实践中，可以通过提高二元主体之间的协同水平，提升孵化器孵化能力。孵化网络健全是指孵化器构建的内外部网络能够满足在孵企业创新创业资源的需求，并能够稳定有序地运行。孵化网络健全，有助于提高合作效率，降低创新创业活动的资源获取成本，成为在孵企业创新实现的润滑剂（Castro et al.，2015）。孵化器作为培育在孵企业的重要孵化载体需要依靠外部资源来支持其孵化能力，孵化网络是在孵企业获取丰富异质性创新创业资源的途径，孵化网络健全对于孵化能力具有重要意义。孵化网络越健全，越能促进孵化能力提升。在孵企业集群管理，可以帮助在孵企业有效、高效利用孵化器内外的资源，节约成本，提高收益，促进在孵企业成长。强化在孵企业集群管理，有助于孵化能力的提升。孵化器培育在孵企业是置身于外部因素孵化环境之中，孵化能力是情境依赖性变量，分别在上述 3 个层面影响因素对孵化能力关系之间起正向调节作用，即当孵化环境支持性越强，二元主体协同与孵化能力之间、孵化网络健全与孵化能力之间、在孵企业集群管理与孵化能力之间的促进作用均会增强。因此，在实践中要不断完善孵化环境。

5.4 本章小结

本章基于扎根理论提炼的观点和国内外相关文献研究，对影响因素与孵化能力之间的作用机制进行理论分析，构建孵化能力影响因素作用机制概念模型。在此基础上，设计调查问卷，经过预调研，对量表的信效度进行检验，并形成调查问卷的终稿。然后，进行正式的大样本的问卷调查，对问卷数据进行分析和结果讨论。得出个体层面二元主体协同、网络层面孵化网络健全、集群层面在孵企业集群管理对孵化能力均具有显著正向影响，外部因素孵化环境分别在 3 个层面影响因素与孵化能力之间起正向调节作用。本章的结论能够有效解释企业孵化器孵化能力的发展，从而为企业孵化器孵化能力提升构建理论分析框架，并具有重要的理论指导意义。

第 6 章

企业孵化器孵化能力提升：加强二元主体协同

第4章、第5章，论证了二元主体协同、孵化网络健全、在孵企业集群管理以及孵化环境对孵化能力的影响作用。通过扎根理论编码分析、理论饱和度检验与实证检验所得研究结论，二元主体协同对孵化能力具有正向影响。即二元主体协同度越高，孵化能力越强；反之，孵化能力越弱。二元主体协同由共同目标、协作意愿和资源整合因子构成。

因此，为了提升企业孵化器孵化能力，本章对加强二元主体协同进行探讨，评价二元主体协同水平，基于质性研究与实证检验所得结论及影响机制分析，分别从加强目标协同、提高协作意愿与有效整合资源3个方面提出针对性建议，如图6-1所示。

6.1 二元主体协同对孵化能力的影响机制

二元主体的协同对孵化能力具有正向影响，即二元主体的协同水平越高，孵化能力越强；反之，则制约孵化能力的发展。因此，需要对二元主体的协同及对孵化能力的影响机制进行深入和全面探讨，并基于耦合协调度模型和协同度模型对二元主体的协同水平进行测度评价。

6.1.1 二元主体的协同关系

社会系统学派的创始人切斯特·巴纳德（Chester Barnard）在其专著《组织与管理》一书中首先将协同思想应用到组织管理理论中。他以社会学的理论和观点来研究管理，把企业组织中人们的相互关系看成一种协作的系统，并认

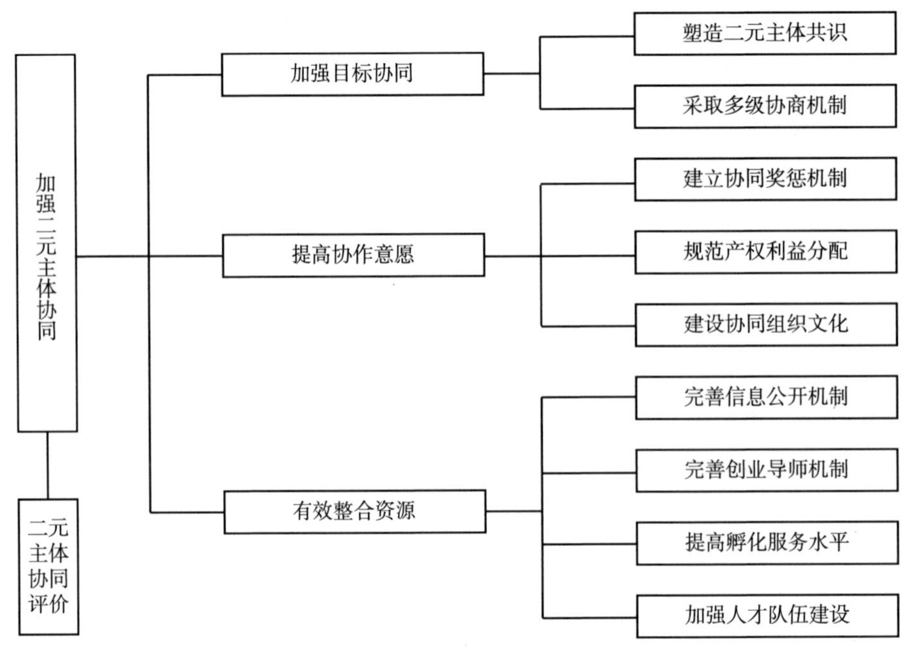

图6-1 加强二元主体协同对策框架

为这种相互关系构成的协作系统，可以扩展到由许多子系统构成的整个社会。协同作为现代管理发展的必然要求，在全球许多国家达成了广泛的共识。协同发展是实现可持续发展的前提和基础（甘丹丽，2014）。从管理学角度看，协同本质上是通过子系统（元素）的耦合和协同实现复合系统资源的归集和整合，反映了系统主体为了实现总体目标，在运作过程中通过相互协作、相互支持而形成一种良性循环。按照协同学原理，只要是异质的子系统（元素）存在共同趋向于特定目标的契合、合作关系，也即存在协同关系（张勤，2010）。

企业孵化器与在孵企业存在着合作发展的关系，显然有着协同的意愿，而共同的目标就是为了发展高新技术产业、资源整合更是孵化器集聚作用发挥的特色。因此，企业孵化器与在孵企业之间存在着协同关系。从在孵企业来看，追求的目标是利用孵化器寻求创新创业资源的支持，促使创新成果市场化、产业化，以获取市场份额和利润，最终发展成为能够独立运营和盈利的企业。从企业孵化器来看，追求的目标是给予在孵企业创新创业资源的支持和管理的辅助，帮助在孵企业拓展市场，创造利润，能够成长为可以在市场上独立生存和

发展的企业。二元主体之间有着共同的目标。在孵企业由于没有建立起声誉并且产品和服务有待市场的检验等一系列现实问题制约了其成长。借助企业孵化器，可以建立社会网络关系，获得创新创业资源，在拓展客户、创新发展方面实现飞跃。企业孵化器通过孵化服务收入、政府政策优惠与补贴、毕业企业反哺、股权收益与跟踪服务收入等途径实现发展与收益。因此，二元主体之间存在着协同关系。

6.1.2　二元主体的协同动力

协同学表明，系统协同效应取决于协同作用，只有当系统内部的各个子系统及各个元素形成协同一致的态势，围绕共同目标协同运行，才能产生整体效益大于部分简单加和的协同效应。与之相对应的是，若系统中充满了涣散、对抗与摩擦，无疑将增加系统内部消耗，无论是整体还是个体都无法发挥其应有的功能，系统也将处于无序的混乱状态。而协同的建立取决于异质子系统（元素）间利益的同构性。利益需求的一致性，是形成协作意愿和建立协同关系的前提。

本书研究框架内的企业孵化器，以“促进科技成果转化、培育高新技术企业和企业家”为使命。在孵企业追求企业的生存与发展，这一目标就个体而言虽然是自利的，但企业的成长符合社会进步与经济发展的要求。所以，企业孵化器与在孵企业对自身利益的追求与公共利益的方向一致，二元主体间形成了共同的协同自觉和期望，维系协同的关系成为可能。以孵育在孵企业成功毕业为根本任务。同时，在孵企业利用企业孵化器提供的帮助，促使创新成果市场化、产业化，以获取市场份额和利润，最终发展成为能够独立运营和盈利的企业。

企业孵化器与在孵企业协同的直接动力为寻求发展，追逐收益，这也是两者共同的目标。创新创业活动虽然具有较高的风险，但一旦获得成功其收益率也非常丰厚。在孵企业为保证其竞争优势，通过寻求创新创业的资源，加大科技创新研发人力与物力投入，提升产品或服务的创新附加值，以获取维系生存和发展的收益。在孵企业在发展过程中，有效的资源供给是其成活的基本保障。企业孵化器通过股权、参与经营决策、提供服务等方式与在孵企业创新进程紧密联系，通过有效监督管理辅助在孵企业创新成功，进而实现自身资产的增值。对寻求发展，追逐收益的渴望与追求这一共同目标将企业孵化器与在孵企业紧密联系，从而实现企业孵化器与在孵企业主客体要素的作用匹配，促进系统协同发展。

6.1.3 二元主体的协同行为

企业孵化器与在孵企业是孵化系统中的两个关键组织。两者之间相辅相成。企业孵化器与在孵企业在价值创造上具有依存性。企业孵化器与在孵企业的协同是通过一系列协同行为来实现的，如图6－2所示。

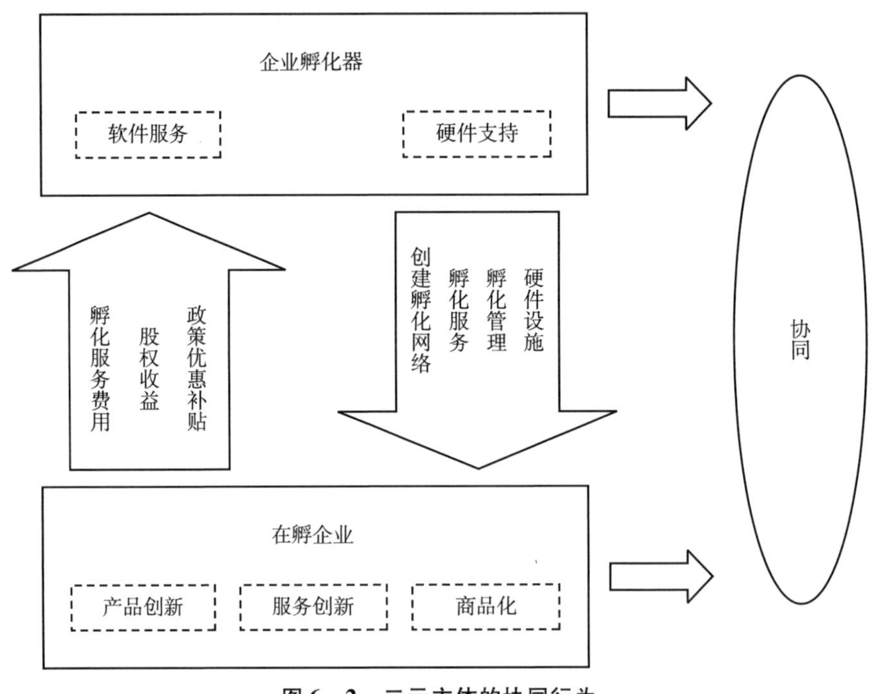

图6－2 二元主体的协同行为

1. 企业孵化器为在孵企业提供共享的硬件支持和软件服务

在孵企业作为创新创业的主体，创新技术转化为能盈利的市场化产品的过程中面临不断增强的资金压力、管理的力不从心、市场运营经验缺失等问题。企业孵化器通过向在孵企业提供共享的硬件支持和软件服务，使在孵企业能够以低于市场平均价格的费用得到创新创业所需的资源。以低廉的价格租用到办公场地和经营场所并且享受孵化服务，其中包括工商注册、政策咨询、知识产

权等服务项目。以及多层次的金融服务支撑，包括财税服务：会计服务、税务服务、代理业务；金融服务：融资辅导服务、股权融资、债券融资、种子基金、财富课堂等。在孵企业在技术创新、成果转化、市场推广等阶段存在着不断放大的资金需求。基金补贴、引入风投等方式为在孵企业提供资金支持。企业孵化器对在孵企业孵化的过程中，通过辅助管理、监督培训促进创新项目的完成。甚至可以通过参股的方式，直接参与在孵企业运营，利用其丰富的管理经验与社会网络，帮助企业制定发展策略与营销计划，并提供客户、供应商等多种资源，辅助在孵企业发展。

2. 活跃的创新创业活动为企业孵化器发展提供了广阔的发展空间

产品创新、服务创新、科技成果转化等多层次的创新创业活动对企业孵化器的孵化服务提出了更高的匹配要求。而企业孵化器在满足了创新创业资源需求的同时，其自身也逐步发展壮大起来。与此同时，企业孵化器也增加了在孵企业发展的空间选择，并对在孵企业的管理和技术开发提供了更多的平台。建立实体或者虚拟的企业宣传平台，组织在孵企业参加产品展示与技术交流，搭建产品检测与实验平台，推动同行业企业和相关技术企业间的研发合作等。

3. 二元主体通过彼此的发展获得收益

企业孵化器通过向在孵企业收取孵化服务费用、廉价的场地租金，或通过参股参与在孵企业日常经营和决策，获取股权收益，以及作为地方政府落实创新创业政策的制度化工具，也获得了政策优惠和税收补贴，通过这些途径维持孵化器自身成长的运营支出和获取投资收益。在孵企业在企业孵化器的扶持下，度过创业初期的艰难阶段，并获得更好的发展。在孵企业在孵化器中孵化成功，不仅能够为在孵企业带来可观的收益，还为企业孵化器赢得了良好的声誉。有利于企业孵化器获得更多的关注和社会资源。

6.1.4　二元主体协同对孵化能力的影响

无论是从质性研究的扎根结果，还是实证检验，都从不同角度证实了二元主体的协同对孵化能力的影响作用。前述分析已知，企业孵化器与在孵企业的协同对孵化能力有着显著的正向影响。即企业孵化器与在孵企业的协同水平越高，孵化能力就越强。反之，当两者之间的协同水平较低，将严重制约企业孵化器孵化能力的发展。

面对经济的波动，政策制定的变化，激烈的市场竞争和客户需求的多样化，创新创业活动具有极强的探索性，每一个环节都存在着风险，导致在孵企业很可能得不到预期的效果，同时产品和技术生命周期不断缩短，这也增加了在孵企业创新创业失败的风险。在孵企业要想生存和发展，必须通过获取创新创业发展的资源来争取生存和发展的契机。在孵企业由于新生劣势，没有能力获取生存和发展的关键资源。在孵企业寻求企业孵化器的帮助，把外部资源内部化。因此，与企业孵化器实现相互的协同是十分必要和迫切的。

由二元主体的协同行为分析可知，二者发展是一个并行的、互嵌的过程。二元主体的协同是要实现两者之间相互依存、相互促进，系统结构不断优化、系统有序程度不断提升的动态发展演化过程。协同强调通过各系统（元素）的相互作用产生单独系统（元素）所不能达到的整体效果或称协同效应。因此，只有当协同主体之间深入的合作与资源整合，才能真正产生协同效应。二元主体在利益目标的驱动下，形成协作的意愿。获取资源是企业实现长期经营的必要条件，否则生存、成长和壮大就无从说起。对于具有新生劣势的新创企业而言，企业孵化器通过资源整合，促进其战略行动的顺利推进和快速成长。资源整合反映了孵化器识别外部有价值的资源并将其汲取、归集到孵化器中，配置给在孵企业，促进协同效应最大化，提高协同水平。孵化系统正是由于其复杂性、非线性等特征，需要各主体要素之间相互配合，通过各主体要素之间的相互协作来发挥协同作用，从而更好更快地促进孵化活动的进行。在该状态下，各主体要素之间的运作能够产生超越各自独立作用的整体效果，进而有效提高孵化能力。二元主体的协同水平直接影响孵化能力的高低。

6.2 二元主体协同评价

二元主体协同是一个并行的、互嵌的过程。协同强调通过各子系统（要素）的相互作用产生单独系统（要素）所不能达到的整体效果。因此，只有当协同主体之间深入地合作与资源整合，才能真正产生协同效应（陈劲，2012）。孵化系统正是由于其复杂性、非线性等特征，需要各主体要素之间相互配合，通过各主体要素之间的相互影响、相互作用，能够产生超越各自独立作用的整体效果。

本书基于协同理论，探索使用耦合协调度模型和协同度模型对二元主体协同水平进行量化分析。

6.2.1　二元主体复合系统序参量构建

6.2.1.1　序参量指标

已有相关文献对于孵化器与在孵企业的协同探讨较少。因此，指标的选取还存在一定的可探索性。在构建序参量指标体系之前，还应考查数据的特征和具体测量对象来选取使用的指标。参考已有的文献研究，结合可获得性原则、科学性原则、一致性和特殊性原则、代表性与综合性原则构建序参量指标体系。关于指标权重的确定，利用熵值法得到孵化器与在孵企业系统序参量指标体系的权重，具体结果如表 6－1 所示。

表 6－1　企业孵化器子系统与在孵企业子系统序参量指标体系

孵化系统	指标	单位	性质	指标来源
企业孵化器	孵化器数量	个	正向指标	李海超等（2018）、顾静（2015）
	孵化器总收入	千元	正向指标	
	管理机构从业人员	人	正向指标	
	孵化基金总额	千元	正向指标	
	创业导师人数	人	正向指标	
	对公共技术服务平台投资额	千元	正向指标	
	总面积	平方米	正向指标	
在孵企业	在孵企业数	个	正向指标	顾静（2015）、刘英基（2015）
	当年毕业企业数	个	正向指标	
	在孵企业从业人员数	人	正向指标	
	在孵企业总收入	千元	正向指标	
	当年获得投融资企业数	个	正向指标	
	当年获风险投资额	千元	正向指标	
	当年获得孵化基金在孵企业数	个	正向指标	

6.2.1.2　数据来源

原始数据来自 2015～2020 年《中国火炬统计年鉴》，在年鉴中收集序参量指标2014～2019年的我国31个省、自治区、直辖市（不含港澳台地区）的原始数据。其中，将新疆兵团数据合并入新疆维吾尔自治区。

6.2.2 二元主体协同测度模型构建

基于协同理论，以耦合协调度模型与协同度模型来测度孵化器与在孵企业的协同水平。其中，耦合协调度是基于复合系统整体视角下二者之间的和谐一致程度；协同度是基于子系统视角下二者之间的和谐一致程度，强调在时间序列下两者同时处于进化的一致程度。测度模型构建的步骤如下：①建功效函数；②计算评价模型的权重；③建耦合协调度模型；④建协同度模型。

（1）建立系统要素的功效函数

由孵化器与在孵企业构成一个孵化复合系统 $S=\{S_1, S_2\}$，S_1 代表孵化器子系统，S_2代表在孵企业子系统。$u_{ij}(i=1, 2; j=1, 2, 3, 4, \cdots)$ 表示第 i 个子系统的第 j 个指标，具体数值为X_{ij}；α_{ij}、β_{ij}是系统临界点上指标的上、下限值，则孵化器与在孵企业子系统对复合系统有序度的贡献数值可以表示为：

$$u_{ij}=(X_{ij}-\beta_{ij})/(\alpha_{ij}-\beta_{ij}),\ u_{ij}\text{为正向指标} \tag{6-1}$$

$$u_{ij}=(\alpha_{ij}-X_{ij})/(\alpha_{ij}-\beta_{ij}),\ u_{ij}\text{为负向指标} \tag{6-2}$$

其中，具有正向指标是指该要素取值越大，则相对应的有序度越高；负向指标则相反，取值越大，有序度越小。

各指标对子系统有序度的总贡献可以通过加权集成方法来实现，具体如下：

$$U_i = \sum_{j=1}^{n} \lambda_{ij} u_{ij},\ \sum_{i=1}^{m} \lambda_{ij} = 1. \tag{6-3}$$

其中，U_i为子系统的有序度综合评价指数，λ_{ij}为各个指标的权重。

（2）基于熵值法的权重设定

客观科学地对孵化复合系统各子系统指标权重赋权，关系到对系统协同水平评价结果的真实可靠性（杨慧，2020）。熵值法是一种较为重要且常见的客观赋权方法，通过分析各指标横向与纵向信息量及各指标之间的关联性对指标进行赋权，能较为科学客观地计算出指标权重。因此，选择该方法为序参量指标赋权重。

计算第 j 项指标下第 i 个方案占指标比重：

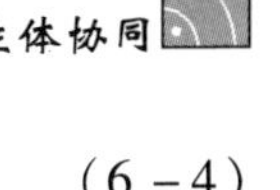

$$P_{ij} = \frac{u_{ij}}{\sum_{i=1}^{n} u_{ij}} (i=1, 2, \cdots, n; j=1, 2, 3, \cdots, m) \tag{6-4}$$

计算第 j 项熵值：

$$e_j = -k\sum_{i=1}^{n} p_{ij}\ln(p_{ij}) \tag{6-5}$$

其中，$k>0$，$k=1/\ln(n)$，$e_j \geqslant 0$。

在利用式（6－5）求出对应指标的信息熵后，利用下式可以计算出对应指标的权重：

$$w_{ij} = \frac{1-e_j}{h-\sum e_j} \tag{6-6}$$

（3）耦合协调度模型

耦合度模型是由物理学中的容量耦合系统模型引申而来，即：

$$C = m\left\{\frac{(U_1 \times U_2 \cdots \times U_m)}{\prod(U_2+U_2)}\right\}^{1/m}, \ i=1, 2, \cdots, m \tag{6-7}$$

其中，C 为耦合度，且 $C\in[0, 1]$，当 $C=1$ 时，表明复合系统处于最佳耦合状态；当 $C=0$ 时，表明复合系统基本处于不耦合状态。m 为构成复合系统的子系统个数；U_i为子系统 i 的有序度。

孵化器与在孵企业构成了孵化复合系统。因此，$m=2$。U_1、U_2分别表示孵化器与在孵企业子系统的有序度，则孵化复合系统的耦合度计算公式为：

$$C = 2\sqrt{\frac{U_1 \times U_2}{U_1+U_2}} \tag{6-8}$$

但是，耦合度仅能说明两个子系统之间相互作用的关系强度，不能准确反映复合系统整体协调水平，无法区分两者相互协调或者相互抑制的程度。因此，在模型构建中引入协调度，分析两个子系统相互作用的过程中协调程度的大小，最终形成耦合协调度模型，具体计算公式如下：

$$D = (C \times T)^{1/2} \tag{6-9}$$

其中，$T=aU_1+bU_2$。

式（6－9）中，a、b 分别表示在该孵化复合系统中孵化器与在孵企业的贡献度系数。针对本研究，认为孵化器与在孵企业同等重要，取 $a=b=0.5$。其中，D 为耦合协调度，T 代表孵化器与在孵企业综合协调指数。通过公式可得，$D\in[0, 1]$，D 值越大，表明孵化器与在孵企业之间的耦合关系和谐。当求出企业孵化器与在孵企业协调度 D 后，需要制定一个评判标准来评判企业孵化器与在孵企业的耦合协调程度，系统耦合协调度 D 的衡量标准如表 6－2 所示。

表 6－2　　耦合协调度衡量标准

耦合协调度（D）	0～0.0999	0.1～0.1999	0.2～0.2999	0.3～0.3999	0.4～0.4999
等级	极度失调	严重失调	中度失调	轻度失调	濒临失调
耦合协调度（D）	0.5～0.5999	0.6～0.6999	0.7～0.7999	0.8～0.8999	0.9～1.0
等级	勉强协调	初级协调	中级协调	良好协调	优质协调

（4）协同度模型

t_0 代表初始时刻，$U_{1,0}$、$U_{2,0}$分别代表初始时刻孵化器子系统的有序度和在孵企业子系统的有序度，t_1 表示随着时间的推移演化至另一时刻，孵化器与在孵企业子系统的有序度分别表示为 $U_{1,1}$、$U_{2,1}$。协同度的具体计算公式为：

$$X = sig(\cdot) \times \sqrt{|U_{1,1} - U_{1,0}| \times |U_{2,1} - U_{2,0}|} \tag{6-10}$$

其中：

$$sig(\cdot) = \begin{cases} 1, & U_{1,1} - U_{1,0} > 0 \text{ 且 } U_{2,1} - U_{2,0} > 0 \\ -1, & \text{其他} \end{cases}$$

孵化器与在孵企业的协同度 $X \in [-1, 1]$，其数值越大，表明两者之间的协同度就越高，反之则越低，当协同度的值小于 0 时，即为不协同状态（肖华秀，2004）。

6.2.3　基于熵值法的权重设定

客观科学地对孵化复合系统各子系统指标权重赋权，关系到对系统协同水平评价结果的真实可靠性（杨慧，2020）。熵值法是一种较为重要且常见的客观赋权方法，通过分析各指标横向与纵向信息量及各指标之间的关联性对指标进行赋权，能较为科学客观地计算出指标权重。因此，选择该方法为序参量指标赋权重。

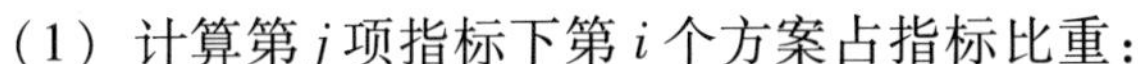

（1）计算第 j 项指标下第 i 个方案占指标比重：

$$P_{ij} = \frac{u_{ij}}{\sum_{i=1}^{n} u_{ij}} (i=1, 2, \cdots, n; j=1, 2, 3, \cdots, m) \quad (6-11)$$

（2）计算第 j 项熵值：

$$e_j = -k \sum_{i=1}^{n} p_{ij} \ln(p_{ij}) \quad (6-12)$$

其中，$k>0$，$k=1/\ln(n)$，$e_j \geqslant 0$。

（3）在利用式（6－5）求出对应指标的信息熵后，最后确定各指标权重，利用式（6－13）可以计算出对应指标的权重。

$$w_{ij} = \frac{1-e_j}{h-\sum e_j} \quad (6-13)$$

6.2.4 二元主体协同测度

6.2.4.1 序参量指标权重

将孵化器数量、孵化器总收入、管理机构从业人员、孵化基金总额、创业导师人数、对公共技术服务平台投资额、总面积，分别记为 X1、X2、X3、X4、X5、X6、X7，将在孵企业数、当年毕业企业数、在孵企业从业人员数、在孵企业总收入、当年获得投融资企业数、当年获得风险投资额、当年获得孵化基金在孵企业数，分别记为 Y1、Y2、Y3、Y4、Y5、Y6、Y7。

利用熵值法得到企业孵化器与在孵企业子系统有序度指标体系的权重。具体结果如表6－3所示。

表6－3 企业孵化器子系统与在孵企业序参量指标体系有序度指标权重

企业孵化器	X1	X2	X3	X4	X5	X6	X7
	0.127	0.168	0.109	0.179	0.097	0.191	0.128
在孵企业	Y1	Y2	Y3	Y4	Y5	Y6	Y7
	0.117	0.123	0.117	0.147	0.143	0.232	0.121

6.2.4.2 数据分析结果

1. 孵化器与在孵企业耦合协调度分析

利用耦合度模型计算公式，得到2014～2019年我国孵化器与在孵企业耦合度。同时根据我国六大行政区的划分，将我国划分为华北地区、东北地区、华东地区、中南地区、西南地区、西北地区，进而得到不同区域企业孵化器与在孵企业耦合度，具体结果如表6－4所示。

表6－4　　2014～2019年中国企业孵化器与在孵企业耦合度

地区及各区域均值	2014年	2015年	2016年	2017年	2018年	2019年	均值	标准差
北京	0.580	0.624	0.712	0.708	0.918	0.879	0.737	0.132
天津	0.401	0.430	0.446	0.370	0.365	0.351	0.394	0.036
河北	0.330	0.322	0.408	0.466	0.546	0.529	0.434	0.093
山西	0.197	0.205	0.234	0.291	0.321	0.325	0.262	0.053
内蒙古	0.193	0.234	0.246	0.269	0.306	0.281	0.255	0.041
辽宁	0.348	0.403	0.377	0.382	0.361	0.370	0.373	0.021
吉林	0.293	0.335	0.396	0.435	0.436	0.405	0.383	0.063
黑龙江	0.269	0.365	0.364	0.377	0.403	0.405	0.364	0.049
上海	0.476	0.722	0.608	0.698	0.722	0.679	0.651	0.106
江苏	1.000	1.000	1.000	1.000	1.000	1.000	1.000	0.000
浙江	0.444	0.524	0.643	0.798	0.861	0.923	0.699	0.176
安徽	0.349	0.400	0.417	0.478	0.501	0.499	0.441	0.061
福建	0.350	0.432	0.428	0.427	0.468	0.456	0.427	0.043
江西	0.209	0.269	0.311	0.416	0.420	0.437	0.344	0.092
山东	0.600	0.645	0.683	0.780	0.857	0.850	0.736	0.103
河南	0.430	0.471	0.530	0.584	0.626	0.592	0.539	0.078
湖北	0.371	0.388	0.422	0.614	0.649	0.617	0.510	0.132
湖南	0.275	0.312	0.396	0.450	0.478	0.472	0.397	0.087
广东	0.673	0.815	1.000	1.000	1.000	1.000	0.915	0.139
广西	0.199	0.231	0.246	0.302	0.334	0.349	0.277	0.054

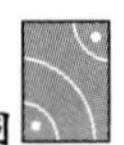

续表

地区及各区域均值	2014 年	2015 年	2016 年	2017 年	2018 年	2019 年	均值	标准差
海南	0.042	0.106	0.115	0.152	0.132	0.146	0.115	0.041
重庆	0.259	0.253	0.351	0.329	0.329	0.327	0.308	0.044
四川	0.404	0.450	0.486	0.539	0.583	0.616	0.513	0.070
贵州	0.198	0.231	0.266	0.288	0.292	0.283	0.260	0.040
云南	0.182	0.199	0.201	0.249	0.247	0.250	0.222	0.030
西藏	0.028	0.014	0.014	0.039	0.031	0.000	0.021	0.011
陕西	0.335	0.392	0.467	0.488	0.554	0.604	0.473	0.086
甘肃	0.133	0.225	0.329	0.358	0.362	0.339	0.291	0.099
青海	0.091	0.120	0.142	0.177	0.163	0.160	0.142	0.034
宁夏	0.080	0.121	0.141	0.154	0.155	0.123	0.129	0.031
新疆	0.137	0.193	0.271	0.261	0.270	0.270	0.233	0.059
华北均值	0.340	0.363	0.409	0.421	0.491	0.473	0.416	0.071
东北均值	0.303	0.367	0.379	0.398	0.400	0.393	0.373	0.044
华东均值	0.490	0.570	0.584	0.657	0.690	0.692	0.614	0.083
中南均值	0.332	0.387	0.451	0.517	0.536	0.529	0.459	0.089
西南均值	0.214	0.229	0.264	0.289	0.296	0.295	0.265	0.039
西北均值	0.155	0.210	0.270	0.288	0.301	0.299	0.254	0.062
全国均值	0.319	0.369	0.408	0.448	0.474	0.469	0.414	0.068

通过计算结果对企业孵化器与在孵企业耦合度的时序特征进行分析，如图 6－3 所示。

从图 6－3 可以看出，我国企业孵化器与在孵企业的耦合度总体处于中等水平，说明两者之间存在一定的相互依赖关系。就全国而言，2014～2019 年，我国企业孵化器与在孵企业的耦合度呈现出不断上升的趋势，说明两者之间的相互依赖程度不断增强，但上升的速度比较缓慢；全国均值从 2014 年的 0.319 逐步上升至 2019 年的 0.469。2014～2019 年，六大区域企业孵化器与在孵企业的耦合度整体上也均呈现不断上升的趋势，其中华东地区的耦合度明显高于我国其他地区。这主要是因为自 2014 年我国实施双创战略以来，越来越多的新创中小型科技企业诞生，他们在早期的生存和发展更多依赖外界的扶持，企业孵化器的数量和规模也在近几年有了更大的发展，新创中小型科技企业寻求到企业孵化器中孵化，得到创业支持。在孵企业的存活与发展也会为孵化器带来收益和良好的口碑，为企业孵化器的发展提供持续动力。两者之间的相互依赖和影响也随着时间和两者的发展增强。

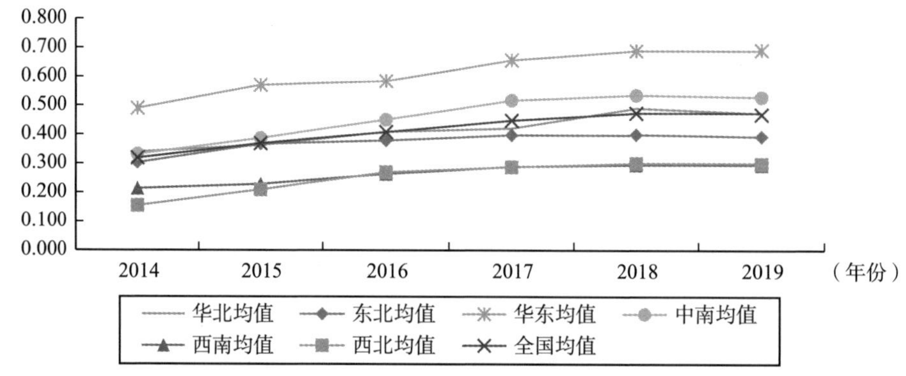

图 6-3　2014～2019 年中国企业孵化器与在孵企业耦合度均值

进一步利用耦合协调度模型计算公式，得到 2014～2019 年我国企业孵化器与在孵企业的耦合协调度水平。同时根据我国六大行政区的划分，进而得到不同区域企业孵化器与在孵企业耦合协调度，具体结果如表 6-5 所示。

表 6-5　2014～2019 年中国企业孵化器与在孵企业耦合协调度

地区及各区域均值	2014 年	2015 年	2016 年	2017 年	2018 年	2019 年	均值	标准差
北京	0. 314	0. 357	0. 428	0. 447	0. 444	0. 583	0. 429	0. 092
天津	0. 180	0. 199	0. 216	0. 165	0. 107	0. 150	0. 170	0. 038
河北	0. 137	0. 129	0. 184	0. 225	0. 222	0. 275	0. 195	0. 056
山西	0. 066	0. 069	0. 082	0. 112	0. 117	0. 131	0. 096	0. 027
内蒙古	0. 061	0. 080	0. 087	0. 099	0. 094	0. 109	0. 088	0. 017
辽宁	0. 146	0. 181	0. 166	0. 171	0. 099	0. 161	0. 154	0. 029
吉林	0. 112	0. 139	0. 181	0. 203	0. 149	0. 183	0. 161	0. 033
黑龙江	0. 101	0. 156	0. 155	0. 165	0. 138	0. 185	0. 150	0. 028
上海	0. 240	0. 437	0. 355	0. 418	0. 276	0. 409	0. 356	0. 081

续表

地区及各区域均值	2014 年	2015 年	2016 年	2017 年	2018 年	2019 年	均值	标准差
江苏	0. 737	0. 784	0. 795	0. 846	0. 597	0. 968	0. 788	0. 123
浙江	0. 210	0. 279	0. 372	0. 509	0. 378	0. 627	0. 396	0. 152
安徽	0. 146	0. 179	0. 192	0. 234	0. 164	0. 249	0. 194	0. 040
福建	0. 146	0. 201	0. 198	0. 198	0. 159	0. 219	0. 187	0. 028
江西	0. 068	0. 104	0. 127	0. 192	0. 130	0. 205	0. 138	0. 052
山东	0. 329	0. 368	0. 401	0. 488	0. 393	0. 558	0. 423	0. 085
河南	0. 208	0. 242	0. 288	0. 335	0. 207	0. 334	0. 269	0. 059
湖北	0. 160	0. 171	0. 198	0. 342	0. 251	0. 343	0. 244	0. 083
湖南	0. 104	0. 123	0. 182	0. 221	0. 149	0. 234	0. 169	0. 053
广东	0. 394	0. 520	0. 724	0. 805	0. 616	0. 899	0. 660	0. 187
广西	0. 063	0. 079	0. 086	0. 117	0. 094	0. 146	0. 097	0. 030
海南	0. 006	0. 024	0. 028	0. 047	0. 021	0. 040	0. 028	0. 014
重庆	0. 095	0. 091	0. 149	0. 134	0. 092	0. 132	0. 115	0. 026
四川	0. 182	0. 219	0. 245	0. 283	0. 196	0. 348	0. 246	0. 062
贵州	0. 072	0. 086	0. 106	0. 117	0. 093	0. 112	0. 098	0. 017
云南	0. 060	0. 066	0. 067	0. 090	0. 059	0. 089	0. 072	0. 014
西藏	0. 006	0. 005	0. 003	0. 006	0. 002	0. 000	0. 004	0. 002
陕西	0. 139	0. 174	0. 226	0. 249	0. 220	0. 335	0. 224	0. 067
甘肃	0. 040	0. 081	0. 134	0. 152	0. 115	0. 143	0. 111	0. 043
青海	0. 024	0. 030	0. 038	0. 057	0. 051	0. 055	0. 042	0. 014
宁夏	0. 016	0. 030	0. 037	0. 043	0. 032	0. 031	0. 031	0. 009
新疆	0. 037	0. 062	0. 100	0. 095	0. 067	0. 099	0. 077	0. 026
华北均值	0. 152	0. 167	0. 200	0. 209	0. 197	0. 250	0. 196	0. 034
东北均值	0. 120	0. 159	0. 167	0. 179	0. 129	0. 176	0. 155	0. 025
华东均值	0. 268	0. 336	0. 349	0. 412	0. 300	0. 462	0. 354	0. 072
中南均值	0. 156	0. 193	0. 251	0. 311	0. 223	0. 333	0. 244	0. 068
西南均值	0. 083	0. 094	0. 114	0. 126	0. 089	0. 136	0. 107	0. 022
西北均值	0. 051	0. 075	0. 107	0. 119	0. 097	0. 133	0. 097	0. 030
全国均值	0. 148	0. 183	0. 211	0. 244	0. 185	0. 269	0. 207	0. 044

通过计算结果对企业孵化器与在孵企业耦合协调度的时序特征进行分析，如图6-4所示。

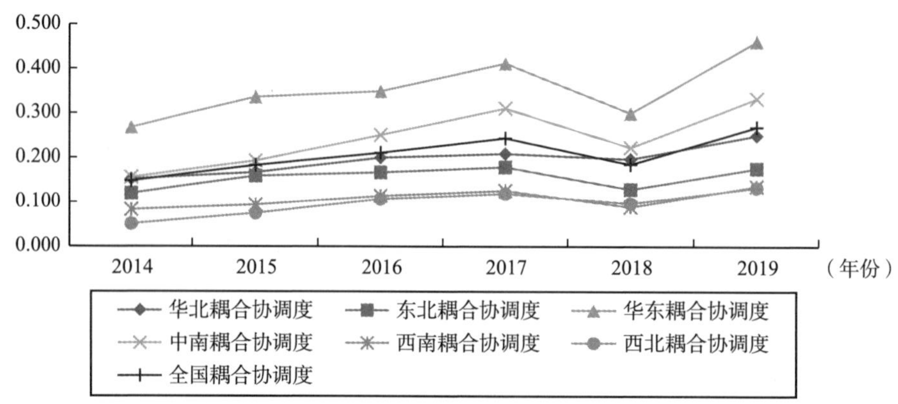

图6-4　2014~2019年中国企业孵化器与在孵企业耦合协调度均值

从图6-4可以看出，2014~2019年我国企业孵化器与在孵企业的耦合协调度处于较低水平。就全国而言，2014~2019年两者之间的耦合协调度平均水平为0.207，2014~2017年，两者的耦合协调度呈现上涨趋势。2018年又有小幅下降趋势，2019年略微有所上升，但仍处于较低水平。全国六大区域也在这个时间区间中呈现出同样的先上升后下降再上升趋势，其中华东地区的耦合协调度在这个时间区间内明显高于其他地区。企业孵化器在国家政策的推进和我国创新创业发展的推动下，在数量和建设规模上都实现了全面的突破，但在发展中还存在设施闲置、软件水平跟不上等问题。软件服务水平并未随着规模的增长实现同步的提高，在孵企业没有明显得到更好的孵化支持，并出现失调状态。

为探讨企业孵化器与在孵企业耦合协调度发展的空间格局及演化，根据计算结果得到表6-4、表6-5的数据，运用相关软件绘制各城市耦合协调发展态势，如图6-5所示。

对不同地区企业孵化器与在孵企业的耦合度与耦合协调度进行分析发现，2014~2019年不同省份之间呈现出相同的变动趋势（见图6-5）。对不同区域企业孵化器与在孵企业的耦合度进行分析发现，华东地区耦合度较高，均值达到了0.614，其后依次是中南地区、华北地区、东北地区，西南地区与西北地区耦合度最低。对不同区域企业孵化器与在孵企业的耦合协调度进行分析发现，其与耦合度的区域分布一致。华东地区耦合协调度最高，达到了 0.354，然后依次是中南地区、华北地区、东北地区、西南地区、西北地区。从全国各省份来看，企业孵化器与在孵企业之间耦合度与耦合协调度排在全国前列的是江苏、广东、北京、山东、浙江、上海，而青海、宁夏、海南、西藏耦合度与耦合协调度较低，排名靠后，企业孵化器与在孵企业的耦合协调发展水平出现了明显的区域不均衡状态。江苏在我国创新试点城市的建设中成绩斐然，这与当地政府重点扶持新创科技型中小企业发展的政策分不开，为企业孵化器与在孵企业的耦合协调发展奠定了良好的政策基础。广东位于我国经济发达的沿海地区，无论是信息的通达性还是创新资源的丰富性都为企业孵化器和在孵企业之间的耦合协调发展带来了良好的契机。北京、浙江、上海除了受当地经济与政策的影响外，坐落在这几个地区的国内顶尖高校也为推动企业孵化器与在孵企业的耦合协调发展提供了充足的智力资本保障。由此可见，不同区域企业孵化器与在孵企业之间的耦合协调发展的状况，受到当地的政策扶持、经济发展、资源获取等因素的影响。

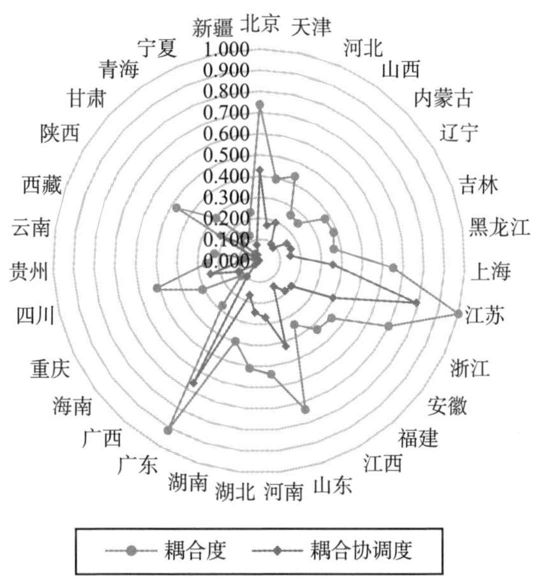

图 6－5　2014～2019 年中国企业孵化器与在孵企业耦合度与耦合协调度均值

根据耦合协调度的划分标准，进一步分析 2014～2019 年企业孵化器与在孵企业耦合协调度的空间差异演化特征。2014 年，极度失调地区有山西、内蒙古、江西、广西、海南、重庆、贵州、云南、西藏、甘肃、青海、宁夏、新疆；严重失调地区有天津、河北、辽宁、吉林、黑龙江、安徽、福建、湖北、湖南、四川、陕西；中度失调地区有上海、浙江、河南；轻度失调地区有北京、山东、广东；中级协调地区有江苏。2019 年，山西、内蒙古、广西、甘肃、重庆、贵州等地由极度失调地区演变为严重失调地区；北京从轻度失调地区演变成勉强协调地区；河北、安徽、福建、湖南等地从严重失调地区演变为中度失调地区；河南从中度失调地区演变为轻度失调地区；上海从中度失调地区演变为濒临失调地区；浙江从中度失调地区演变为勉强协调地区；江苏由中级协调地区发展成为一个优质协调地区。研究期间，总体上我国大部分地区都是向更好的耦合协调水平发展。

2. 孵化器与在孵企业协同度分析

利用协同度模型计算公式，对 2015 ~2019 年我国 31 个省区市（不含港澳台地区）企业孵化器与在孵企业的协同度进行计算，同时根据我国六大行政区的划分，进而得到不同区域企业孵化器与在孵企业协同度，结果如表 6 -6 所示。

表 6 -6　　2015 ~2019 年中国企业孵化器与在孵企业协同度

地区及各区域均值	2015 年	2016 年	2017 年	2018 年	2019 年	均值	标准差
北京	0.024	0.052	-0.055	0.144	-0.021	0.029	0.082
天津	0.010	-0.014	-0.031	-0.001	-0.006	-0.008	0.018
河北	-0.009	0.031	0.025	0.035	-0.009	0.015	0.020
山西	0.001	0.005	0.014	0.009	-0.007	0.005	0.005
内蒙古	0.008	0.003	0.004	0.008	-0.006	0.004	0.003
辽宁	0.020	-0.004	-0.003	-0.008	0.002	0.002	0.013
吉林	0.013	0.023	-0.012	-0.005	-0.013	0.001	0.016
黑龙江	0.029	-0.004	-0.002	0.010	-0.002	0.006	0.015
上海	0.130	-0.078	0.032	0.009	-0.029	0.013	0.086
江苏	0.064	-0.029	0.083	0.080	0.119	0.063	0.053
浙江	0.038	0.068	0.109	0.051	0.037	0.061	0.031
安徽	0.019	-0.006	0.025	-0.004	-0.019	0.003	0.016
福建	0.032	-0.009	-0.001	0.017	-0.013	0.005	0.018

续表

地区及各区域均值	2015年	2016年	2017年	2018年	2019年	均值	标准差
江西	0.015	0.012	0.037	-0.006	0.007	0.013	0.018
山东	0.026	0.025	0.070	0.060	-0.050	0.026	0.023
河南	0.020	0.031	0.033	0.028	-0.011	0.020	0.005
湖北	0.007	0.005	0.098	0.021	-0.019	0.023	0.044
湖南	0.004	0.029	0.024	0.012	-0.004	0.013	0.011
广东	0.099	0.192	0.122	0.171	-0.045	0.108	0.043
广西	0.007	0.003	0.015	0.009	0.004	0.008	0.005
海南	0.005	0.001	0.005	-0.003	-0.002	0.001	0.004
重庆	-0.010	0.027	-0.006	-0.007	-0.003	0.000	0.017
四川	0.014	0.016	0.024	0.018	-0.009	0.013	0.004
贵州	0.006	0.009	0.004	-0.003	0.000	0.003	0.005
云南	0.003	-0.001	0.010	-0.003	0.000	0.002	0.006
西藏	-0.001	0.000	0.000	0.000	-0.001	0.000	0.000
陕西	0.013	0.031	-0.025	-0.042	0.029	0.001	0.034
甘肃	0.016	0.025	0.010	0.001	-0.003	0.010	0.010
青海	-0.004	0.003	0.005	-0.004	-0.001	0.000	0.004
宁夏	0.004	0.003	0.002	0.000	-0.004	0.001	0.002
新疆	0.007	0.014	-0.009	0.002	-0.003	0.003	0.009
华北地区	0.021	0.005	-0.006	-0.001	-0.004	0.003	0.011
东北地区	0.046	-0.003	0.051	0.030	0.008	0.026	0.023
华东地区	0.024	0.043	0.050	0.040	-0.013	0.029	0.025
中南地区	0.002	0.010	0.007	0.001	-0.002	0.004	0.005
西南地区	0.007	0.015	-0.003	-0.009	0.004	0.003	0.009
西北地区	0.020	0.015	0.020	0.019	-0.003	0.014	0.010
全国均值	0.007	0.016	-0.009	0.039	-0.010	0.009	0.020

通过计算结果对企业孵化器与在孵企业协同度的时序特征进行分析，如图6－6所示。

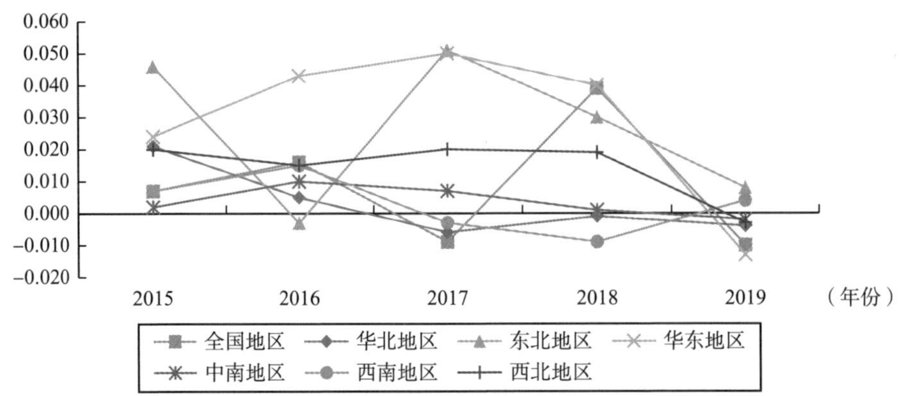

图6－6　2015～2019年中国企业孵化器与在孵企业协同度均值

从图6－6可以看出，2015～2019年，我国大部分地区企业孵化器与在孵企业处于协同状态，但协同度处于极低水平，并呈现一定的波动性。进一步比较2015～2019年，我国不同区域两者之间的协同度，其中华东、东北地区协同度出现较大的波动，其他四个区域的协同发展水平较为平稳。

在企业孵化器数量和规模不断扩大的同时，也有很大一部分企业孵化器仅仅依靠收取物业费和出租廉价的办公场所服务于在服企业，缺少必要的管理咨询、法律税务培训等软资源服务方面的支持（梁云志和司春林，2010）。有些企业孵化器缺乏创业导师团队，未能对在孵企业进行有效的创业辅导，还有一些企业孵化器创业导师形同虚设，导致在孵企业不能够很好地适应创新环境和有效利用在孵企业提供的创业支持，使得我国企业孵化器在资源整合和利用效率方面有待进一步提高。

尝试使用耦合协调度与协同度模型对我国企业孵化器与在孵企业的协同水平分别从系统整体视角和子系统视角进行测度。测度结果显示，目前我国二元主体协同水平较低，有待进一步提升。

通过扎根理论编码分析、理论饱和度检验与实证检验所得研究结论以及二元主体对孵化能力影响机制分析，二元主体协同对孵化能力具有正向影响。二元主体协同由共同目标、协作意愿和资源整合因子构成。为了提升企业孵化器孵化能力，本书分别从加强目标协同、提高协作意愿与有效整合资源3个方面提出针对性建议。

6.3　加强目标协同

目标可以给人带来期望。人的行动是为了达到某种目标以满足某种需要。目标作为一种诱因，具有引发、导向和激励的作用。通过目标的确定，形成心理压力，诱发人的动机，调动员工的积极性。通过合理设置目标，可以使人的需要动机和行为意愿跟组织目标联系起来，引导人的行为方向。共同目标是二元主体产生协作意愿的前提，通过塑造二元主体共识、采取多级协商机制，加强二元主体目标协同。

6.3.1　塑造二元主体共识

形成正确的认识是孵化器与在孵企业目标协同的基础条件和前置环节。若二元主体认识出现偏差，则影响目标协同。在目标制定之前，无论是孵化器还是在孵企业，均需要对双方的利益关系、孵化流程以及限制条件有清晰一致的认识，目标制定的主体进而形成正确的制定态度。对在孵企业来说，要认识到孵化器的使命是帮助它促进科技成果转化、创造利润，实现独立生存和发展。对于孵化器来说，要认识到在孵企业的良好发展可以为它带来声誉和收益。

为了实现二元主体目标协同，各主体在目标制定上应该根据各自组织本身目标出发，并尽可能地使目标更加清晰明确，对于协同过程要完成的各阶段任务以及要达成的预期结果要有准确的定义，使得双方不会因为背景不同产生认知偏差，并避免机会主义行为。同时各主体的目标与共同目标之间必须能够兼容，如果目标对各主体都有利，那将十分有助于目标的实现和各方互惠互利；如果目标对一方有利而对另一方无害，协同也能够维持下去，但是激励不足的一方难以有热情投入更多精力和资源；如果目标与其中一方自身目标存在潜在冲突，那必然导致协同的失败。如果在制定目标时，缺乏深度的沟通协调，或者隐藏了某些真实动机，在协同过程中，必然会导致因目标不兼容而失败。因此，二元主体在目标协同认识上达成了共识后，还应多协商，从而加强目标协同。

6.3.2 采取多级协商机制

要使二元主体目标得以最大程度的协同，除了达成目标协同认识上的共识外，还需要实现不同层级各部门目标之间协调一致。因此，采取多级协商机制，即纵向协商与横向协商，综合统筹考虑不同层级各部门的意见和建议，加强目标协同。

纵向协商是指组织内部从下级向上级，逐级收集意见，并向上一级汇报。即孵化器、在孵企业每一层级部门将达成一致的目标，报请上级部门。未达成一致的目标，也由更高一级别部门结合各部门意见进行综合判断，最后由综合协调部门报请最高级别部门，并作出最终决策。采用这种协商方式，有利于二元主体不同层级各部门平等地参与目标的决策，容易达成接受度较高的协同目标。横向协商与纵向协商是相辅相成的，是指同一级别的部门之间进行协商，即孵化器及在孵企业同一级别各部门，就目标制定进行探讨和协商。若目标未能统一，由上级别部门干预协商。实践中，为加强二元主体目标协同，将目标融入孵化器与在孵企业的协同，由各职能部门，比如信息部、外联部、法务部等共同参与目标的制定及任务分配，参与目标制定的职能部门数量越多，部门间相关责任越明确，越有利于目标协同，使员工产生协作意愿。

从纵向科层型协商、横向部门之间协商，构建孵化器与在孵企业的多级协商机制，由二元主体的各级部门通过协商，达成共识目标，从而加强二元主体目标协同。

6.4 提高协作意愿

协作意愿是二元主体为实现共同目标而贡献力量的意愿。协作意愿形成了维护协同的自觉性和积极性，使协同关系的保持成为可能。通过建立协同奖惩机制、规范知识产权利益分配、建设协同组织文化来提高二元主体协作意愿。

6.4.1 建立协同激励机制

激励机制可以被人为是企业为实现激励员工的目的而制定的一系列政策、

制度、文化理念以及措施的总称。在了解员工需求的基础上，通过不断满足员工需求落实管理中的激励机制，使员工产生内在动力，实现组织目标，并通过不断激励，强化协同的理念，为二元主体协同打下坚实的基础。根据马斯洛需求层次理论，人的需求分为生理需求、安全需求、爱和归属感、尊重以及自我实现的需求。需求层次理论有两个基本出发点，一是需要普遍存在，当低一层次的需要获得满足后，高一层次需要才出现；二是人在面临没有获得满足的需求时，首先满足迫切需要，该需要满足后，更高层次的需要才显示出迫切性。科学完善的绩效考核和薪酬激励机制能够提高员工的安全感和归属感，实现企业以人为本的管理理念。

建立二元主体协同激励机制，是提高二元主体协作意愿的有效方式。协同的主体是企业，企业的主体是人。离开了员工的协作意愿，就不可能实现二元主体之间的协同。因此，要在孵化器内部和在孵企业内部形成协同激励机制。明确不同主体在协同中的权利、义务与责任，构建从货币价值、表彰价值、激励价值全方位的激励作用，这对于建立二元主体协同的主观能动性，减少一方主体的自利性，提高二元主体协同发展具有重要意义。然而在针对企业孵化器和在孵企业采取激励措施时，需要动态考察二元主体的发展态势，使得激励措施能够真正发挥其作用，避免举措的无效性。包括：在薪酬管理机制中，纳入协同行为的薪酬评定，实现对协同行为在货币方面的激励，鼓励协同要素参与收入分配，形成良好的鼓励协同的薪酬管理制度，实现货币价值。在精神激励方面，要及时表彰有效协作的行为主体，设立协同专门荣誉等激励措施，起到示范带头的作用，引导更多成员参与到协同活动中来，实现表彰价值。在绩效考评机制中，对于积极参与二元主体协同工作的组织成员和团队，设立专项奖金鼓励，并将协同成果纳入绩效考核指标中，与加薪、晋升等激励手段相结合，实现激励价值。实现企业孵化器与在孵企业在协同发展中投入的复杂劳动与商业化后取得的经济效益挂钩。以最大限度激发孵化器与在孵企业人员自觉协同的积极性，激发工作人员的协同工作热情，提高二元主体协作意愿。

6.4.2　规范知识产权利益分配

知识产权对在孵企业的重要性不言而喻，它不仅会影响剩余索取权的归属，而且关乎在孵企业未来的发展和核心竞争力。2007年《科学技术进步法》明确知识产权利益分配，从而促使符合知识产权体系要求的科技成果实现由非市场机制的科技奖励制度到知识产权制度的演化。由管制到自治的演变逻辑充分激发了项目完成人员的积极性。我国总体上经历了由科技成果权到知识产权的发展过程。科技成果权只具有人身权属性，而知识产权则具备完整的权能，权利人可以通过转让、许可、作价投资等方式获得相应的经济效益。涉及科研成果的专门性法律法规并未针对科研成果知识产权利益分配提出新的处置路径，仍遵循传统知识产权利益分配的基本原则，即采用事先约定的自治模式。《科学技术进步法》并未明确知识产权利益分配，提出“依照有关法律法规规定执行，法律法规没有规定的，按照约定执行”。关系型契约深受时间跨度的影响，往往很难用“合意”予以整体性描述。科技研发不但需要耗费高昂的时间成本，而且其结果可能是不可预估的。大部分在孵企业发展初期仅有很少的自有资金甚至没有。因此，需要借助孵化器资金或孵化器引进的资金来推动发展。在我国，很大部分资金是政府、学校、校办企业融通资金，随着小企业的壮大，蒸蒸日上，蛋糕做大之后，在创业人员、管理人员和初期注资者之间就存在利益分配问题，如果产权关系不明晰，分配收益不合理，就会阻碍企业的发展，也会打击创业人员的积极性。由于利益的交错性、或多或少的冲突性，并非所有的利益都能得到保护，这就要求对于不同利益进行价值评判，规范知识产权利益分配。要充分保证能够最大程度地增进社会利益。遵循投入、风险和收益一致的要求，作为平等主体之间的利益平衡，更多的是考虑资金、技术和知识的投入以及承担的风险的大小，保证在孵企业发明者个人能够充分分享知识产权成果。随着在孵企业的成长和壮大，在孵企业和前期投资者之间存在利益分配问题，如果产权归属模糊不清，利益分配产生分歧，就会形成在孵企业发展的障碍，打击在孵企业人员协作的积极性和维护协作的自觉性。有效的知识产权利益分配，既是协作的动力，也是提高协作意愿的重要保障。在孵企业与不同主体合作需要构建产权明晰的长期利益共同体，实现深度“捆绑”。有关利益分配，应该遵循公平、公正、公开的原则，辨识出各方的利益关注点，并达成一致的利益分配规则，规范协同主体产权利益分配模式。在协作的主体之间，分清知识产权的归属和定价，实行商业化的运营合作模式，协商好产权收益的分享细则，对于知识产权的相关利益承诺，应当落到实处。在科技成果产业化之前，积极引导和鼓励创新者及时申请专利，保护自己的知识产权，在协作的过程中消除潜在的隐患，激发创新主体协作的积极性和创造性。尊重知识产权带来的权益，承认和实现知识这一重要的生产要素的价值，鼓励技术入股、知识入股，同时做好技术入股、知识入股的评估体系，做到公平受

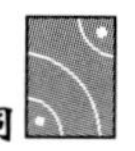

益，提高创新人员创造的积极性和协作的意愿。日益频繁的产权纠纷和日渐急迫建立合作需求的双重压力下，相关主体必须建立产权清晰、权责明确，合理的产权利益分配制度，这是提高协作意愿的重要保障。

6.4.3 建设协同组织文化

组织文化是被组织成员广泛接受和认可的一种集体意识。组织文化建设是其作为组织成长的重要内容和维度。协同组织文化是一个有利于协同活动的价值观念、行为准则。良好的协同组织文化能够激发孵化器与在孵企业的协作意愿。协作主体成员之间相互认可、相互信任，每个成员在得到他人认同的同时，又能积极贡献自己的力量。通过建立协同组织文化，二元主体把新理念、新价值观，经由制度化建设转变为全员的价值观或理念。要鼓励不同协同主体之间相互信任、相互帮助和相互尊重，营造出信任、真诚、主动的沟通氛围，实现协同的每个主体都能够充分表达自己的意见和建议。协同组织文化是激发协同活动的精神家园。建设协同组织文化，是二元主体打破惯例产生协同的重要手段，在组织成员当中形成协同工作的意识，提高成员协同工作的激情，进而齐心协力，努力实现共同目标。

构建协同组织文化需要从精神文化和制度文化两个方面入手。首先，塑造协同的精神文化，建立协同价值观。价值观是观念文化的内核，是组织宗旨的依据和出发点，也决定着组织伦理道德的产生及其基本倾向。鼓励不同组织成员的彼此文化交流。借助各种高效、深入的交流活动，促使不同成员认识彼此工作的思路和习惯。彼此的熟悉和了解，既是实现不同组织成员之间有机协调、密切配合的前提条件，又有助于在不同话语系统所引发的思想和观点的碰撞中产生创新的火花。在组织之间、成员之间形成协同的思想意识和对协同的认知，从而有效减少成员之间潜在的冲突，这需要孵化器与在孵企业根据协同目标的客观要求，结合各自组织文化特征，正视差异，吸收各自组织积极的协作价值观，摒弃不符合协同的文化要素，通过组织文化的协调，逐步建立起融合各自文化的协同价值观，建立良好的协同文化氛围。其次，强调协同的制度文化，体制机制改革是实现协同的重点环节。重视培养为他人负责的责任意识。组织的责任就是个人对自己以及对别人所作的真诚的保证，这种保证奠定了一个组织承诺和信任两个方面的基础。组织领导应想方设法、促使组织成员珍惜共有的责任，鼓励相互负责。孵化器和在孵企业都应从人才、研发、资金

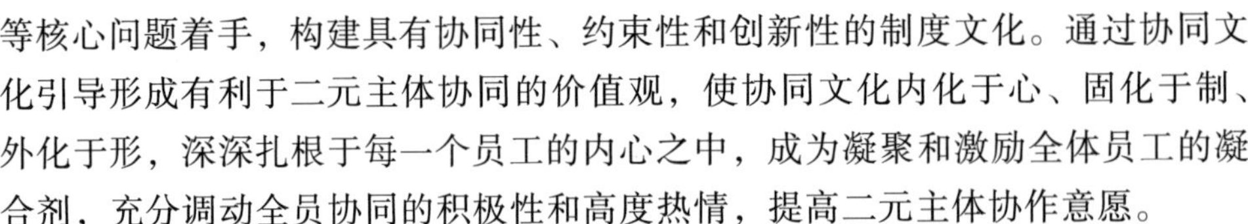

等核心问题着手，构建具有协同性、约束性和创新性的制度文化。通过协同文化引导形成有利于二元主体协同的价值观，使协同文化内化于心、固化于制、外化于形，深深扎根于每一个员工的内心之中，成为凝聚和激励全体员工的凝合剂，充分调动全员协同的积极性和高度热情，提高二元主体协作意愿。

6.5 有效整合资源

协同本质上是通过子系统（要素）的相互作用，实现复合系统资源的归集和整合，反映了系统主体为了实现共同目标，在运作过程中通过相互协作、相互支持而形成的一种良性循环。二元主体协同涉及项目众多，问题复杂，加强二元主体协同必须建立在科学有效整合资源的基础上。通过完善信息公开机制、完善创业导师机制、提高孵化服务水平、加强人才队伍建设的途径，有效整合资源。

6.5.1 完善信息公开机制

孵化器孵育在孵企业时间跨度长、问题复杂，有效整合资源必须建立在科学认识的基础上。围绕协同的信息公开是孵化器与在孵企业有效整合资源的有力支撑。只有充分的信息公开，解决信息不对称，才能为有效整合资源提供可靠的信息支持，从而避免资源重复投入，造成浪费。因此，要完善信息公开机制，打破各个主体掌握信息资源的孤岛状态，为实现资源的有效整合和科学调度创造条件，确保资源整合的有效性。建立完善的信息公开机制和政策，推动协同参与方信任的增长。建立信息公开平台，使得信息发布透明化制度化，推动企业孵化器与在孵企业协同向长期、深度发展，使得协同主体能够互相承担风险，共同发展，实现创新目标，能够以更开放的态度投入自身的资源，参与协作。要建立更广泛、真实、及时、方便可查的在孵企业信息公开制度，企业孵化器信息公开制度，方便协同双方的信息高效流动，促进资源的有效整合。

6.5.1.1 完善信息共享

近几年，随着大数据的快速发展，无论是国内还是国外，都在积极探索企业数字化建设中的信息共享实践。完善信息共享，要注重提升在孵企业和企业孵化器的办事体验。要注重以人为本，顺应数字化发展趋势，打造智慧便捷、公平普惠的信息共享体系，拓宽全天候、跨地域运作的二元主体参与渠道。企业孵化成功是孵化系统内任何一方都无法单独完成的使命，需要联合行动。而寻求资源互补是组织间合作的关键动力。企业孵化器与在孵企业之间，在孵企业相互之间整合有形与无形资源，可以提高解决问题的效率和创新性。这些资源一部分是企业孵化器直接提供的，有些是在孵企业之间互动或者互助实现的，而大部分是借助企业孵化器的服务从外部获得的。这些资源包括创新创业资金、科技共享、产权交易、管理咨询、中介服务、市场营销、财税服务、原材料供应等。其次要保证资源有质、有量、有互补等。为了更好地整合资源，就要完善信息共享，寻找和整合对企业发展至关重要的各类要素。

在孵化系统中，孵化器与在孵企业存在着明确的创新职能分工，也面临着各自的需求。在孵企业对创新创业资源的需求与孵化器对创新创业资源的供给，形成了协同的资源供需。建设孵化器与在孵企业的信息共享平台，降低信息传播的成本，促进信息流转。进一步完善孵化器支持信息库、在孵企业需求信息库，重点解决孵化器与在孵企业的事前信息需求问题。企业孵化器信息库中整合可用资金、风险投资、中国科技部、财政部等相关部门的各类项目与基金信息，汇总相关税收优惠政策等信息，便于企业孵化器内在孵企业进行查询。在孵企业需求信息库应涵盖科技成果转化项目，包括项目技术先进性与应用性等信息、项目的盈利前景、项目进展情况、现存在的孵化需求，便于孵化器查询，全方位了解在孵企业不同发展阶段的服务需求，解决不同发展阶段的核心问题，分别针对不同成长阶段的企业提供差异化的服务，并将信息共享贯穿在孵企业整个孵化周期链。引导二元主体将自身拥有的资源进行定期公开发布，这样的资源共享平台不仅可以实现对现有资源的对接，还是一个协同合作的信息发布平台，可以大幅度降低潜在合作组织搜寻、识别合作伙伴的成本。打破信息不对称，使信息传递更为通畅，信息共享更为便利，实现创新创业资源在项目或在孵企业上的供需契合，提高资源的利用效率，从而实现资源的有效整合。

通过信息共享，二元主体可以获取彼此的供需信息，从而有效解决信息不对称问题和克服数据资源割据态势，消除各主体之间的隔阂，增加彼此信任，降低资源整合成本，提高资源整合的有效性，实现创新创业资源在孵化项目或孵化企业上的供需契合，提高资源的利用效率。

6.5.1.2 加强创新信息获取

信息获取是指相关主体进行信息查询的行为或过程，从而满足其相关需求。信息获取的最终目的有两个，一是建立新的认知结构，二是减小个体主观认识与事物客观状态的差距。在网络发达的21世纪，能够有效利用网络数字信息资源，掌握创新创业领域最新动向，更是决定了创新创业起点的高低和进程，进而对推动二元主体协同起到非常关键的作用。在孵企业要走出困境和获得发展，有效的途径之一就是加大研发投入力度，开发出有市场前景和适销对路的新产品。这需要对先进技术进行追踪，获取行业发展的前沿信息，保障研究人员能及时、准确地掌握创新方向。孵化器应具备整体观念，在积极促进在孵企业创新信息交流的过程中扮演重要角色。因此，孵化器不仅应当提供充实的创新信息，还应帮助在孵企业建立创新信息交流和获取的渠道。首先，充分利用现代化通信技术和拥有的信息集成网络，建立一个面向在孵企业的创新信息服务平台，及时发布国内外前沿技术、发明专利、不同行业发展动态信息等。其次，可以在孵化器内部成立技术协会，以创新主体之间的互动加快创新信息的获取，促进创新信息的交流。通过以上方式，孵化器可以更有效地整合创新创业资源，在孵企业可以提高创新效率。把加强创新信息获取作为有效整合资源的重要基础条件。

6.5.1.3 提高信息利用率

在信息社会，信息的影响已经广泛渗透到人类社会活动的各个领域，查找和利用信息成为人们开展各种社会活动的基础。21世纪是大数据、人工智能等飞速发展的时代，创新创业所依赖的环境发生了很大的改变，新兴的数字信息在给人们带来便利的同时，又向人们提出了挑战，面对海量般的信息，如何提高信息利用率成为摆在人们面前的重要任务。

孵化器将专业服务机构信息登记于信息库中，并进行分类。按照各个专业服务机构的经营范围将其分为A、B两种等级，A级是专业性强、资源针对性强的专业服务机构；B级是提供多元化业务服务、具有较丰富资源的综合性服务机构。在孵企业在进行创新活动时可以根据自己的资源需求类型，通过孵化器寻找适合的合作者来获取资源。因此，各类机构的专业性分工越详细，专业性资源的质量越高，则信息利用的有效性越明显，在孵企业可以更加快速、有效地获取所需资源，节省了时间的同时也降低了成本，提高了信息利用率，有

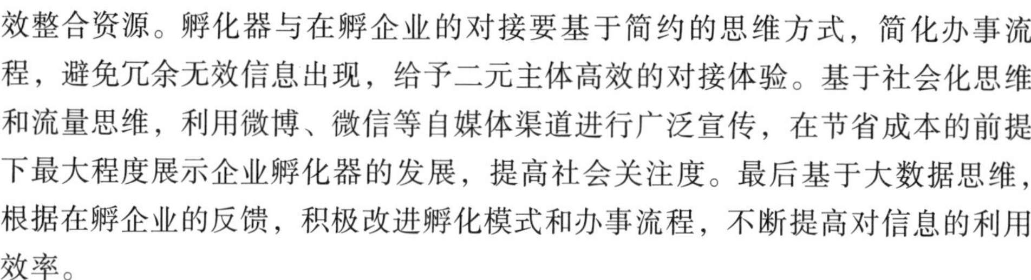

效整合资源。孵化器与在孵企业的对接要基于简约的思维方式，简化办事流程，避免冗余无效信息出现，给予二元主体高效的对接体验。基于社会化思维和流量思维，利用微博、微信等自媒体渠道进行广泛宣传，在节省成本的前提下最大程度展示企业孵化器的发展，提高社会关注度。最后基于大数据思维，根据在孵企业的反馈，积极改进孵化模式和办事流程，不断提高对信息的利用效率。

6.5.1.4　加强信息互动

高效地整合资源，离不开各主体之间有效的信息互动，信息互动渗透于整个协同行为之中，通过信息互动把各项活动连接在一起。在本书的研究框架下，信息互动主要指企业孵化器与在孵企业在服务传递过程中信息的相互输送。企业孵化器的服务目标、服务内容、服务流程要多途径、多层次、多频次传递给在孵企业；在孵企业的服务需求、建议意见也需要有稳定的渠道反馈至企业孵化器。信息互动加深了参与各方相互的了解与信任，为实现整体协同打下良好的基础。良好的信息互动对有效整合资源和达成利益趋同方面具有重要的作用。

通过完善的信息公开机制，将信息发布透明化、制度化，使公开的信息更有效、真实、及时，实现孵化器与在孵企业在资源、要素和服务等方面需求与供给的均衡，促进资源的有效整合，从而为完成协同目标提供保障，推动二元主体协同向长期、纵深发展，并且能够以更开放的态度投入自身的资源，参与协同。

6.5.2　完善创业导师机制

创业导师更是我国“双创”战略实施的关键人才资源，创业导师队伍建设也是当前我国“双创”战略实施的重要工作。创业指导是一种干预措施，通常旨在增加初创企业和新生企业家的成长。创业导师对创业者的指导是提升创业技能的有效途径之一，2015年至今，国务院、工信部、科技部、教育部出台的政策中都对创业导师有所涉及，毫无疑问，创业导师机制建设对企业孵化器与在孵企业具有重要的现实意义。

虽然在孵企业中的创业者大多具有较好的创意和较强的创业行动力，但往往缺乏运营经验与将产品和服务成功推向市场并形成市场占有率的营销能力，以及处理日常经营问题的管理能力，这成为企业寻求发展道路上客观存在的障碍。在整个创业过程中，在孵企业不可避免地会遇到很多问题。因此，需要完善创业导师机制。具有创业经验的创业导师，可以帮助分析和解决创业中遇到的难题，给予适合企业发展路径的指导，帮助清除或者减少这些障碍的阻力，提高在孵企业的运行效率，以及孵化器的孵化成功率。孵化器应构建一个具有战略制定、商业策划、投融资咨询等专业背景和经验的创业导师团队。团队中的创业导师应涵盖不同领域的佼佼者。优先考虑创新创业教育教学能力强的高校教师、知名专家学者、政府官员、行业带头人、协会负责人、风险投资人、天使投资人等各行各业优秀人才担任创业导师或组成辅导团队。创业导师在给予创业者职业支持（包括资源、知识技能）的同时，重视创业者面对的心理压力，充分发挥创业导师的心理支持和角色榜样作用，引导创业者形成积极的创业心态。创业导师深度参与在孵企业的经营辅导，为其提供发展战略制定、专业知识咨询等多方面的支持与帮助。在孵企业通过与创业导师的互动，可以有效获得创新创业发展的相关孵化资源和服务，帮助自身实现成长，提高运行效率，优化资源的配置。创业导师对在孵企业的辅导服务应具有持续性，除了引导它们利用学到的创新知识解决实际问题，还需要帮助它们解决在孵化过程中出现的新问题，从而提高在孵企业利用孵化器解决实际问题的能力。根据2018年科技部出台的《科技企业孵化器管理办法》有关申请国家级孵化器应具备的条件中提到每10家在孵企业至少配备1名创业导师。然而，实践中由于在孵企业类型的多样化，所涉及创新项目的先进性，对于创业导师的需求较大。所以，应根据孵化器内在孵企业的多样性、孵化项目的进展阶段等，不断提高创业导师配备数量，从而更有效地整合创新创业资源。

6.5.3 提高孵化服务水平

孵化服务是由孵化器提供的帮助初创企业跨越“死亡陷阱”、促进新创企业成长的一系列服务的总和。为深化孵化器与在孵企业的合作，孵化器应提供个性化的孵化服务。不仅为在孵企业提供硬件支持，还应提供指导其制定企业战略、商业策划、市场开发、知识产权保护等专业化服务，更应注重针对不同在孵企业提供全过程的跟踪式服务。企业孵化器为创业初期的在孵企业提供场地、设备、管理咨询等服务，是在孵企业进行创新活动的第一推动力。随着创业活动的推进，在孵企业则更需要科技研发、客户拓展等方面的支持，以不断

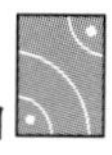

提升自身的竞争力。因此，孵化器必须提供更有针对性的服务，不定期邀请技术、营销、金融专家到孵化器内对在孵企业进行一对一指导，现场解决问题。孵化器可以建立起不同的调研追踪小组，不同的小组负责某一类在孵企业的项目，从在孵企业的入孵到毕业，调研小组必须全程跟踪，结合在孵企业的发展和孵化器的具体情况，对在孵企业不同阶段的成长进行记录，进行创新创业项目的评估、可行性分析，以便分别针对不同成长阶段的在孵企业提供全方位差异化的服务，解决不同发展阶段的核心问题，实现创新创业资源与孵化企业或孵化项目的供需契合，提高资源整合效率。

6.5.4　加强人才队伍建设

树立科学人才观，营造人才成长的良好环境。要牢固树立“人才资源是第一资源”的科学理念。切实把重视和加强管理人才队伍建设放在战略高度和突出地位。要积极借鉴发达国家和地区优化管理人才环境建设的成功经验，采取更加有力的措施，切实解决制约企业孵化器管理人才成长和作用发挥的各种瓶颈，不断优化管理人才成长环境。管理者水平的高低直接关系到二元主体协同水平的高低，为了提高孵化器管理者的水平，应做到以下几点：第一，加强企业孵化器管理者的培养。应当在高校开设孵化器管理专业，在社会上实行孵化器注册管理师制度，使孵化器管理队伍向专业化方向发展，从源头上改善孵化器管理人才缺乏，管理水平低的局面。建立“孵化器管理人才培训机构”，有针对性地加强孵化器管理人才的培训。通过引进西方发达国家孵化器的经营理念、积极参与国际创新创业会议、到国内优秀国家级孵化器学习管理经验等方式加强学习，加快吸收借鉴国内外优秀孵化器的运营模式和发展经验。第二，建立严格的孵化器管理者聘用制度。对于孵化器管理者的聘用，要考察应聘者是否具备较强的综合素质。应聘者不仅要具备管理能力，还要熟悉知识产权相关法律，了解投融资业务，具有创新创业实践经验，拥有开拓创新的意识。重点拓宽服务面，挖掘服务深度，建立孵化器经理制，根据在孵企业的技术类别选择不同专业的经理分管和负责。第三，加强企业孵化器管理人员与高校、科研院所等专业人才之间的交流。大力培训现有人员，特别是总经理等中高级管理人员，要舍得花钱进行智力投资。要加强与国外学术界的交流，培养管理人才的国际眼光，可以通过“交换”的形式多选派企业孵化器管理人才到国外的高校进行交流学习。孵化器内在孵企业多为高新技术企业，为了提供专业、及时的孵化服务，管理人员须具备相关专业知识，比如某一专业技术产品的市场发展前景、国内外发展现状、发展前沿等。通过与高校、科研院所等高科技人才的交流，便于管理人员全面客观地掌握相关专业知识，增加知识储备，为在孵企业提供更加有针对性的管理服务做好充足的准备。

6.6 本章小结

本章在前文研究的基础上，提出企业孵化器孵化能力提升对策。探讨加强二元主体协同，包括加强目标协同、提高协作意愿、有效整合资源，从而提升企业孵化器孵化能力。尝试运用耦合协调度模型和协同度模型，基于《中国火炬统计年鉴》相关数据对我国企业孵化器与在孵企业的协同水平进行测度，结果表明，我国二元主体协同水平整体偏低，有待进一步提升。采取的具体措施包括塑造二元主体共识、采取多级协商机制、建立协同激励机制、规范知识产权利益分配、建设协同组织文化、完善信息公开机制、完善创业导师机制、提高孵化服务水平、加强人才队伍建设。

第 7 章

企业孵化器孵化能力提升：健全孵化网络

企业孵化器自身资源有限，不足以满足在孵企业创新发展多样化的需求，需要通过构建孵化网络，连接充足的异质性资源，帮助在孵企业成长。在第 4 章、第 5 章，论证了二元主体协同、孵化网络健全、在孵企业集群管理以及孵化环境对孵化能力的影响作用。通过扎根理论编码分析、理论饱和度检验与实证检验所得研究结论，孵化网络健全对孵化能力具有正向影响。即孵化网络越健全，孵化能力越强，反之，则孵化能力越弱。

因此，为了提升企业孵化器孵化能力，本章对健全孵化网络进行探讨，评价孵化网络状况，基于质性研究与实证检验所得结论及影响机制分析，分别从完善孵化网络结构、加强孵化网络联系、强化孵化网络治理三个方面提出针对性建议（见图 7－1）。

7.1　孵化网络健全对孵化能力的影响机制

7.1.1　孵化网络节点

节点是孵化网络的重要组成部分，也是孵化网络的基本要件。孵化网络的各参与方形成了孵化网络的节点要素，孵化网络中的各个节点在孵化过程中扮演着不同的角色和发挥着不同的作用。在孵化网络中，在孵企业被视为价值创造的载体，拥有创新项目或创意。高校和科研院所拥有较雄厚的智力资本，可以为孵化网络提供智力支持。中介机构是价值增值的服务者。政府部门为孵化

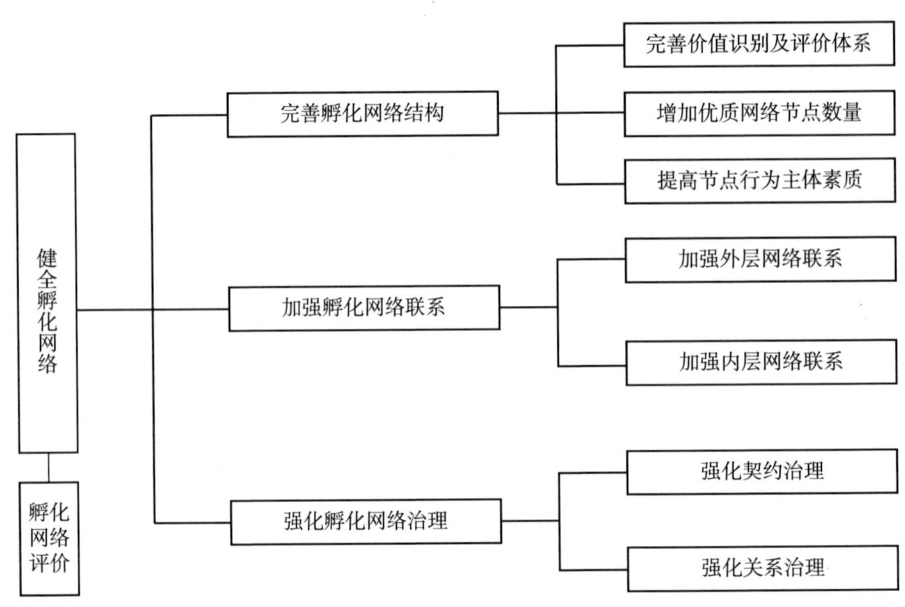

图7-1　健全孵化网络对策框架

网络的健康发展提供政策支持和制度保障。企业孵化器作为核心节点，将不同类型的节点连接在一起。

对节点进行分类，了解节点的性质、角色定位和功能作用，为进一步分析和研究孵化网络的优化和治理等深层次的问题奠定基础。根据已有的研究以及网络中节点承载的资源类型，将孵化网络中节点的类型划分为7类，如表7-1所示。

表7-1　孵化网络节点分类表

节点类别	节点名称	节点作用
支配类	企业孵化器	为在孵企业连接资源
创新类	在孵企业	利用资源并实现价值创造
资金类	创投机构、银行、孵化基金	提供创业发展资金支持
技术类	高校、科研院所	提供先进的技术和研究成果
政策类	政府机构	制定政策和规范行业发展
中介类	会计师事务所、律师事务所等	提供相关中介增值服务
客户类	供应商、客户	帮助拓展上下游企业

7.1.1.1 支配类节点

孵化网络中的各类企业孵化器是支配类节点。它们是孵化网络中的核心主体。企业孵化器在孵化网络的构建中，起着连接内外部资源的核心作用，也是网络的中心和枢纽。不同的节点类型承载着不同的资源和信息，企业孵化器将这些节点间的信息、技术、知识等资源连接汇集在孵化网络内，并通过一定联系和途径给予在孵企业发展支持。企业孵化器根据新创企业成立的时间、产品（或服务）的发展阶段等条件筛选出优质有发展潜力的企业入孵。企业孵化器在将创意、科研成果转化为市场化的商品，产生盈利以及将市场化的商品扩大市场份额等过程中，提供必要的孵化资源和支持。企业孵化器在孵化网络中起到桥接作用，一方面，利用自身的资源，将有发展潜力的中小型新创企业聚集在一起，给予他们发展支持。另一方面，利用自己的声誉和政策性特征，帮助在孵企业获得更多的异质资源、市场机会，帮助在孵企业培养核心竞争力，降低创业初期就夭折的风险。

7.1.1.2 创新类节点

在孵企业是创新类节点。它们是孵化网络内创新行为的提供者，也是关注技术创新和市场盈利的产品生产者。在孵企业携带创新的产品（或服务）和科技创新成果及创意被企业孵化器筛选后入驻。在孵企业与孵化器建立联系，通过孵化器提供的廉价办公场所、生产场地以及提供的增值服务，克服创业前期面临的困难和竞争压力。通过企业孵化器构建的孵化网络，获取与自己相匹配的异质性资源，满足生存和发展的需求。在这个过程中，逐步实现创意或创新成果的商品化、创新产品（或服务）的市场化，转化为可以独立经营和抵抗风险的盈利企业。

7.1.1.3 资金类节点

创投机构、银行、孵化基金等金融支持是资金类节点。资金短缺是创业者走向失败的主要原因。创业前期需要大量资金，但由于初创企业未建立起声誉以及资产的积累较少，很难通过自身实现融资。资金短缺成为阻碍新创企业进一步发展的一大障碍。信息不对称造成了在孵企业融资更大的难度。新创企业通过入驻孵化器向金融机构释放积极有效的信号，并且在孵化器的协助下，展示自己的产品（或服务），基于良好的表现易获得金融机构的青睐，获取资金支持，为自身的衍生和发展提供强有力的支持。

7.1.1.4 技术类节点

高校和科研院所是技术类节点。是孵化网络中的重要参与者。立足于基础研究和知识传播的智力创造者。不仅为在孵企业提供技术支持和科研信息，也是入孵项目的重要来源。对于创业企业的发展，知识资源的作用往往大于硬件设施的作用。技术类节点拥有雄厚的智力资本和硬件设施，比如，实验室、大数据技术中心等，为在孵企业的技术研发和创新项目转化提供丰富的科技资源支持，企业孵化器推动在孵企业与技术类节点建立产业化合作关系，促进技术、信息和知识的扩散并实现市场价值。

7.1.1.5 政策类节点

政府机构是政策类节点。各级政府部门及相关职能管理部门对企业孵化器及在孵企业的生存和发展发挥了重要作用，在孵化网络中扮演着“引导者”“监督者”“支持者”的角色。通过制定扶持优惠政策，引导监督企业孵化器和支持在孵企业健康规范发展，比如，税收减免政策、相关管理办法等。与此同时，政府的重点扶持和补贴企业行为，也可以向社会和公众传递是对企业合法性、成长性及其所处行业的认可信号，进而增加利益相关者的信赖程度和投资意愿。政府通过调整政策等方式，比如，税收优惠、公共财政投资、降低行政壁垒等措施，创造有利于企业孵化器发展的经济和社会环境。

7.1.1.6 中介类节点

会计师事务所、律师事务所等专业类服务机构是中介类节点。中介机构是孵化网络重要的行动者。在孵企业在创业初期，除了面临资金困境，还会陷入经营管理难题，因此，需要寻求相关专业服务机构的帮助。企业孵化器遵循专业分工理论，就需要连接不同专业化、社会化服务功能的机构，与他们展开合作，为在孵企业提供相关服务。这些服务包括会计记账和财务管理、合同管理等。帮助在孵企业解决创业初期面临的财务、管理等难题，为其降低经营成本、减少信息不对称、扫除管理障碍提供有效的解决途径。

7.1.1.7 客户类节点

上游的供应商提供的产品或服务，是在孵企业将创业实施转化的充分条件，只有原材料的有效输入，才能保证技术成果和创意的转化。同时，下游客户是在孵企业经营收入的主要来源，不断扩大的客户群体，稳定的产品和服务收益是在孵企业维持日常经营和发展的必要条件。企业孵化器通过一些活动帮助在孵企业建立与客户间的节点联系，形成孵化网络中的客户类节点。

7.1.2 孵化网络联系

孵化网络中节点之间的联系，构成了孵化网络中的节点连线，也即两者之间的关系。节点和关系是密不可分的，两者相伴相生。不同的关系产生不同的作用，达到不同的效果。这些节点在日常运行中，会发生很多正式和非正式的联系，反映在孵化网络中就是节点之间的连接。各节点所拥有的资源和信息通过实体之间的连接在相互之间流转。孵化网络通过企业孵化器这个核心节点连接而成，因不同的个体间关系而呈现出多元化连接特征。在孵化网络中，在孵企业通过与网络成员的互动，获取创业所需的资源，进而克服新生劣势。企业孵化器构建的孵化网络为在孵企业提供了大量接触异质性信息和资源的机会，而创新创业资源的可获性又促进了组织行动的有效性。网络规模越大，嵌入在孵化网络中的资源就越丰富，在孵企业能获得更多资源保障，这些均会被利益相关者视为积极信号，进而产生在孵企业拥有良好发展前景的判断。通过建立网络关系，在孵企业凭借自身能力撬动更多创业资源。企业孵化器与不同类型节点之间建立的关系，可以总的概括为正式关系与非正式关系。正式关系是通过正式的制度安排和规则约束建立起来的联系，通过商业契约和条款等正式途径来维系。非正式关系是建立一种可以依靠的、由情感纽带连接的关系网。企业孵化器会不定期地举办企业交流会、企业沙龙以及联谊会活动，在孵企业之间可以取得非正式关系。

7.1.3 孵化网络层次

在开展创新创业活动的过程中，在孵企业通过企业孵化器从不同类型的节点获取相关的资源支持。从企业孵化器内部获取硬件支持和软件服务，以企业孵化器为连接媒介，获取外部科研机构的科技支持、投融资机构的资金支持、政府相关部门的政策支持以及专业服务机构的经营管理支持。孵化网络以企业孵化器为资源枢纽，形成了稳定的内层网络和外层网络。

7.1.3.1 内层网络

内层网络由企业孵化器与其内部的在孵企业及它们之间的相互联系构成。企业孵化器是孵化网络内层的关键枢纽，完成孵化资源以及孵化服务调配的功能，有机地将在孵企业连接成为整体。孵化网络的内层网络中，企业孵化器与在孵企业之间以及在孵企业与在孵企业之间形成了交互密集的关系网络。企业孵化器内部不同的在孵企业由于孵化需求差异性较大，构建起的内部网络关系能够有效集成共同孵化需求，同时，能够为企业孵化器管理者提供相对完备的信息基础，便于提供针对性较高的孵化服务，企业孵化器内的网络平台建设提高了企业孵化器对于在孵企业创业问题诊断的效率，并借助于信息网络技术，融合了企业孵化器内层网络各节点的资源潜力，使得有效的创业经验能够及时共享，进而避免类似的创业夭折过程。

7.1.3.2 外层网络

外层网络则是以企业孵化器为核心而形成的多类型节点网络，依托于孵化器构建起来的临时性的或者战略性的合作关系，通过特定的契约形式，在孵企业可以通过外层网络获得更大范围的创新资源，完成创业任务，企业孵化网络的外层资源通过企业孵化器的“桥梁”作用，实现了服务关系的便捷通道的构建。企业孵化网络外层网络的构建主要是基于外包或者由于自身资源的局限通过外购的方式所组建的相对市场化的网络形式。以此在组织间形成稳定的长期契约关系。

7.1.4 孵化网络健全对孵化能力的影响

前述分析已知，孵化网络的健全对孵化能力有着显著的正向影响。即孵化网络越健全，孵化能力就越强；反之，则孵化能力就越弱。在孵企业的创新成长具有资金需求量大、孵化周期长、具有高度的风险性与不确定性等特征，并且随着经济的发展和在孵企业成长需求的多样化，这决定了单个企业孵化器无法仅靠自身能力和资源来帮助在孵企业获取创新创业的成功。企业孵化器通过构建孵化网络满足在孵企业个性化资源需求。孵化网络为初创企业提供了资源交换的平台，形成了对外部不确定性的有效缓冲。在孵企业以较低的成本获取

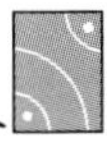

生存和发展所需的资源。网络结构是网络主体获取网络资源的渠道，决定了资源在网络中的分布情况和流动频率，影响着资源向在孵企业的效能传递。网络结构的完善能够拓展网络成员获取资源的广度和深度。企业孵化器借助声誉和组织特性与其他主体建立的孵化网络决定了在孵企业可以获得的资源。孵化网络的健全是影响孵化能力的直接重要因素。企业孵化器提升孵化质量的重要措施是建立全面的社会网络关系。

孵化网络从人、财、物资源的汇集到产供销价值链的塑造逐渐形成了多元力量，推动在孵企业的有效孵化和成功毕业出孵。企业孵化器可以通过这些利益相关者来扩大社会网络规模进而获取自身稀缺的资源，并通过协同作用、互助作用等，吸引更多的外部成员加入孵化网络，提升网络资源的集聚程度，并将不同的资源通过优化整合给在孵企业带来自身独特的竞争优势，引导在孵企业健康成长。孵化网络的构建，一方面，可以在一定程度上实现创新资源的互补、合理配置和利用有限资源，解决在孵企业在成长过程中的资源困境；另一方面，减少各孵化网络主体的恶性无序竞争，促进资源的有效流动，减少资源的浪费。网络结构中的节点数量反映了孵化网络资源数量的丰富程度，意味着在孵企业可能获得的创新创业资源范围，而这些资源可以支撑在孵企业的发展，给在孵企业发展提供全方位的帮助。网络成员之间通过正式或者非正式的关系，形成网络联系。这些网络联系帮助在孵企业减少了不确定性，且持续增加的网络联系成员所带来的异质性资源也将增多。广泛的网络联系，不仅有助于企业获取发展所需的信息、技术、知识等，也拓宽了企业的产品（服务）市场和销售渠道。网络联系帮助网络成员之间信息和资源的交换，网络联系越强，网络成员从网络中获得的资源与信息就越多，拥有一个较强网络联系的网络对在孵企业成长是有益的。孵化网络治理的重要性源于其对网络资源流的合理规划和有效配置，进而提升在孵企业的成长性，增强孵化能力。

企业孵化器通过孵化网络的构建，把不同的资源以及服务进行组合，为在孵企业提供支撑，孵化网络越健全，则在孵企业从孵化网络获取创新创业所需资源和应用开发的支持力度越大，企业孵化器的孵化能力越强。随着各地企业孵化器基础设施的建设，办公场所和基本条件已经不再是在孵企业创业的关键约束，而资金、社会网络以及创业辅导的缺乏对在孵企业创业成长的制约越来越突出。越来越多的国家和地区通过健全孵化网络支持孵化产业的发展，提高孵化能力。孵化器作为培育在孵企业的重要孵化载体需要依靠外部资源来支持其孵化能力，提高在孵企业的成活率和成功毕业率。孵化网络的健全对于孵化能力的提升具有重要的意义。孵化网络结构、网络联系以及网络治理构成了孵化网络健全，直接影响孵化能力。

7.2 孵化网络评价

以河南省、福建省孵化网络、河南省 A 孵化器与福建省 B 孵化器作为分析对象，收集相关数据，选取网络规模、网络密度等指标对孵化网络进行评价。

7.2.1 研究对象选择

本书选取河南省和福建省的国家级企业孵化器和发展较为成熟的企业孵化器作为研究对象，河南省和福建省分别位于我国三大经济分区的中部地区和东部地区，并且企业孵化器的发展较为成熟。2020 年《中国火炬统计年鉴》相关数据显示，截至 2019 年底，河南省企业孵化器总收入 8.384 亿元，孵化场地总面积 396.856 万平方米；福建省企业孵化器总收入 8.745 亿元，孵化场地总面积 338.599 万平方米。在国家政策的驱动下，这两地的创新创业发展也较为活跃，促进了孵化网络的发展。选取两地的孵化网络发展状况作为代表有助于从共性角度反映目前孵化网络的发展和复杂特征。现实的社会世界很小，有时候研究大量（如超过 1000）行动者之间的整体网络也没有什么实际意义（刘军，2014）。因此，根据科技部文件，国科发火〔2019〕450 号文件发布的通知，河南省有 8 家、福建省有 4 家单位被评为国家级孵化器。依据数据的可获得性以及可获数据的完整性，河南省选取 5 家国家级孵化器和 1 家发展较为成熟的非国家级孵化器作为研究对象，进行河南省企业孵化器外层网络分析，并从中选取一家 A 企业孵化器进行内层网络分析。A 企业孵化器成立于 2013 年，为在孵企业提供金融服务（种子资金、融资辅导等）、信息服务（互联网 + 云计算 + 大数据信息技术）、专业跨境综合服务（跨境电商、供应链服务平台）等。选择福建省 4 家国家级企业孵化器作为研究对象，进行福建省企业孵化器外层网络分析，以及选取其中一家 B 企业孵化器进行内层网络分析。B 企业孵化器成立于 2015 年，为在孵企业提供的服务涵盖了企业经营服务（注册、行政等）、投融资服务（天使投资、VC、PE 等）、政府资源对接（申请地方和国家资金支持）、创业管理咨询（法律、财务、市场营销）等。

7.2.2 数据收集与处理

7.2.2.1 数据收集

对于社会网络量化分析时，收集数据的方法多种多样，比如，利用档案资料收集数据、观察法、导出法等。其中，利用档案资料收集数据具有成本低、数据收集较为完整等特点。观察法是指通过观察自然发生的情形，获得需要的数据，但是观察法仅适用于小范围的社会互动场景。根据研究的目的，鉴于不同方法的优缺点，本书选择利用档案资料和观察法收集数据，以保障收集数据的全面性。(1) 宣传册。无论是孵化器还是在孵企业大多具有独具特色的宣传手册，这为我们获取数据提供了良好的渠道。(2) 微信公众号。孵化器多有自主运营的微信公众号，在微信公众号中对孵化器及孵化器内在孵企业的基本概况、开展的各种活动与获取的相关资源的连接等内容有较为全面的介绍，这对全面了解孵化器建立的网络联系状况大有裨益。(3) 相关新闻报道。利用搜索引擎，在河南省和福建省各孵化器官网及谷歌、百度中搜集有关孵化器的相关新闻报道，关注它们之间的联系信息，同时提炼官网中友情链接的相关信息。(4) 通过实地调研。观察网络主体之间存在的正式和非正式关系。在获取了较为翔实的资料后，对这些资料进行了细致的整理。

7.2.2.2 数据处理

将收集的数据进行存储。将网络主体输入 Excel 表中，对有联系的网络主体之间的数据进行记录，对相关信息进行统计与整理，构建出孵化器网络研究的矩阵，整理后形成 Excel 文件。本书选用社会网络分析软件 Ucinet 6.0 进行数据分析。为了测量孵化网络的特征，分别对河南省和福建省孵化器外层网络以及 A 孵化器和 B 孵化器内层网络的网络密度、网络规模等指标进行分析，并应用 Net Draw 绘制出孵化网络图形，实现孵化网络的可视化。

7.2.3 孵化网络分析

7.2.3.1 企业孵化器内层网络分析

用软件 Ucinet 6.0 中的 Net Draw，将河南省 A 孵化器内层网络、福建省 B

孵化器内层网络绘制出可视化网络图形。其中，F 代表孵化器，N 代表在孵企业。为更好地观察节点特征，图中以度数中心度（degree）确定节点的大小，不同的形状代表不同的主体类型。孵化器用圆形（circle）表示，在孵企业用方形（square）表示，线表示在孵企业之间或孵化器与在孵企业之间的联系，如图 7 – 2、图 7 – 3 所示。

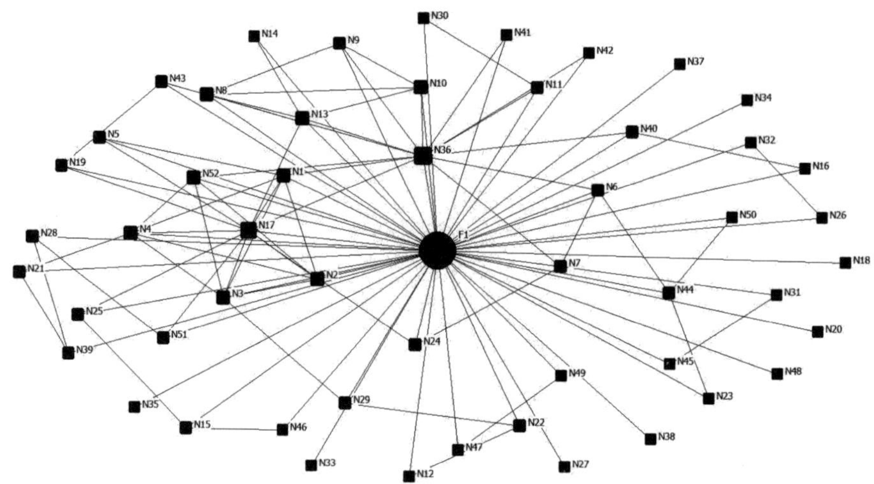

图 7 – 2　河南省 A 企业孵化器内层网络

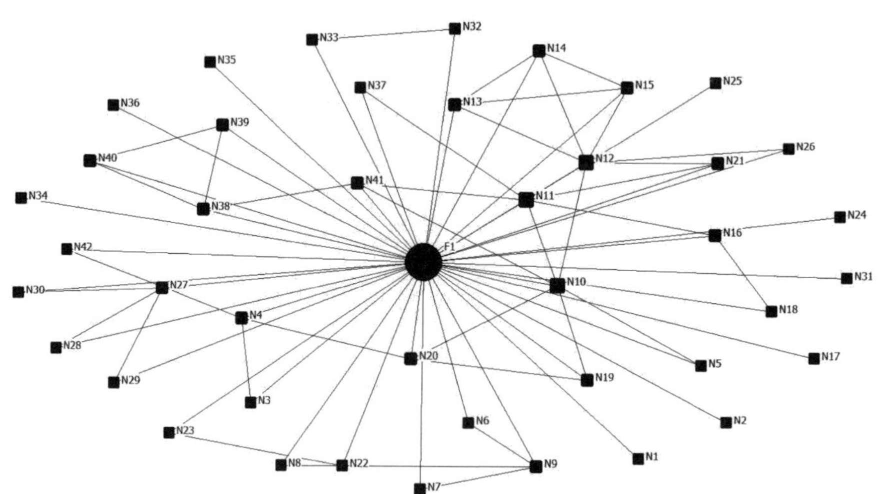

图 7 – 3　福建省 B 企业孵化器内层网络

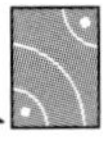

1. 网络结构

通过网络规模、网络密度、网络的核心—边缘来分析企业孵化器内层网络的结构。河南省A企业孵化器内层网络，网络规模为53，网络中存在的关系数为224，网络密度（density）为0.163。福建省B企业孵化器内层网络，网络规模为43，网络中存在的关系数为154，网络密度（density）为0.171。网络密度反映了各主体之间关系的紧密程度。网络密度处于［0，1］之间，越接近1说明网络越紧密。从计算结果可以看出，A、B两家企业孵化器内层网络密度都较小，反映了内层网络的关系较为稀疏，企业孵化器内部的在孵企业之间的组织合作程度较低，进一步推进企业孵化器内部在孵企业之间合作的空间增大。

企业孵化器处于内层网络的核心地位，与入驻的每个在孵企业都建立了孵化联系，为进一步分析在孵企业之间所形成的内层网络结构，进行核心—边缘分析。运行软件Ucinet 6.0，得到A、B企业孵化器内层网络的核心区、边缘区密度，如表7-2所示。

表7-2　A企业和B企业孵化器内层网络核心—边缘密度

密度	A企业孵化器	B企业孵化器
核心区密度	0.429	0.714
边缘区密度	0.021	0.027

A、B企业孵化器内层网络的核心区密度分别为0.429、0.714，边缘区的密度分别为0.021，0.027。

进一步分析，可以得到核心—边缘区域节点划分，A、B企业孵化器内层网络核心—边缘区域节点划分如表7-3所示。

表7-3　A企业和B企业孵化器内层网络核心—边缘区域节点

区域	A企业孵化器节点
核心区	N1 N2 N3 N4 N5 N6 N7 N8 N9 N10 N13 N17 N36 N52 F1 N11 N12 N14 N15 N16 N18 N19 N20 N21 N22 N23 N24 N25 N26 N27 N28 N29
边缘区	N30 N31 N32 N33 N34 N35 N37 N38 N39 N40 N41 N42 N43 N44 N45 N46 N47 N48 N49 N50 N51

续表

区域	B 企业孵化器节点
核心区	N10 N11 N12 N13 N14 N15 F1
边缘区	N1 N2 N3 N4 N5 N6 N7 N8 N9 N16 N17 N18 N19 N20 N21 N22 N23 N24 N25 N26 N27 N28 N29 N30 N31 N32 N33 N34 N35 N36 N37 N38 N39 N40 N41 N42

通过核心—边缘分析，可以看出，两个企业孵化器的内层网络核心区密度较高，边缘区密度很低，并且核心区节点较少，大部分在孵企业处于边缘区。表明内层网络中出现了分层，只有少部分企业之间建立了紧密的联系，大部分企业之间还未建立网络联系。

2. 网络联系

对网络联系的衡量指标采用平均距离（average distance）和基于距离的凝聚力（compactness），测量网络主体之间建立联系的难易程度和企业孵化器内层网络的凝聚力。通过对 A 企业、B 企业孵化器内层网络数据的统计分析，A 企业、B 企业孵化器内层网络的平均距离和基于距离的凝聚力如表 7-4 所示。

表 7-4　　A 企业和 B 企业孵化器内层网络平均距离和凝聚力

指标	A 企业孵化器	B 企业孵化器
平均距离	1.919	1.914
基于距离的凝聚力	0.541	0.543

分析结果表明，A 企业孵化器内层网络和 B 企业孵化器内层网络的平均距离分别为 1.919 和 1.914，说明这两家企业孵化器的内层网络中企业通过 1～2 个中间者就可以与其他主体之间建立联系，网络联系的建立相对容易。基于距离的凝聚力分别为 0.541 和 0.543，说明两个企业孵化器内层网络凝聚力水平一般。

7.2.3.2　企业孵化器外层网络分析

企业孵化器外层网络相对于企业孵化器内层网络更为复杂，涉及的节点类型较多。为了更好地观察网络，F 代表企业孵化器，用圆（circle）表示、C 代表创投机构，用上三角形（up triangle）表示、U 代表高校，用盒子形（box）

表示、G 代表政府机构，用钻石形（diamond）表示、J 代表专业服务机构，用十字形（plus）表示、K 代表客户，用下三角形（down triangle）表示，运用软件 Ucinet 6.0 中的 Net draw 绘制出河南省企业孵化器外层网络图形和福建省企业孵化器外层网络图形，如图 7－4、图 7－5 所示。

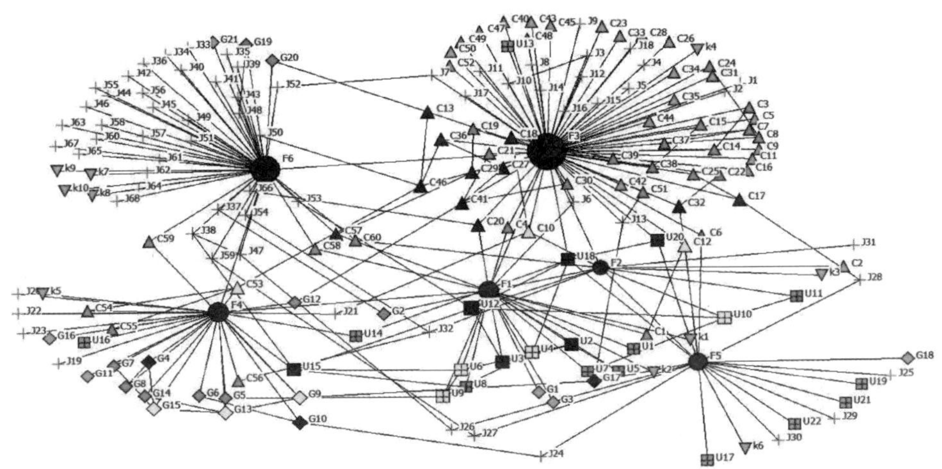

图 7－4　河南省企业孵化器外层网络

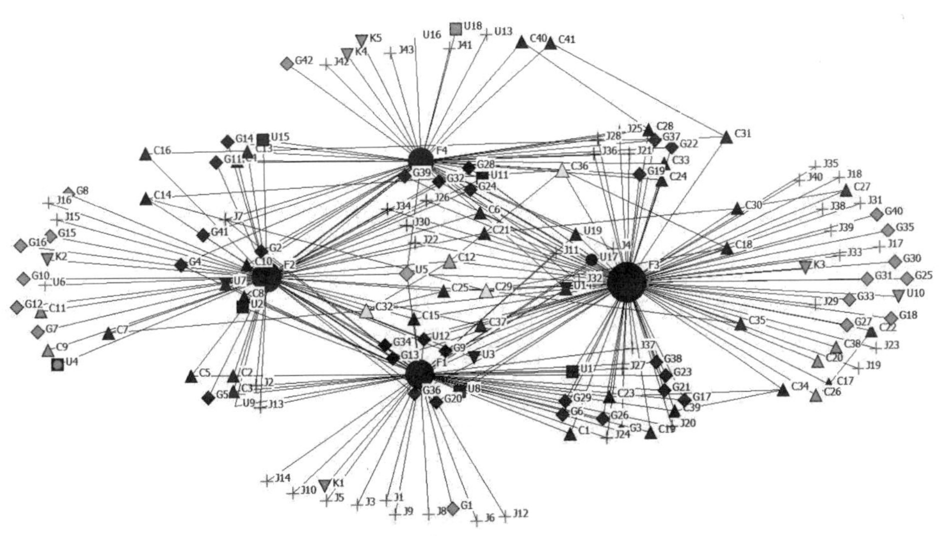

图 7－5　福建省企业孵化器外层网络

1. 网络结构

从图7－4、图7－5中可以看出网络结构松散，呈现多中心的网络特征。选择网络规模、网络密度、网络的核心—边缘来分析外层网络特征。

河南省企业孵化器外层网络，网络规模为187，网络中存在的关系数为534，网络密度（density）为0.031。福建省企业孵化器外层网络，网络规模为154，网络中存在的关系数为546，网络密度（density）为0.046。在两省企业孵化器的外层网络中，涉及的节点众多，网络规模较大，相互之间未建立紧密的联系，造成网络密度很低。这也说明两省企业孵化器外层网络主体之间建立合作的空间很大。

企业孵化器外层网络中涉及的节点类型较多，究竟哪些类型的节点在企业孵化器外层网络中占据了中心位置，对外层网络起到主导和控制作用。通过核心—边缘分析，运行软件Ucinet 6.0，得到河南省企业孵化器外层网络和福建省企业孵化器的外层网络的核心区、边缘区密度，如表7－5所示。

表7－5　河南省和福建省企业孵化器外层网络核心—边缘密度

密度	河南省企业孵化器	福建省企业孵化器
核心区密度	0.163	0.292
边缘区密度	0.003	0.001

河南省和福建省企业孵化器外层网络的核心区密度分别为0.163、0.292，边缘区密度分别为0.003、0.001。

进一步分析，可以得到两个省企业孵化器外层网络中处于核心区的节点类型，整理如表7－6所示。

表7－6　河南省和福建省企业孵化器外层网络处于核心区节点

核心区	节点名称
河南省核心区	F1 F2 F3 F4 F5 F6 C4 C6 C10 C12 C18 C20 C32 C39 C57 U2 U3 U4 U6 U9 U10 U12 U15 U18 U20
福建省核心区	F1 F2 F3 F4 C1 C2 C3 C4 C8 C10 C12 C15 C29 C32 C36 U5

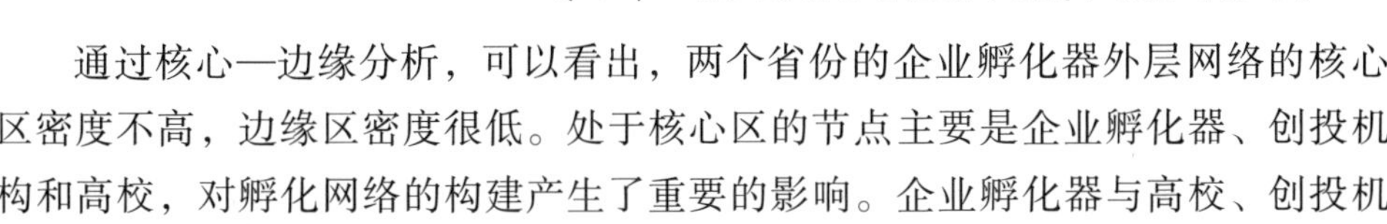

通过核心—边缘分析，可以看出，两个省份的企业孵化器外层网络的核心区密度不高，边缘区密度很低。处于核心区的节点主要是企业孵化器、创投机构和高校，对孵化网络的构建产生了重要的影响。企业孵化器与高校、创投机构联系较为紧密。企业孵化器外层网络的连接，分布不均匀。

2. 网络联系

对河南省和福建省外层网络联系的衡量指标也采用平均距离（average distance）和基于距离的凝聚力（compactness），测量网络主体之间建立联系的难易程度和企业孵化器外层网络的凝聚力。通过对河南省和福建省企业孵化器外层网络数据的统计分析，河南省和福建省企业孵化器外层网络的平均距离和基于距离的凝聚力如表7－7所示。

表7－7　　河南省和福建省企业孵化器外层网络平均距离和凝聚力

指标	河南省	福建省
平均距离	2.961	2.364
基于距离的凝聚力	0.368	0.450

分析结果表明，河南省企业孵化器外层网络和福建省企业孵化器外层网络的平均距离分别为2.961和2.364，说明外层网络主体通过2~3个中间者就可以与其他主体之间建立联系，企业孵化器外层网络主体之间建立联系也较容易。河南省企业孵化器和福建省企业孵化器外层网络基于距离的凝聚力分别为0.368和0.450，说明两个企业孵化器外层网络凝聚力水平较低。

3. 孵化网络构建中存在的问题

虽然孵化网络对企业孵化器帮助在孵企业的生存和成长具有重要的作用，但通过以上实证分析可知，孵化网络的发展存在一定的问题。

（1）企业孵化器外层网络核心节点过于集中

通过对企业孵化器网络结构的分析发现，企业孵化器外层网络的核心区域，主要节点有企业孵化器、创投机构、高校，其他类型的节点不在核心区域内，说明孵化网络核心节点过于集中，这三类节点的联系较为紧密，对孵化网络的构建起到主导作用。但是其他网络主体之间并未形成紧密的联系，不利于资源的高效流动和传导。需要进一步完善孵化网络的结构，通过一定的方式引导多元主体之间建立网络联系。

（2）企业孵化器内层网络在孵企业之间联系松散

两家企业孵化器内层网络密度分别仅为0.163和0.171，表明孵化网络的紧密程度很低，说明网络主体之间未建立密切的合作和联系。内层网络的平均距离分别为1.919和1.914，代表在孵企业只需通过1~2个中间者就能与其他在孵企业取得联系。因此，在孵企业之间形成网络联系并不存在障碍，但在孵企业之间却未形成紧密的网络联系，说明内层网络关系的建立缺乏有效的引导和缺少建立联系的机会。

（3）孵化网络发展不均衡

无论是对企业孵化器内层网络还是对企业孵化器外层网络分析，核心区域的密度相较于边缘区域的密度都高出许多，说明核心区域主体之间的联系较为紧密，边缘区域的主体之间联系稀松，并且处于核心区域的节点数量较少，大部分节点位于边缘区，说明孵化网络的发展不均衡，使得资源较为集中地在核心区域的节点之间流动，表明孵化网络中尚有大量资源未被挖掘和发挥作用。

完善的孵化网络，对于资源获取具有重要的作用。孵化网络作为企业创新活动中创新资源的载体，影响着企业孵化器的孵化能力。新创的科技型中小企业，对于研发创新有着较高的需求，但自身资源和研发实力很有限，而在孵化网络中的其他主体，比如，大学、科研院所等具有较高的研发能力，这些科研机构可以借助这些企业将科研成果市场化，转化为商业利益。通过营造良好的网络创新环境和氛围，加强它们相互之间的交流与合作，促使这些主体自发有机地联结起来，健全孵化网络，借助彼此的科技资源、人才资源、信息资源优势达到共赢的目的，实现异质性资源的整合，为在孵企业的健康成长提供各种必需的资源。

7.3 完善孵化网络结构

孵化网络结构越完善，资源的丰富程度和可得性越高，在孵企业成长越好，融入网络的倾向也越强烈。要不断优化孵化网络成员节点的构成，积极与不同网络主体之间建立联系，从而不断提升孵育资源的丰富性，扩大在孵企业可能获得创新创业资源的范围。

7.3.1 完善价值识别及评价体系

在孵企业以创新创业价值为导向，拥有创新项目或创意（阮平南和顾春柳，2017），被视为价值创造的载体。因此，企业孵化器只有有效地识别和评价创新创业价值，才能更好地优化网络节点。筛选新创企业入驻企业孵化器时，制定过高或者过低的标准都会影响整个孵化资源的利用效率。过低的入孵要求会使一些不具备成长性的新创企业入驻企业孵化器，在孵化过程中存在较大夭折的可能性，导致造成企业孵化器及相关辅助机构不必要的资源浪费，但是过高的入孵要求又可能降低企业孵化器内在孵企业的多样性和规模经济效应，不利于形成活跃成熟的创新氛围，但在孵企业是孵化网络的重要节点，新进企业的质量关系到网络节点的优劣。所以，要采取有效的措施，比如，制定合理的进入与退出规则，建立一个涵盖全生命周期的筛选体系，涉及企业从入孵到毕业的全过程，完善创新创业价值识别及评价体系。

第一，重视对入孵企业的选择，成立专家项目组。组建专家评估队伍对新进企业评估，严格筛选入孵企业。不同的创业项目、创业企业所需的评选专家也不同。所以，组建的专家队伍可以根据不同类型的创业项目或创业企业临时聘请，从中选择符合条件又具有发展潜力的企业或者项目。可以通过以下几个方面衡量入孵企业：一是入孵企业是否拥有核心技术，核心技术所处行业是否具有良好的发展前景；二是入孵企业生产的产品或提供的服务是否具有一定的市场竞争力和良好的市场发展潜力；三是入孵企业是否具有开拓创新精神的专业技术团队；四是考察入孵企业与企业孵化器的发展程度是否相当。

第二，识别和评价在孵企业阶段性价值。在孵企业在不同的成长阶段具备不同的阶段性目标，比如，技术转化、开拓市场等。因此，要能够识别和评价在孵企业的阶段性价值，帮助在孵企业实现阶段性目标，比如，对于孵化初期的在孵企业，企业孵化器与其进行探讨和商议来指导其完成商业策划并制定详细的执行方案；对于发展较好的在孵企业，企业孵化器根据在孵企业需求为其寻找创投机构、拓展销售渠道等；对于经历了较长的孵化时期，但仍无发展和市场收益的在孵企业，企业孵化器帮助在孵企业分析存在的问题。对于没有发展潜力的在孵企业，要进行阶段性淘汰。另外，根据在孵企业的多样化孵化需求和合作效果，引入或淘汰外部网络成员，使孵化网络成员得到有效的更新，从而有利于在孵企业获得最需要的异质性资源。企业孵化器需积极构建孵化网络而不是被动融入的状态，通过完善创新创业价值识别和评价体系，带动孵化网络的升级。

7.3.2 增加优质网络节点数量

节点是孵化网络的重要组成部分，也是孵化网络的基本要件。孵化网络的各参与方形成了孵化网络的节点要素。不同的节点扮演着不同的角色，在孵化过程中发挥着不同的作用。风投机构、银行等金融机构为在孵企业提供资金支持。高校、科研院所拥有较雄厚的智力资本，可以为孵化网络提供智力支持（Vanderstraeten et al.，2016）。不同的网络节点拥有异质性资源。通过增加优质网络节点数量，帮助在孵企业获取更多的优质资源。

资金短缺是制约创新创业发展的主要因素，而创新创业前期往往需要大量资金。由于新创企业未建立起声誉以及资产的积累较少，很难通过自身实现融资，这成为新创企业进一步发展的一大障碍。信息不对称造成了新创企业融资更大的难度。新创企业通过入驻企业孵化器成为在孵企业后，向金融机构释放积极有效的信号，企业孵化器应积极协助在孵企业展示自己的产品或服务，使其更容易获得金融机构的青睐，获取创新创业发展的资金支持，以满足自身生存和成长的资金需求。企业孵化器可以通过多种多样的社会网络活动，如高端论坛、创新创业大赛等，吸引更多金融机构加入孵化网络的构建和发展。通过这些活动的举办，使参与者更进一步熟悉企业孵化器的经营理念、行为观点以及企业孵化器内在孵企业的经营状况和发展前景，使企业孵化器的根本宗旨在网络中得到更为广泛的传播，以此吸引更多优质的金融资本聚集于孵化网络，推动在孵企业创新创业的发展。

对于创新型企业的发展，知识资源的作用往往大于硬件设施的作用（Fernandes et al.，2017）。高校和科研院所往往拥有雄厚的智力资本和硬件设施，如重点实验室、模拟运算中心等，能够以丰富的科技资源优势支撑在孵企业的科研项目和技术研发，帮助它们的科研成果和高新技术快速转化，并进一步促进技术创新。孵化过程是促进在孵企业不断实现自身成长的过程，也是其创新价值提升和实现创新成果商业转化的过程。为了鼓励在孵企业追求更大的创新幅度，促进科技成果有效转化，须借助高校、科研院所的专业技术资源的支持。因此，企业孵化器应借助自身的组织优势，成立专门的外联部门与高校、科研院所等拥有雄厚智力资本的机构对接，激励高校、科研院所参与在孵企业的科技创新活动，并且企业孵化器与高校、科研院所可以采用共建实验室、专业技术队伍等方式支持在孵企业生存和成长，建议高校对企业孵化器内在孵企业开放图书馆、网络课堂、研发平台等专业资源。与此同时，企业孵化器还可以通过资金支持、硬件共享等承诺将高校、科研院所等具有成果转化潜力的在研项目引入企业孵化器，这样不仅可以使具有创新创业价值的项目更早获得专业化的孵化服务，也保证了孵化网络中在孵企业和孵化项目的优质性。

通过在孵企业吸引相关企业入驻。在孵企业作为创新创业节点，与外界也有着千丝万缕的联系，要积极发挥在孵企业吸引优质网络节点的作用。在孵企业通过产业链的关联效应吸引相关企业和项目加入孵化网络。作为在孵企业的关联企业，往往与在孵企业之间在很多方面形成较强的互补性，如产品、技术等方面，对促进在孵企业的快速成长和成功毕业具有重要的积极作用。当在孵企业以建设孵化网络的身份出现时，可以化被动为主动，积极参与建设更加完善的孵化网络体系。在孵企业由孵化服务的消费者向孵化服务的生产者转变，通过自身影响力聚集相关社会资源并带入孵化网络内，在合作互动中推动孵化网络结构的优化。

7.3.3　提高节点行为主体素质

孵化工作离不开具有开拓创新精神的高素质孵化管理者、创新创业者等。但在我国当前经济发展背景下，很多地区尤其是经济落后区域，企业孵化器及其相关节点机构中缺乏具有先进管理经验和创新创业经验的人才。所以，在完善孵化网络结构的同时，企业孵化器还需要解决的是各类人力资源的质量，从而做到节点行为主体以优质的孵化服务来帮助在孵企业提升核心竞争力。提高节点行为主体素质的主要途径：一是企业孵化器定期举办孵化服务技能评比、创新创业知识竞赛等活动，通过比赛促进相关主体对创新创业知识的查漏补缺和孵化服务技能的磨炼及提升。二是引进高级管理者。作为孵化网络枢纽节点的企业孵化器，在不断吸收专业服务机构、风投机构、高校等组织到孵化网络的同时，企业孵化器也可以挖掘或吸引各群体中优秀的人才参与孵化活动的管理，还可通过有力的人才引进策略聘请高素质管理人员，以最快捷有效的方式改善人员素质水平。三是完善人力资源管理制度。从长远来看，具有有效激励和惩罚作用的科学管理制度是最具可持续性作用的管理方式。因此，孵化网络中各节点机构应在政府等相关部门的引导下，制定具有吸引力的人才制度，使更多高素质的人才涌入孵化网络的建设和发展中，并持续激发人员活力。

7.4 加强孵化网络联系

不同的节点承载着不同的资源，企业孵化器将这些节点间的信息、技术、知识等资源通过网络联系汇集在孵化网络内，给予在孵企业发展支持。作为在孵化网络中起着桥接作用的企业孵化器，一方面，利用自身的资源，将有发展潜力的中小型创新企业聚集在一起，给予他们发展支持。另一方面，利用自己的声誉和政策性特征，帮助在孵企业获得更多的异质资源、市场机会，帮助在孵企业培养核心竞争力，降低创业初期就夭折的风险。因此，孵化网络包括独立又相互关联的内层网络和外层网络。内层网络是由企业孵化器、在孵企业及它们相互之间的关系所构成的网络（张力和刘新梅，2012）。在孵企业具有不同的孵化需求，内层网络联系有效集成了在孵企业的共同孵化需求，并且将相对充实的信息提供给企业孵化器的管理者，提高对在孵企业存在问题的诊断效率，便于企业孵化器提供针对性较强的孵化服务，并借助内层网络实现各节点资源的整合，及时共享有效的创业经验。企业孵化器作为枢纽节点，实现了调配孵化资源和提供孵化服务的功能，有机地将在孵企业连接成为整体。外层网络以企业孵化器为核心，由孵化器、其他网络行动者（创投机构、高校、专业服务机构等）及它们之间的关系形成，用以解决企业孵化器自身资源有限的问题，通过形成的间接联系，为在孵企业提供外部合作关系和最大程度接触所需创新创业资源的机会（胡海青等，2012）。

加强孵化网络联系，把企业孵化器内外部资源之间进行连接整合，实现资源的优化配置和共享，既降低了在孵企业的各种成本，又提高了资源的利用率。企业孵化器不仅是内外层网络的核心节点，也起到连接内外部资源的作用，构建起孵化资源输入的便捷通道。企业孵化器作为资源连接的主要纽带，撬动了更大的创新创业资源宝库，促进在孵企业挖掘发展潜力（Pettersen et al.，2015）。

7.4.1　加强外层网络联系

7.4.1.1　提高孵化声誉

产品销售的状况很大程度上取决于该产品在顾客中的口碑，作为企业孵化器“产品”的在孵企业的生存和发展状况，体现了企业孵化器孵化水平的高低。如果企业孵化器创造了良好的孵化成果，在孵企业获得了较好的成长性，那么会强化风险投资和银行等金融机构与企业孵化器之间的联系，提高对在孵企业进行投资的概率和频率。企业孵化器可以通过积极正面的宣传提高企业孵化器的影响力，通过良好的孵化服务和孵化成果，奠定企业孵化器在公众心目中朝气蓬勃、欣欣向荣的形象，吸引更多的社会关注，强化外层网络联系。许多社会企业及相关部门对企业孵化器并不了解，这在一定程度上增加了企业孵化器的工作难度。因此，除了提高在孵企业的毕业率，还应充分利用现代广为流行的自媒体工具，如微博、微信公众号等，进行广泛宣传，在节约成本的前提下最大程度展示企业孵化器和在孵企业的发展，扩大企业孵化器在社会创新创业发展中的影响力和在社会公众当中的认知程度，吸引更多具有成长性的新创企业入驻企业孵化器发展，争取更多社会机构支持企业孵化器的建设，使更多社会人士关心支持企业孵化器的发展。

7.4.1.2　外层网络内部化

吸引外部相关专业服务机构入驻企业孵化器。由于大部分在孵企业无法达到专业服务机构最低服务成本的门槛。因此，一些专业服务机构加入孵化网络的动机不强，企业孵化器可以通过低廉的租金，提供共享的硬件设施，以及享受政府的优惠等措施，减少这些入驻专业服务机构的运营成本。根据在孵企业孵化服务需求，引进一批服务水平高、专业技能强、信誉度好的专业服务机构入驻企业孵化器，并以低于市场价格的专业服务为在孵企业提供支持，强化网络联系，获取所需孵化资源。

7.4.2　加强内层网络联系

企业孵化器与在孵企业的高强度直接联系可以使企业孵化器准确了解在孵

企业的资源需求，并提供匹配程度较高的创业支持。在孵企业之间建立网络联系，也可以获得多种益处。在孵企业同为新创科技型企业并聚集在企业孵化器内，他们往往缺乏经验，未形成运营的模式和规则，产品和服务需要面对市场严峻的考验，所以创业者承受着巨大的心理压力。在孵企业之间建立的联系，可以使他们相互鼓励，相互扶持，同时良好的互动关系，还能促进相互之间的合作。通过在不同领域的交流，不仅加强内层网络联系，更能促进整个网络的整体进步。无论在孵企业之间是竞争还是合作关系，交流的机会越多，彼此之间的信任和适应性更强。企业孵化器应提供更多在孵企业之间接触的途径，创造更多相互了解的机会，帮助他们相互之间建立信任关系，如提供共同的节日宴会，在孵企业之间的联谊会、体育比赛、产品发布会等活动，促进在孵企业之间的网络联系，提高双方互动的意愿和效果，加快资源的流转速度，有效扩大企业孵化器帮助在孵企业获取优质资源的边界，更好地支持在孵企业发展。

7.5　强化孵化网络治理

企业孵化器与不同节点之间建立的关系，可以总的概括为正式关系与非正式关系。正式关系是通过正式的制度安排和规则约束建立起来的联系，通过商业契约和条款等正式途径来维系。创业企业经过企业孵化器的层层筛选，入驻企业孵化器，与企业孵化器建立正式关系。当在孵企业经过孵化达到毕业要求时，可以填写毕业申请表，经审核达到条件后，可成功出孵，两者的正式关系解除。在孵企业与在孵企业之间有可能处于同一产业链的不同位置。出于交易成本的考虑，在孵企业通常会选择距离比较近的供应商和客户进行交易与合作，双方通过签订购销合同，建立正式的贸易关系。企业孵化器、在孵企业与高校、科研院所建立产学研合作关系，他们之间签订正式的合约，明确不同参与主体的责任和利益。一般由高校、科研院所给予科研项目和技术支持，并提供实验室和研发设备等硬件设施，企业孵化器和在孵企业提供研究经费，共同参与某个项目的研发。研究成果在企业孵化器内由在孵企业转化，实现经济效益和社会效益，获得的收益共享。在孵企业与风险投资机构签署协议，风险投资机构通过考察项目的可行性和未来的发展前景选择为在孵企业的发展提供资金支持，并获得该在孵企业的部分股份。企业孵化器通过帮助在孵企业与其他网络节点建立正式关系，满足在孵企业生存和发展的需要。

非正式关系是建立一种可以相互信任、相互依靠、由情感纽带连接的关系网。企业孵化器与高校和科研院所保持紧密的非正式关系，可以将创新知识和创新思想引入企业孵化器内，供在孵企业进行交流和学习，提高创新能力和研发的活跃度。企业孵化器与政府机构保持紧密的非正式关系，可以积极有效把握政策动向，使最新的政策和文件得到积极贯彻落实。企业孵化器通过帮助在孵企业与不同网络节点建立非正式关系，促进信息、知识、技术等资源的快速有效流动。

要提升孵化网络对在孵企业的支持，必须有效避免网络成员"搭便车"和"逆向选择"等不利于孵化网络健全的行为（李振华等，2019）。网络治理是对节点行为规制，协调网络资源配置，维护网络节点间连接关系，以促进网络高效、有序运作的约束、激励等契约或规则的综合（Jones et al.，1997）。切实可行的网络治理措施，可以有效避免网络成员之间的冲突，协同异质网络成员之间的关系，最终达到提升孵化网络对在孵企业支持的目的。通过网络治理，保障孵化网络持续有序运作，提升孵化网络运行效率，这也是网络组织成功运作的前提条件。针对网络主体之间的正式和非正式关系，将网络治理分为契约治理和关系治理。通过强化正式关系的契约治理和非正式关系的关系治理，强化孵化网络治理。

7.5.1　强化契约治理

契约治理，是指以明确的契约作为约束条款对各缔约方的合作关系进行治理的制度安排（李浩和胡海青，2016），各网络主体被赋予相互监督、相互制约的权力，用以维护自身的正当利益。契约治理是明确孵化网络成员在孵育增值过程中沟通后达成共识的表现形式，减轻敌对关系和维系协作关系的手段。在孵化网络建立的初期，由于还没有建立较强的信任关系和承诺，网络成员之间需要依靠契约治理，帮助网络成员建立信心。通过具有法律约束力的书面正式契约对各方达成共识的合作进行约定、监督甚至惩罚未来不履约方的行为。依据契约约束孵化网络成员各方诚实履约，缩小预期不确定性和机会主义可能性，保障网络中交易与合作安全，维护孵化网络的稳定高效运作。第一，缔约方可在契约中对未提及的可能行为进行解释，由于未来充满了不确定性，这对于合作交易经验并不丰富的孵化网络成员更加重要，如制定争端解决条款、决策和控制条款等。第二，为了避免因契约不完备产生的误解、矛盾和协作失调行为，须事先建立协调各方行为方式与程序的约定，从而保障协作效率和控制交易成本。网络合作是多方行为，难免出现争论和纷争，供需双方往往都是个体，个体出于对自身利益的考虑，往往提供的信息具有主观性，通过强化契约治理解决众多利益主体的纠纷。

7.5.2 强化关系治理

关系治理是指通过社会关系嵌入形式，网络成员之间基于前期的合作经历所建立起来的信任关系，从而使得监督成本和控制成本降低并可以有效减少网络成员间不合作行为（王武习和胡海青，2017），它是基于特定的社会活动行为准则，以社会关系为基础，建立在期望、需求之上的非正式规则。关系治理要求企业孵化器应将促建重点放在网络主体社会关系上，通过建立有效的互动平台以引导官、产、学、研、投资机构之间良好互动以及创新创业资源跨组织边界的交流，从而促进网络成员之间的互动信任和合作信心。信任作为一种非正式制度，能有效保障和促进网络成员之间创新合作行为的开展，对于在孵企业的生存和成长具有重要意义。关系治理的核心是信任和互惠式协作。孵化网络信用体系的建设可以有效改善各网络成员之间的信任关系，促进孵化网络成员之间非正式关系的建立。相关部门应在孵化网络信用体系的建设过程中发挥重要的推动和完善作用，对网络成员的经济行为的表现进行信用等级评定，逐渐规范网络内各利益相关者的动机与行为，确保孵化网络信用效用，降低孵化网络运行成本。如果在商业活动中，网络成员有违商业伦理道德，其信用等级会被降低。其他网络成员会综合其信用等级，全面考量是否与其进一步合作。对于信用等级较高的网络成员会受到更多的青睐和合作机会，而对于信用等级较低的网络成员会受到其他成员的排挤甚至是抵制。通过以上关系治理，敦促各网络成员以诚实守信、精诚合作的商业行为与其他成员进行合作，从而有效推动整个网络良性发展。

7.6 本章小结

本章在前文研究的基础上，提出企业孵化器孵化能力提升对策。探讨了健全孵化网络，包括完善孵化网络结构、加强孵化网络联系、强化孵化网络治理，从而提升企业孵化器孵化能力。选取河南省、福建省两地的国家级孵化器和发展成熟的孵化器外层网络，并在两省分别选取 A 孵化器和 B 孵化器的内层网络进行分析评价。发现孵化网络构建中存在企业孵化器外层网络核心节点过于集中、企业孵化器内层网络在孵企业之间联系松散、孵化网络发展不均衡的问题。完善孵化网络，对于资源获取具有重要的作用。因此，提出具体的对策包括完善价值识别及评价体系、增加优质网络节点数量、提高节点行为主体素质、加强外层网络联系、加强内层网络联系、强化契约治理、强化关系治理。

第 8 章

企业孵化器孵化能力提升：强化在孵企业集群管理

第 4 章、第 5 章揭示了在孵企业集群管理是孵化能力的影响因素。通过扎根理论编码分析、理论饱和度检验与实证检验所得研究结论，在孵企业集群管理对孵化能力具有正向影响。即在孵企业集群管理越完善，孵化能力越强；反之，孵化能力越弱。在孵企业集群管理由协同战略、组织结构、组织学习、界面管理因子构成。

因此，为了提升企业孵化器孵化能力，本章对强化在孵企业集群管理进行探讨，基于质性研究与实证检验所得结论及影响机制分析，分别从制定协同战略、优化组织结构、加强组织学习、采取界面管理 4 个方面提出针对性建议，如图 8－1 所示。

8.1 在孵企业集群管理对孵化能力的影响机制

8.1.1 在孵企业集群概念

企业集群（enterprises cluster）这一概念，由美国学者波特教授于 1990 年在其著作《国家竞争优势》中将其定义为：企业集群是在某一特定领域内，相互关联的企业、供应商、服务提供部门与相关机构在空间上的集聚，它们之间存在竞争与合作的关系。后来在其 2003 年《竞争论》中补充强调企业集群以彼此的相似性相联结。波特认为，地理集中具有重要的优势，不仅可以高效地促进信息流动，还能激发创新能力和增强竞争优势。除了地理位置的邻近性，文化与社会方面的相似性也起到了至关重要的作用。巴比斯塔和斯万（Baptista &

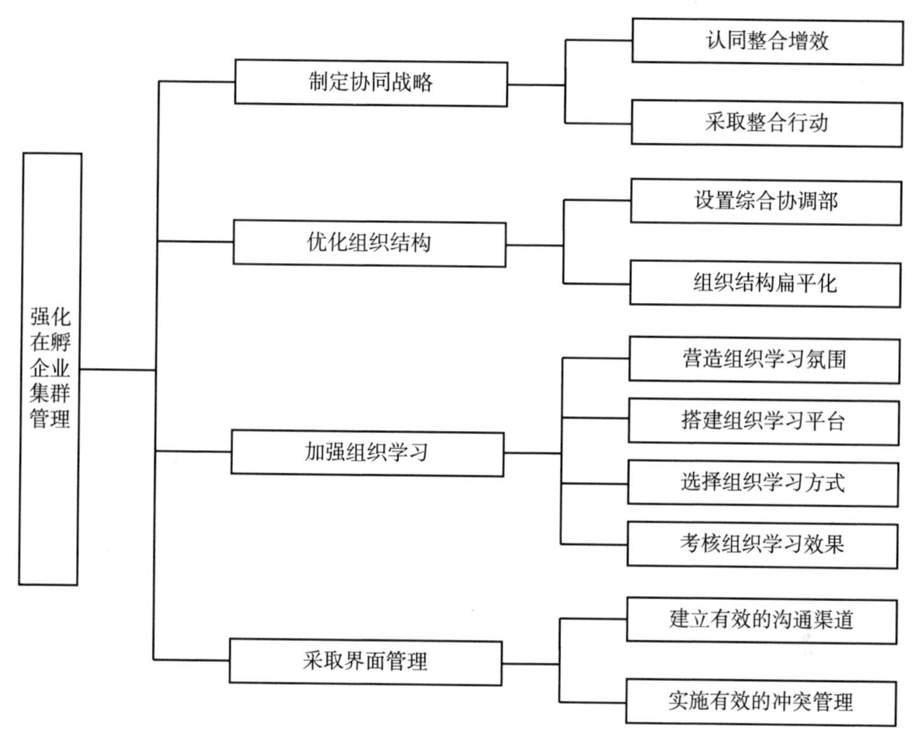

图 8－1　强化在孵企业集群管理对策框架

Swann，1998）认为，企业集群是处在同一地理区域或者以研发为基础集中在工业园区的一群企业。马克森（Markusen，1996）认为，通过开放的产业环境内部具有的某些特征而吸引产业活动的集聚从而形成集群。王缉慈（2001）将企业集群定义为一组在地理上接近、同处于一个特定的产业领域，由于具有共性和互补性而联系在一起。徐康宁指出，企业集群是相同的产业高度集中在某一特定地区的产业成长现象。赛德等（Said et al.，2012）认为，集群是相互之间存在联系的企业和组织在地理位置上的集聚。

通过对已有研究的梳理，我们可以看到，企业集群除了地理空间上的集聚，还具有共同的特性。因此，基于前人的研究，本章将在孵企业集群的概念界定为：在孵化器内，为寻求生存和发展，以创新科技性为公共属性的在孵企业的集合。

在孵企业集群的静态式可以表示为：

$$A = \{X \mid P\} \tag{8-1}$$

式（8－1）中：

A——在孵企业集群；

X——在孵企业集群 A 中的在孵企业，X 是一个向量，$X = (X_1, X_2, X_3, \cdots, X_n)$；$X_i (i = 1, 2, 3, \cdots, n, n \geqslant 2)$ ——在孵企业集群第 i 个在孵企业；P——在孵企业集群 A 中元素的公共属性。

8.1.2 在孵企业集群的特征

在孵企业集群，具有如下特征。

8.1.2.1 要素独立性

在孵企业集群是由若干个在孵企业构成的，作为构成要素的在孵企业具有独立的法人资格，彼此具有相对独立性。也就是说，在孵企业集群中，在孵企业各自拥有属于自己的固定资产、高新技术、流动资金等。企业孵化器为在孵企业集群提供了办公场地、基础设施等。在孵企业通过与企业孵化器签订孵化协议，共享这些基础设施，在孵企业集群内的资源呈现使用权与所有权的分离，通过共享资源，降低了在孵企业的经营成本，提高了企业孵化器内资源的使用效率。

8.1.2.2 效益多赢性

在孵企业集群内，每个在孵企业有着自己的利益诉求，这成为它们加入企业集群的动机，每个成员为了寻求支持，获取生存和发展的利益而加入。在孵企业集群的效益是各方共赢，即多赢性。因而，不会做到牺牲某个在孵企业的利益，去换取在孵企业集群的利益。例如，在孵企业集群内，两个或者更多的在孵企业合作研发生产一种创新型产品，如果一部分在孵企业因合作亏损，而另一部分企业盈利，那么这种合作关系就难以维系下去，在孵企业集群就难以健康发展下去。

8.1.2.3 隐形等级性

在孵企业集群内，在孵企业的关系虽然是彼此独立的，但在它们之间也存在隐形的等级。这种等级不同于传统意义上明文规定的刚性隶属等级层次，而是在无形之中由各自的影响力、行业地位等形成的隐形等级。比如，在孵企业集群内，有的在孵企业研发能力强，或有的在孵企业掌握了一个领域内的前沿技术，这些企业便具有较强的影响力，具有“话语权属”，使得与其他相关在孵企业形成隐形等级。但在孵企业集群内的隐形等级并未形成明文的文本规定。

8.1.2.4　边界的模糊性

在孵企业集群不断地与外界进行能量的交换，维持自身的生存和发展。人才、技术、信息、资金通过企业孵化器不断地输入在孵企业集群，同样，在孵企业集群的产出，如科技型产品、服务、新的信息又会通过市场不断地从在孵企业集群输出出去。在这一过程中，一些新创企业会根据自身的利益诉求，选择加入在孵企业集群，也有一些在孵企业由于实现了财务独立、管理独立等从在孵企业集群退出。在孵企业集群的成员企业具有较大的灵活性和流动性，使得在孵企业集群的边界处于变化中。相对于刚性组织的清晰边界来说，在孵企业集群的边界具有模糊性。

8.1.2.5　资源互补性

在企业孵化器内，众多在孵企业构成一个企业群体，不同的在孵企业可能处于不同的行业，生产不同的产品和服务。它们可能处于同一个产业链上，也可能处在不同的产业链上，拥有异质性资源，这些资源存在互补性。在孵企业集群内的各在孵企业，根据自身发展的需要，相互之间会建立一定的关系。

8.1.3　在孵企业集群管理对孵化能力的影响

前述分析已知，在孵企业集群的管理对孵化能力有着显著的正向影响。企业孵化器为在孵企业提供经营场地，因而聚集了一批在孵企业，有的只有几十家，有的多达数百家。目前，企业孵化器比较注重为在孵企业提供增值服务，却忽视了对在孵企业集群的管理。实际上，在孵企业聚集在一起，形成在孵企业集群，从事高新技术活动的新创中小型企业在空间上高度集聚，有效的管理，可以使得在孵企业借助集群内部关系，高效地利用、协调和整合资源要素，产生低于市场成本的成本优势。因此，通过对在孵企业集群的有效管理，可以提高孵化能力。

随着孵化网络的健全，提供服务的升级，越来越多的新创企业被吸引，入驻企业孵化器。不同行业、规模不一、经营状况各异的新创企业聚集在企业孵化器内，它们可能处在产业链的不同位置，有可能形成供应商与客户的关系。在孵企业除了自身努力外，还能通过企业孵化器的帮助建立与供应商、生产商之间的稳定合作关系，获取生产原料和技术人员，将客户企业所需的产品投放到市场中，创造生产价值。协同战略就是企业通过对隐性资源的使用获得协同效果的一种企业战略。在企业孵化器内，在孵企业之间存在着许多隐性资源。在孵企业集群的管理中，提出协同战略。组织结构是组织任务的划分、组合等方式。组织结构决定了组织内部的权责分配，决策的制定与执行。传统的企业在创立初期，除了经营场地、创业资金，还需要一系列的税务、工商、财务登记手续，以及技术鉴定、申请专利、商标注册等创立活动。而依靠企业孵化器相应职能部门提供的专业化服务，可以由原来的创业者一对一交易行为转化为由企业孵化器统一代理的行为，极大提高了新创企业的运营效率和降低了创立成本。科学合理的组织结构可以使得企业孵化器更好地服务在孵企业，提供更有针对性的服务。创业者由于缺乏管理经验，势必在经营的过程中，造成人工、材料等方面的浪费。在孵企业缺少各方面的知识和经验，如：对市场中产品和客户的认知、销售经验、维系客户关系的经验、与供应商协调合作的经验。企业最快地获取以上知识和经验的方式是观察行业中其他企业的运作、与客户广泛的沟通、了解其他企业的销售技巧、渠道构建合作方式使企业以最快的速度形成初步的市场能力。组织学习可以提高在孵企业对环境的使用和对机会识别和把握的能力。在孵企业需要通过持续的学习以增强风险抵御能力和对不确定的容忍程度。即持续的组织学习是在孵企业的必经之路。组织学习是创业者获得知识并将其应用到创业实践中的社会过程。组织学习旨在提高创业活动的效率，在企业的创建和成长阶段最为明显，可以实现知识的传播和对环境更好的适应。在孵企业之间建立关系的同时，也会产生界面。由于沟通不畅，或者利益等原因也会产生界面矛盾。界面管理是指企业协调界面双方，将重要的界面关系纳入管理状态中，以实现对管理对象良好的控制、协作。界面管理的目的就在于消除交互障碍，实现界面和谐。协同战略、组织结构、组织学习以及界面管理构成了在孵企业集群管理，在孵企业管理直接影响孵化能力。

8.2　制定协同战略

企业孵化器为在孵企业提供经营场地，因而聚集了一批在孵企业，有的只有几十家，有的多达数百家，形成在孵企业集群。目前，企业孵化器比较注重为在孵企业提供增值服务，却忽视了对在孵企业集群的管理。协同战略是企业通过对隐性资源的使用获得协同效果的一种企业战略。在孵企业集群中存在着隐性资源，通过制定协同战略，更好地利用在孵企业集群内资源，实现资源的高效利用。

8.2.1　认同整合增效

在孵企业无论在入孵前还是入孵后，对于利益的诉求都是客观存在的。入孵前，在孵企业作为独立的个体，按照自己的既定战略去经营和发展，而在入孵后，作为在孵企业集群的一个组成元素，如果只局限于自身发展，而不放眼于集群中其他在孵企业，不仅会错失更多的机会和获取资源的契机，而且很可能会因纷争、冲突而发生能量的消耗。把握所处环境的现状，分辨威胁和机会，并避开威胁，利用机会，是每个企业在生存和成长过程中所面临的重要问题。因此，在孵企业集群中要形成整合增效的理念，摒弃各自为政的发展模式，通过协同、降低成本、高效利用资源、加快发展，实现效益共赢，将“不可能”变为“可能”、将“非我所有”变为“我所有”。

8.2.2　采取整合行动

当在孵企业集群形成后，从事高新技术活动的新创中小型企业在空间上高度集聚，可以使得在孵企业借助集群内部关系，高效地利用、协调和整合资源要素，产生低于市场要素价格的成本优势。对于在孵企业集群而言，面对集群内部有限的资源，日益激烈的竞争环境，在孵企业集群内产业链的整合，既是市场的要求，也是资源优化配置的必然选择。将在孵企业作为整合对象，以降低产业链上在孵企业的成本为目标，重点开展产业链上相关企业与项目之间多形式的合作。

每个在孵企业都希望以最小的代价获得生存和成长的资源，在孵企业集群内部的整合行动，使得在孵企业之间通过联系与合作，取长补短，挖掘彼此的比较优势。在孵企业集群内部产业链的整合，涉及众多的行为主体，综合考虑时间、空间因素，对在孵企业之间的经营行为进行相互协调。首先，全面掌握不同在孵企业所处的行业，经营的核心产品和提供的关键服务，并对在孵企业位于产业链上的位置进行分析，进而对它们之间的关联情况进行评估。对于没有建立合作但产业关联的在孵企业之间给予有效的引导以及产品和服务信息的提供，助推它们相互之间建立合作关系，从而降低彼此之间的仓储和采购成本，提高利润率。对于建立起产业合作关系的在孵企业，研究制定内部交易、合作流程和协同运行方式，以最大限度地消除内部障碍，实现产业链的高效整合，保障在孵企业以较小的投入，实现较高的收益，推进在孵企业集群内部有序化，促进各部分相互依存，建立利益共享、风险共担，确保协同战略的实施，促进在孵企业快速成长。

8.3 优化组织结构

科学合理的组织结构可以使企业孵化器更好地管理在孵企业集群，为在孵企业提供更有针对性的服务。在孵企业集群管理过程中，组织结构在很大程度上决定了要素匹配的有效性和管理的水平。所以，可以通过优化组织结构提高在孵企业集群的管理效率。适宜的组织结构是组织资源得到有效和高效利用的前提，对于在孵企业集群也是如此。通过对组织结构的科学构建，实现专业化分工与协作，实现资源的合理分配和正常流动，用以弥补在孵企业的技术缺口、知识缺口。组织结构是集群内各在孵企业或孵化项目发生协同作用的依托，也是各组成元素发生联系的机制架构，是实现在孵企业集群内部各类资源整合流动的保证，组织结构设置的优劣关系到在孵企业集群管理的成效。

目前，我国企业孵化器设计的组织结构多为直线职能制，协同发展的组织模式不清晰，在组织结构构成中，相关的职能部门主要有财务部、法务部、信息部、人事部等。现有的组织结构不能适应协同战略下，对在孵企业集群的高效管理。因此，在协同战略下，以组织结构的稳定性为前提，以精简高效、分工清晰、利于协调为原则，以利于资源高效利用、强化在孵企业集群管理为目标，优化组织结构，解决以往条块分割、各自为政的情况，提高管理效率。加强在孵企业集群管理的组织结构应是一种以协同战略为导向、灵活有机式组织结构，总体呈现扁平化形态，横向能够实现跨部门的相互协作和信息在不同级别各部门间的流转，纵向管理层次设置较少，管理幅度较大，每个层级都被赋予足够的自主权。

8.3.1　设置综合协调部

综合协调部是在协同战略下，针对协同目标，破除协调障碍而设置的职能部门。不同的职能部门由于沟通不畅、目标分歧等原因会产生冲突，致使不同职能部门之间协作的摩擦力增加。因此，需要一个减少这种摩擦的管理安排。为了能够高效地促进信息的流动和各个职能部门之间的相互交流，实现组织结构的有效协同，在组织结构中设置综合协调部，用来协调各个职能部门的信息流、指令流和工作流，帮助实现有效的专业化分工与协作，并在实践运行中根据管理效果适时调整和完善。综合协调部根据协同目标进行顶层设计，从制度上保障不同部门职能的实施，为各部门运行提供制度框架和指导，负责指导文件的拟定，信息收集与传递等。各部门不能协调解决的问题可提交综合协调部，综合协调部如若还不能完成协调工作，则交由上级总经理来决策，从而充分发挥综合协调部在促进管理效率和管理效用方面的优势。

8.3.2　组织结构扁平化

在组织结构优化中，涉及的管理层级不能过多，应压缩管理层级以提高管理效率，同时合理确定部门的职能职责，理顺管理关系和管理流程，不断提高内部沟通协调效率。近年来，组织结构扁平化成为大部分企业组织变革的调整方向，它在保障业务流程顺畅的基础上，尽可能地减少管理层级。层级精简过程，即根据部门职能进行合并和分设。专业性强的职能部门要分设，专业性弱的职能部门可以合并到其他职能部门，确保各职能部门形成合力共同助力服务在孵企业发展。在横向运作上扩大管理范围，压缩命令链的节数，通过信息化建设提升组织信息共享水平和传递速度，将信息化和运作流程有效结合，以减少人力和物力成本，提高组织运行效率。

在协同战略下，组织结构的设置应该能为信息流、指令流、工作流等提供畅通的通道。优化组织结构，明确职能分工，打破条块分割，缩短控制链条，改善组织效率。在孵企业集群管理组织结构应具有科层制，但结构扁平化。根据在孵企业集群的特点，以有利于“官产学研资”紧密结合的管理体制，设置在孵企业集群管理组织结构，如图8-2所示。

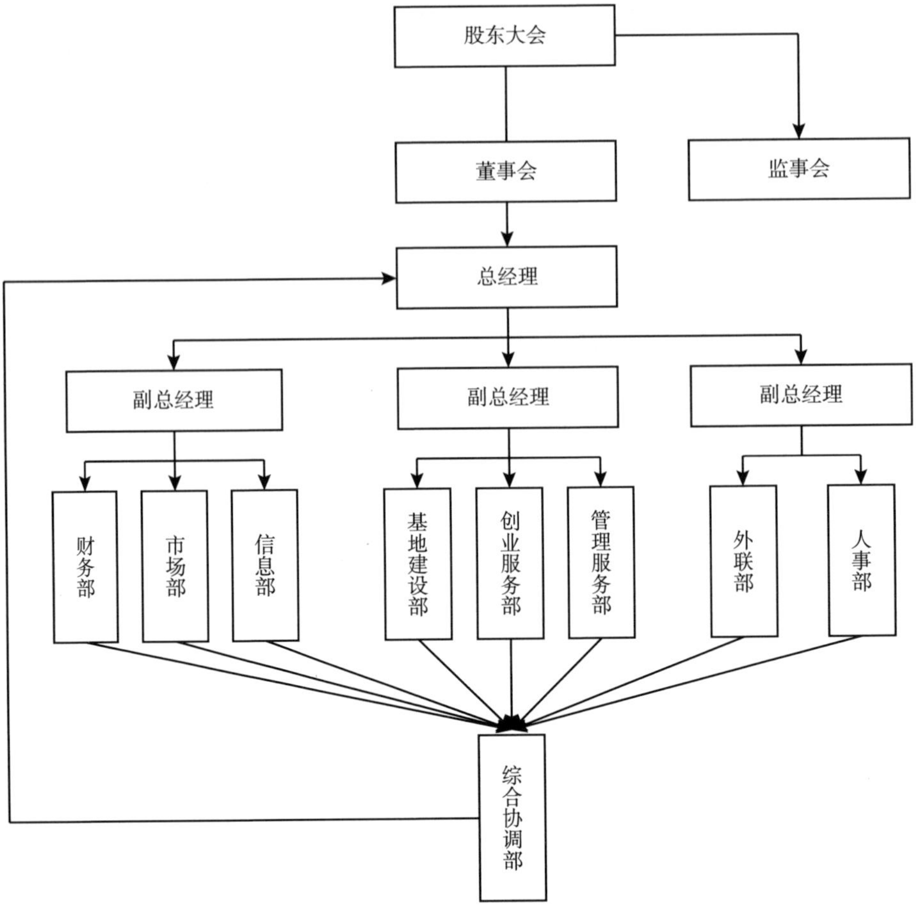

股东大会
董事会
监事会
总经理
副总经理
副总经理
副总经理
财务部
市场部
信息部
基地建设部
创业服务部
管理服务部
外联部
人事部
综合协调部

图 8－2　在孵企业集群管理组织结构

企业孵化器按照现代企业制度管理和运行，实行董事会领导下的总经理负责制。最高层为决策层，由股东大会、董事会、监事会构成，负责重大决策。管理层为总经理和副总经理。执行层为各个职能部门。每个副总经理分管不同的职能部门，分管的职能部门所涉及的专业知识和技能为自己所擅长的领域，解决日常运营中出现的具体问题。将决策层从日常管理中解放出来，更多地思考发展战略和转型升级问题。在组织结构的设置中，要坚持独立和协同兼顾的原则，既要保证各个职能部门在管理中的相对独立地位，同时又能够有效地协调各个职能部门之间的关系，最终推动在孵企业集群内创新创业活动的顺利实施和进行。

创业服务部。主要负责为在孵企业提供政策解读、创业知识讲解、创业活动举办等。

管理服务部。主要负责为在孵企业提供正常经营所需的注册登记、年检、验资、变更等的咨询和代办服务。

基地建设部。主要负责企业孵化器硬件方面的建设。比如，基础设施的维护和完善、孵化面积的扩张等。

外联部。主要负责整合企业孵化器外部创新创业资源，为企业孵化器内在孵企业生存和成长提供有力支撑，包括知识产权、科技金融、风险投资、与政府相关部门沟通、资源调配、采购等服务。

人事部。主要负责构建企业人才集中共享服务中心，为企业孵化器和在孵企业提供人力资源服务，通过微信公众号和官方网站人才招聘模块，为人才输入做支撑，满足在孵企业和企业孵化器用工需求，发挥人才服务职能。

市场部。主要负责企业孵化器及其在孵企业的产品或服务的市场宣传和推广。介绍和宣传企业孵化器提供的硬件和软件服务，使企业孵化器吸收更多的优质网络节点参与孵化服务。宣传和推广在孵企业生产的产品或提供的服务，帮助在孵企业拓展上下游客户。

财务部。主要负责企业孵化器的日常往来收支款项的管理和提供面向在孵企业的财务咨询服务。

信息部。主要负责集群内信息的收集和统计以及集群外有关创新创业政策、行业发展等信息的收集、处理、提炼和发布。

综合协调部。主要负责各个职能部门之间的协调，行使管理协同活动的职责，实现各个职能部门的对接和有效沟通，实现协同过程顺畅。

上述职能部门既有分工，又有协作，为在孵企业集群内创新创业活动的有序开展奠定基础。在实际运用中，可以根据企业孵化器和在孵企业发展需要进行相关职能部门的增添或删减。

8.4　加强组织学习

组织学习是通过获取信息和知识来产生新的认知、知识并改善企业的行动、结构和系统的过程（Fiol & Lyles，1985）。组织学习有三个特点：第一，组织学习是建立在个体学习的基础之上；第二，是一个积累开发的过程；第三，依赖于组织共享的知识和内部交流的能力（Lichtenthaler，2009）。组织学习可以提高新创企业对环境的使用和对机会识别和把握的能力。通过学习，可以增加在孵企业集群的知识积累、改善知识结构、提高员工的知识丰富程度和相关技能，提高组织对环境的敏感性和适应性，及时发现问题，识别创新机遇和威胁。只有加强组织学习，才能更好地了解内外部环境，才更容易识别、获取、利用所需的资源，使组织自身能够更具有柔性，从而将内外部资源更好地与自身资源整合，在孵化创新的过程中，通过强大的适应能力，锁定发展目标，调动所需资源，创造想要的效果。因此，组织学习对于在孵企业集群的长期生存和发展至关重要，是在孵企业集群管理的保障。通过有效的组织学习使个人的经验、技能和知识在组织范围内共享与传播，形成组织宝贵的资源。集群员工不断扩展学习能力，努力创造向往的结果，以多元化的角度思考问题，形成创新带动发展的共同愿景，将学习、创新与组织经营管理理念相结合，通过组织学习在集群内部形成良好的创新创业发展态势。通过营造组织学习氛围、构建组织学习平台、选择组织学习方式、考核组织学习效果加强组织学习。

8.4.1 营造组织学习氛围

营造重视学习、鼓励学习、热爱学习、善于学习、持续学习的学习氛围。集群内员工必须认识到学习的重要性，并在企业内部形成全员学习的氛围，引导他们不断自我超越，追求更高境界的自我价值实现。营造组织学习氛围，首先，领导者要起到模范带头作用，使自己成为积极学习的引导者、倡导者，在集群内形成榜样的力量，带动大家自觉学习、自我完善、自我发展，使学习成为企业的一种文化和机制。其次，树立学习理念，鼓励员工学习。鼓励全体员工学习和创造新的知识和思想，并传播新的知识和思想。培养在孵企业集群文化的学习性，形成尊重知识、学习知识、创造知识、传播知识的集群价值观，在集群中构建全员参与的以知识获取、转化、创造、应用和扩散为核心的企业文化。为全员营造自觉学习和习惯学习的良好氛围，使学习成为一种需要和快乐的源泉。通过营造组织学习氛围，努力达到下面几个转变：由“要我学”变成“我要学”，由“阶段学习”变成“终身学习”，由“学了什么”变成“学会什么”。

8.4.2 搭建组织学习平台

企业孵化器要做好学习平台的搭建问题，为在孵企业的学习创造良好的条件，培养学习习惯。第一，落实组织学习投入的资源。落实人力、资金、设施、信息、技术等资源，支持组织学习。投入的资源和回报要从长远发展的角度来衡量，特别是在财力方面给予最大程度的支持。可以通过建立网络学习平台、学习互助平台、学习研讨小组平台、电子图书库平台等来建立一个有效的组织学习平台。过滤掉那些陈旧不符合时代发展和在集群中发展很成熟的知识，汲取先进科技知识和在孵企业集群欠缺的知识，并按照类属关系分门别类，把它们整理成一个新的知识系统，上传组织学习平台，供集群内在孵企业学习讨论。平台上的知识是经过提炼和整理的。因此，具有一定的条理性和系统性，便于员工开展系统学习；另外，通过组织学习平台的集成性，可以较为便利地整合集群内不同在孵企业的知识，利于集群内部知识的交流与分享。第二，制定学习计划，做到有的放矢。结合当下的经济发展和在孵企业的现实需要，制定周期性学习计划，将不同阶段的学习主题提前做好安排。在市场经济迅猛发展的今天，知识经济的力量不容忽视，在孵企业集群需要建立起内部学习机制，将学习要求和学习内容落实到每个部门、每个员工的工作计划与发展目标中。通过搭建组织学习平台，便于开展组织学习活动，增加在孵企业集群的知识储备。

8.4.3 选择组织学习方式

一是单项的讲授方式，适用于专业性较强的知识，这需要邀请专业人士采取单项讲授的方式培养员工，员工是知识的接收方。二是多向交流方式。在多向交流方式中，每个集群企业成员都是知识的源头。员工之间可以通过互相交流，取长补短，达到学习的目的，同时多向交流的方式也为企业中各个员工提供了平等学习的机会，达到了信息、知识等资源的共享。集群内企业可以通过观察企业孵化器内其他在孵企业的运营模式、了解其他在孵企业的销售技巧、与客户进行广泛交流、构建合作渠道等方式快速获取知识和经验。三是构建知识联盟。知识联盟是建立在知识合作基础上，以知识创新为目的的一种企业联盟。在孵企业之间可以建立知识联盟，这样便于企业之间在知识上取长补短，从而成为外部知识整合的重要形式。当在孵企业的知识与联盟中的其他在孵企业的知识整合在一起时，会产生相互促进的效果。因此，整合后的知识更具有价值，并且比原有知识更加稀缺和难以复制。随着全球经济一体化进程的加快，知识联盟逐渐成为企业整合外部知识的重要形式，获取组织学习知识的重要源泉。

8.4.4 考核组织学习效果

将学习指标纳入考评管理体系当中，对于学习时长、学习结果进行评价。这有利于激励员工自觉学习，查漏补缺，检查自身学习的效果，明确未来的学习方向。建立组织学习效果评估系统，制定考核目标，构建合理的、可操作的、激励性的考核指标评价体系，选择科学客观的评价方法，对个人、部门、组织的学习活动进行考核评价。依据不同的学习对象、学习内容，设置与之相适应的奖惩措施，包括物质奖励、精神奖励等形式。学习效果与加薪、晋升等与职业生涯发展挂钩，鼓励员工自觉学习、坚持学习，挖掘员工的学习能力和创造能力。

8.5 采取界面管理

界面，是由于不同集成元素的整合而引发的（吴秋明，2004）。集群内企业之间在相互合作和接触的过程中，也会产生界面。由于在孵企业之间的信息不对称、各自的企业文化差异等原因会造成界面矛盾。界面矛盾降低了分工的效率，现实中存在由于界面管理不到位，不能有效化解合作冲突等问题，对在孵企业发展产生了一定的负面影响，同时界面之间又相互渗透，对界面矛盾进行管理，可以提高资源的利用效率，提升相互之间的能力。因此，应该对在孵企业之间的界面矛盾问题予以足够的重视，通过采取界面管理，使各个在孵企业之间在组织内部资源均衡与外部合作之间达到统一，使接触的在孵企业双方在物质和精神层面提高满意度，使跨界面的交流、协调、合作能够有效进行，以实现既定的组织目标。

8.5.1 建立有效的沟通渠道

不同的在孵企业有其自身的特征，或者有其自身的行为习惯，并习惯于自身企业的运行模式和行为方式，无意愿改变已有的格局。当与不同在孵企业的运行模式交互时，则会打破其原有适应性，从而产生消极或抵触的情绪和行为，由此形成界面矛盾，影响要素融合和交互，导致协同创新资源难以整合，合作难以持续。另外，集群内的在孵企业在运作的过程中会产生和涉及大量不同的信息，由于解决问题所需的信息分布在相关的在孵企业中，加之不同的在孵企业一般都对自身领域相关信息较为了解和关注，缺乏对其他领域信息了解的愿望和冲动，造成信息不对称以及信息的黏滞性，导致双方产生猜疑和矛盾。

要想化解矛盾，需要建立有效的沟通渠道。第一，界面双方高层管理者的定期交流制度。管理者往往处于界面的核心，其主动沟通交流的行为对促进组织间的沟通合作、化解冲突和增进信任起到重要的示范作用。组织高层管理者作为组织的决策者，对于组织的行为活动有决定权。他们之间的沟通有利于界面矛盾化解。第二，建立双方专家团队的实时沟通机制，作为掌握组织技术资源的专家团队的沟通对于技术的合作有显著的正向影响，通过实时沟通，促进在孵企业之间技术上的相互渗透，相互促进。第三，搭建界面——双方企业全体成员的信息交流平台，提供非正式交流渠道。例如，通过微信群、QQ群等，传递协作意愿，增进相互之间的信任。第四，设置常规的沟通机制。必须为在孵企业部门负责人之间的各项业务交互创建一种工作交流机制，如每周例会、每日晨会、专题会议等。此外，还可以通过信息工具建立信息交换平台，以便及时地传递信息。直接有效的沟通渠道建设是界面管理的第一要务，通过跨界面沟通，对发展合作中产生的矛盾，及时交流彼此的想法，商谈解决的方案，将矛盾扼杀在萌芽期，避免升级，并达到彼此间在信息流、工作流、知识流和价值流等要素相互融合，降低协调成本和失败风险，从而促进双方或多方协作的成功，实现预期目标。

8.5.2 实施有效的冲突管理

面对在孵企业之间产生的界面冲突，需要实施有效的冲突管理，避免矛盾升级。第一，在冲突爆发的初期，矛盾双方都是不冷静的，容易做出错误的判断和不理性的决策。这时候应采取冷处理法，冷处理并不代表不处理，而是等待冲突双方都冷静下来后，再进行处理，这样可以缓和矛盾。过了冲突爆发初期，待双方冷静下来后，双方仍不能达成共识，就需要采取强制支配法。企业孵化器可以利用自身的权威和影响力，站在公平、公正的立场上，处理双方之间的矛盾。第二，冲突的爆发很多时候源于不良的情绪。不良情绪往往由委屈、失望等原因造成。通过设立情绪管理咨询室，为矛盾双方提供袒露情感和心声的平台，使不良情绪得到有效的宣泄，及时化解心中的失望、委屈等不良情绪，减少因情绪失控带来的冲突。第三，共同制定一个有效的冲突防御规则，避免以后出现相似的矛盾和相似矛盾出现后的升级恶化。规则的制定应照顾双方的利益，在以往出现的矛盾中，分析矛盾出现的原因，找寻双方最佳的利益平衡点，并在此基础上制定冲突防御规则。

8.6 本章小结

本章在前文研究的基础上，提出企业孵化器孵化能力提升对策。探讨了强化在孵企业集群管理，包括制定协同战略、优化组织结构、加强组织学习、采取界面管理，从而提升企业孵化器孵化能力。分析了在孵企业集群管理对孵化能力的影响机制，在此基础上，提出具体的对策包括认同整合增效、采取整合行动、设置综合协调部、组织结构扁平化、营造组织学习氛围、搭建组织学习平台、选择组织学习方式、考核组织学习效果、建立有效的沟通渠道、实施有效的冲突管理。

第 9 章

企业孵化器孵化能力提升：完善孵化环境

企业孵化器存在于一定的环境中，孵化环境对孵化能力具有调节作用，这在第 4 章、第 5 章中，通过扎根理论编码分析、理论饱和度检验与实证检验已经进行了论证。孵化环境支持性分别正向调节二元主体协同与孵化能力、孵化网络健全与孵化能力、在孵企业集群管理与孵化能力之间的关系。企业孵化器所处的孵化环境包括政策环境、创新环境、法律环境。

因此，本章将围绕孵化环境完善问题，即完善政策环境、完善创新环境、完善法律环境，探讨孵化能力提升对策，如图 9 - 1 所示。

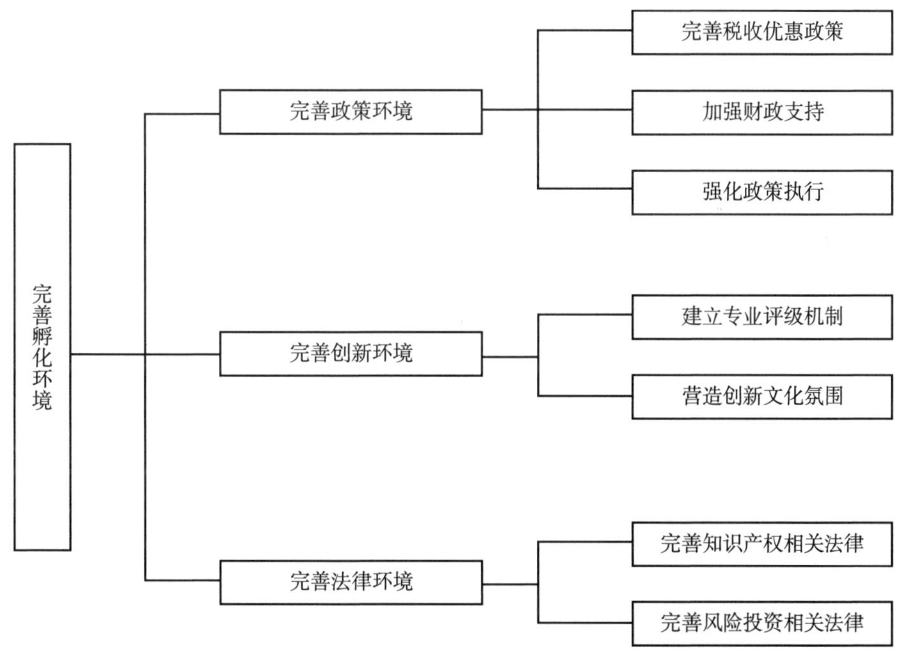

图 9 - 1　完善孵化环境对策框架

9.1　完善政策环境

相关政府部门要根据国家经济和社会发展的水平，基于我国创新创业的现实需求，借鉴西方发达国家企业孵化器成功运作的经验，为企业孵化器发展制定优惠政策，引导企业孵化器发展的方向。政府颁布的鼓励和扶持政策应跟随时代发展，形成相对完善、系统的执行框架，积极营造适合孵化器发展的外部条件和业态环境。完善政策环境，突破原有机制体制的障碍束缚，将企业孵化器与政策方面的优势结合起来。如果政策设计滞后于时代的发展，并且不注重连续性、互补性等特征，就会使政策衔接失当，增加政策执行的阻力，失去制定政策的意义。通过完善政策环境，引导和支持企业孵化器健康规范发展，为孵化能力提升创造良好的外部条件。

1988 年，我国专门为发展高新技术产业而设立的“火炬计划”开始推行，其中将建立企业孵化器列为重要内容。企业孵化器在我国政府政策的推动下诞生，其建设和发展也离不开政府政策的支持。国务院、科技部、财政部等相关部门相继颁发了多项政策以支持企业孵化器的加速发展。2014 年，习近平总书记在中央经济工作会议上强调要营造有利于大众创业、市场主体创新的政策环境。良好的政策环境是企业孵化器孵化能力提升的重要保障。国家相关部门和各级政府部门应该结合科技产业发展目标、企业孵化器发展的实际状况因地制宜，采取更为完善的税收优惠政策、财政支持政策，并且强化政策执行。

9.1.1　完善税收优惠政策

我国政府相关部门通过直接为孵化器提供税收减免、孵化项目支持等方式来引导和支持孵化器发展（崔静静和程郁，2016）。政府的税收优惠政策有助于推动相关主体开发新产品和提供新服务（Desa，2012）。2007 年，财政部、国家税务总局颁布了《关于科技企业孵化器有关税收政策问题的通知》，制定了符合条件的孵化器免征房产税、城镇土地使用税等相关条例。孵化器税收优惠政策的执行期限为 3 年，但在 2011 年、2013 年、2016 年、2018 年又连续延续了 4 次，并根据科技部新修订的国家级孵化器对在孵企业提供服务的标准和要求进行了微调。我国对孵化器的税收优惠政策，侧重于对提供硬件服务的税

收减免。对于提供的孵化服务强调经纪代理、经营租赁等服务。这是目前我国国家层面对科技创业以及孵化器发展最有力和持续性较强的支持政策。

我国对孵化器的税收优惠政策的享受设定了一定的门槛，在相关政策的通知中，明确了需要达到的条件，比如，需达到国家级孵化器的条件、孵化场地面积等要求。目前，对于国家级孵化器的认定条件，涵盖了孵化场地面积、运营时间等方面的硬性要求，但缺乏对孵化服务方面的具体评价细则。事实上，随着各地孵化器的快速建设，硬件已经不再是创新创业服务的关键约束。因此，现行的税收优惠政策难以促进孵化器深层次孵化服务水平的提升，需要进一步完善政策机制（程郁和崔静静，2016）。应调整享受优惠政策的标准，弱化对于孵化面积、运营时间等基础条件的硬性要求，而将孵化器提供的孵化服务质量和内容作为税收减免的条件。

“十四五”规划和 2035 年远景目标纲要中强调，要规范完善税收优惠。创新创业是一个需要持续投入资源才能产生效益的过程，实施孵化器税收优惠政策将为其发展创造良好的支持性环境，对于孵化能力提升具有重要意义。因此，通过扩大孵化器税收优惠政策范围以及提供多样化税收优惠政策进一步完善税收优惠政策。

9.1.1.1　扩大孵化器税收优惠政策范围

从现有孵化器税收政策的优惠范围来看，一些孵化器仍难以享受到政策优惠。应该降低孵化器享受税收优惠政策的门槛，使更多具有发展潜力，具有较高服务水平但成立年限、孵化场地面积等基本条件不够的孵化器享受到税收优惠。当前孵化器税收优惠政策更多地针对孵化器本身，与在孵企业相关优惠较少，也没有涉及与孵化器建立联系的孵化网络主体的优惠，但是孵化器的宗旨是为在孵企业的生存和成长提供孵化服务，然而仅靠孵化器自身的力量难以完成孵化使命，应将在孵企业、与孵化器建立联系的网络主体纳入孵化器税收优惠政策的范围中，如对合作研发的新产品和新工艺给予一定的税收减免，从而形成对孵化器全面的支持。

9.1.1.2　提供多样化税收优惠政策

已有的孵化器税收优惠政策更多地强调了硬件概念，如房产税与城镇土地使用税的减免。孵化器向在孵对象提供孵化服务取得的收入，免征增值税，但政策中的孵化服务仅指经营租赁、经纪代理等服务。应对孵化器提供更多样化的税收优惠政策和相关引导，激励孵化器开展更多元化的孵化服务活动，如增加创业导师数、构建完善的公共信息服务平台等给予必要的税收扶持政策（孙启新等，2020）。一是适当提高在孵企业研发投入支出的加计扣除比例；二是针对在孵企业购买的大型科研和实验设备实行税额减免等（孙卫，2020）。

9.1.2 加强财政支持

财政支持是政府扶持孵化器发展的重要手段，投资、补贴等在内的政府财政行为是孵化能力提升的重要外部因素，财政支持能够对孵化器发展形成明显且有效的激励。财政支持协同税收优惠政策支持孵化器的发展，但财政支持手段针对性强，可以对扶持对象有直接的支持效果，并且较为灵活，不像税收优惠政策具有刚性特点，同时财政支持手段操作性强，更加便于实施。因此，通过设立多样化专项资金、提供财政担保的方式加强财政支持。

9.1.2.1 设立多样化专项资金

科技部出台的《关于进一步提高科技企业孵化器运行质量的若干意见》中明确指出，建立孵化器专项资金，用以支持孵化器的建设。已有关于孵化器建设的专项资金多以支持新建和扩建孵化面积等硬件为主，但硬件已不是制约孵化器发展的关键因素。因此，应设立多样化专项资金。高科技行业的发展面临较高的风险，投资人往往会处于观望的姿态，不会轻易投资。由于资金支持不能及时到位，我国有相当比例的没有实现有效转化成商业产品的科研成果，影响了技术进步对于经济增长的贡献。设立多样化的专项资金，支持孵化器的发展，激发孵化器内在孵企业创新的热情和活力。给予在孵企业潜心科研的资金支持，促进创新的发展。给予具有发展潜力项目的资金支持，助其完成商业转化，实现盈利。专项资金是支持孵化器运行的重要因素。将支持重点放在孵化器内在孵企业前沿技术的研发、技术成果的转化、转化项目的推广、产学研联合开发项目的推动、软件服务平台的再建设等。通过统筹规划，做好专项资金的有效利用，通过重点投入项目吸引更多有潜力的新创企业入驻孵化器，共享资源。随着孵化器市场化进程的推进，它的根本目的在于获得更多的经济收益，但孵化器的性质决定了经济效益显现较慢，如果孵化器的预期利润水平过低，必然严重影响孵化质量和孵化服务水平。因此，对于新创立的孵化器，也应获得专项资金支持，帮助其维系初期日常的运营，降低运营成本，激励孵化

器提高孵化服务水平。发展中的孵化器，对于拥有较高孵化成功率的孵化器，应给予及时的物质和精神上的财政奖励，以激励其更好的发展。孵化器也会引入风投，对于在孵企业的发展注入资金，但往往高收益也意味着高风险，如果没有完善的风险补偿机制，很多资本就会处于观望态度。因此，有必要建立一个多层次的风险补偿专项资金，可以促进更多的资本涌入孵化器内，为创新创业的发展保驾护航，最大程度缓解科技创新创业的融资约束。

9.1.2.2　提供财政担保

很多具有发展潜力和良好市场前景的新创企业和具有前沿技术的在研项目，由于前期自身资产不足以及产品或服务有待市场检验，一些金融机构不愿意冒风险进行资金支持，造成它们后续发展举步维艰，甚至夭折。如若政府以自身的财政信用为这些孵化项目或在孵企业进行担保，以保障在孵企业或高科技在研项目在必须资金的支持下继续开展创新创业活动，是一种非常有效的间接财政支持方式。采用这种财政支持方式，不仅可以缓解在孵企业的创新发展压力，也可以对其产生积极的激励作用，同时也向外界释放在孵企业发展良好的正面信号，以吸引更多的社会资本介入支持。

9.1.3　强化政策执行

对国家提出的相关政策的落实，是一种政策执行行为。只有当政策得到顺畅执行时，相关政策的制定才具有真正的意义。第一，制定实施细则。政策是否得到有效的执行，往往取决于政策执行者。各级地方政府应在充分理解政策精神的基础上，根据国家相关部门颁布的优惠政策、孵化器的发展实践，制定适应当地具体情况的、有针对性的实施细则，促进相关政策的严格执行。第二，建立评价机制。评价机制的建立是对政策执行过程与成果加以评价。这样能够有效调动执行主体的积极性，确保相关政策得到高效灵活的执行。将政策执行的评价机制分为两个层面：一是制定清晰准确的执行效果评价标准。政策执行效果往往不是立竿见影，而是存在一定的滞后性，甚至出现衍生结果，并且难以量化。因此，评价标准的制定要兼顾近期效果与远期效果、直接效果和间接效果，进行综合评定。二是正确地评估主体，目前国内对于政策执行效果的评价多以自评的形式开展，但自我评价的客观性往往受到普遍质疑，应引入新的评价主体，推动相关政策执行。第三，建立及时的反馈与责任追究机制。

通过及时的反馈与责任追究，可以促使政策在执行过程中出现的偏差得到及时纠正，保障政策执行的效果，提高服务对象参与的积极性。如不能及时纠偏，则会导致不必要的资源浪费和政策执行的逐步衰退。第四，建立考核机制。对于严格执行孵化器相关政策并产生较好的执行效果的各级政府部门给予奖励；对执行情况较差的相关部门，给予相对应的问责和惩罚，增强各级政府对孵化器相关政策执行的责任感和压力感。此外，借助社会舆论、新闻媒体对各级政府落实孵化器相关政策的情况进行监督，保障政策的有效执行。

9.2 完善创新环境

孵化器属于创新创业服务行业，良好的创新环境和氛围，有助于孵化器及在孵企业的创新成长。国务院颁布的《国家中长期科学和技术发展规划纲要（2006－2020年）》，制定了于2020年建设成创新型国家的宏伟目标。2020年10月，党的十九届五中全会召开，全会提出“坚持创新在我国现代化建设全局中的核心地位”。“十四五”规划和2035年远景目标纲要中也明确提出，坚持创新驱动发展战略。国家重视创新的发展，为孵化器的成长提供了沃土。在国家大政方针的指导下，通过建立专业评级机制、营造创新文化氛围完善孵化器所在的创新环境。

9.2.1 建立专业评级机制

孵化器自身资源有限，在孵企业的创新创业发展离不开专业服务机构的支持。对于参与孵化发展的专业服务机构，应建立专业评级机制。目前，与孵化器建立联系的专业服务机构涉及会计师事务所、律师事务所、资产评估事务所等，提供专业化的服务促进创新创业的发展。通过标准认证机构、在孵企业的评价等给予提供孵化支持的专业服务机构评级鉴定，对于专业水平评级较低的专业服务机构，减少合作及业务往来。实行动态专业评级，敦促相关专业服务机构不断提高服务水平，更好地服务于孵企业的创新发展，以此完善创新环境。

9.2.2 营造创新文化氛围

创新意味着改进或创造新的事物，这可能会带来失败。要加强企业自身的创新能力，就需要一个稳定的创新生态文化，文化的力量在企业适应外界变化的过程中发挥着不可替代的重要作用。良好的创新文化氛围可以为孵化器孵育在孵企业成长创造良好的条件。营造尊重原创、勇于探索、包容失败的创新文化氛围。将敢于创新、善于创新的企业作为标杆，树为榜样，发挥模范带头作用，带领更多的企业加入创新的队伍，带动更多的在孵企业不断创新，推动创新创业创造向纵深发展。弘扬科学精神和工匠精神，广泛开展科学普及活动，激发创新思维，培养钻研科学的兴趣，形成热爱科学、崇尚创新的理念。

9.3 完善法律环境

通过完善有关的法律法规，为孵化器及在孵企业提供公平的发展环境，保障各主体发展中的合法利益。明确的法律制度既可以有效降低不确定性所带来的负面影响，又可以使权利的行使和责任的承担都走上法治化的轨道，为各主体之间的发展合作提供稳定的制度环境。

相较于西方发达国家，我国的孵化器事业起步较晚，发展迅猛，但是相关法律还不够完善，同时在创新创业不断发展的背景下，对我国孵化器相关法律提出了新要求。法律环境是孵化器有序发展的重要基础。因此，需要通过改善我国当前现有法律环境，规范相关主体行为活动，为孵化能力提升创造公平的法律环境。

2002 年通过的《中华人民共和国中小企业促进法》以立法形式确立了孵化器的法律地位，孵化器的作用也得到充分肯定。2017 年，对该法进行了修订，其中指出国家鼓励建设和创办孵化基地，为小型微型企业提供生产经营场地和服务。2015 年，修正了《中华人民共和国促进科技成果转化法》，进一步从法律层面上保护科技成果转化，维护孵化器和在孵企业等主体的合法权益。孵化器早期基本由政府主导建设，呈现准政府性、公益性，如今不断谋求孵化器从“政府推进”向“市场化运作”转型。2018 年，科技部印发了《科技企业孵化器管理办法》，提出鼓励市场化运作。在孵化器不断转型升级的过程中，国家相继出台了关于孵化器建设方面的纲领性文件，但在政策执行过程中缺少法律的支持和保障，相关法律和保障体系还不够健全，影响孵化能力的发挥。孵化器运行的法律环境有待进一步完善。因此，应该从国家层面出发，建立适合我国国情的孵化器相关法律法规，为孵化能力提升创造公平有序的环境。“十四五”规划和2035年远景目标纲要中强调，要促进资源要素顺畅流动，破除制约要素合理流动的堵点。因此，要加快建立以在孵企业为主体、孵化器为资源连接主体的创新体系。对于孵化器内诞生的新发明、新技术，给予及时的资金支持，并保护好发明创新者的合法权益，以及投资者的正当利益，这样才能充分调动在孵企业参与创新的积极性以及投资者的投资积极性，使在孵企业成长为主动创新、积极科研、促进转化的主体，使创新真正活起来，同时在孵企业也能及时获得创新发明的资金补充。因此，需要保护创新者的知识产权和风险投资者的正当利益。

9.3.1 完善知识产权相关法律

完善知识产权相关法律对于激发企业创新活力、增加研发投入、维护创新合法收益等方面具有至关重要的作用。“十四五”规划和2035年远景目标纲要中强调，健全知识产权保护运用体制，实现严格的知识产权保护制度。在孵企业往往具有先进的创意和具有竞争力的核心技术，带着创新成果进入孵化器完成科技成果转化工作，将拥有的知识技术成果产业化。因此，需要完善知识产权保护体系，加大知识产权保护和市场监管力度，为拥有核心专业技术的在孵企业提供保障，维护它们的核心权益。知识产权相关法律的完善，能弱化道德风险，降低合作方谋取在孵企业商业机密和核心技术的动机和可能，推动合作的开展。

随着时间的推移，知识产权保护相关法律逐步发展。改革开放之初，为适应时代发展需求，我国先后颁布了《中华人民共和国商标法》《中华人民共和国专利法》等。至20世纪90年代，我国增加了对计算机软件、集成电路布图设计等方面的知识产权保护。2008年6月，我国国务院发布了《国家知识产权战略纲要》，明确将知识产权上升为国家战略。2014年，国务院办公厅出台《深入实施国家知识产权战略行动计划（2014—2020年）》，明确提出加强知识产权强国建设。2015年12月，我国国务院发布了《国务院关于新形势下加快知识产权强国建设的若干意见》，再次提出要将我国建设成为知识产权强国。

进入 21 世纪后，为顺应知识经济发展要求，我国相关政府部门又确立了信息网络传播权，并加大对知识产权侵权的惩罚力度等措施。近些年，我国按照 TRIPS 协定的最低标准相继修正了《中华人民共和国专利法》《中华人民共和国著作权法》等，进一步完善了我国的知识产权法律。

随着科技的进步，知识经济的发展，知识产权保护的诉求不断提高。我国知识产权相关立法未能跟上科技知识进步的步伐，成为制约科技创新发展的一个重要原因。我国虽然出台了一系列知识产权基础法律制度，比如，《中华人民共和国专利法》《中华人民共和国商标法》等，但是现行法律法规与迅速发展的高新技术产业相比，尚存在滞后性和不适应性，一些新出现的事物，需要修改或建立相应的法律法规加以保护，及时更新新兴领域的知识产权方面的法律法规制定，以适应科技的进步。当代科技知识加速增长，科学技术研发周期缩短，对于知识产权，必须进行及时保护。进一步完善知识产权保护法中的相关条例，对于知识产权保护和促进知识更新创造良好的条件，比如，调整专利法中专利申请的审查和批准期限过长的规定，使知识产权得到及时有效保护，同时构建高效的知识产权综合管理平台，方便企业主体和大众查询和办理相关业务，提高知识产权相关业务的办理效率，提升创新主体对综合运用知识产权促进创新驱动发展的能力。知识产权和有形资产一样，但大众对知识产权保护的法律意识较为淡薄，只注重有形财产的积累与保护，忽视了专利、商标等知识产权的保护。对知识产权保护意识的淡薄，导致对知识产权保护不力，成果搁置，而科学研究的目的是推动社会生产力的发展和为社会生产服务，不进行推广应用就是对资源的浪费。因此，搁置的成果也是无形资产的流失。知识产权相关管理机构应该发挥自身的职能，加大宣传知识产权保护方面的相关法律，在全社会形成以保护知识产权为荣的社会风尚，使企业切实提高自我知识产权保护意识，尊重他人知识产权意识以及运用知识产权进行创新发展的意识，减少因不知法而出现侵权的违法现象，使公众也成为知识产权保护的监督者。相关监管机构要积极发挥有效的监管作用，对于侵权行为给予强有力的打击，行政途径打击侵权行为具有结案时间短、成本低、程序相对简单的优势。

创新的核心是“创造”，对于创造性的激发需要知识产权的保护和激励。因此，随着时代的发展，不断探索知识产权保护的新途径，与国际知识产权保护标准接轨，逐步完善知识产权相关法律。

9.3.2 完善风险投资相关法律

风险投资与传统投资不同的地方在于，其往往是寻找刚起步但有发展潜力的中小企业的高科技项目为投资对象，这就存在很大的不确定性，风险很高。但是与高风险相对应，风险投资的收益也很高。风险投资是一种权益投资，在向投资对象注入资金的同时也就与其形成了风险共担、利益共享的共同体。风险投资者往往会向企业提供市场相关信息和所掌握的专业知识，以帮助企业盈利。2003 年科技部、国家计委等七个部门联合制定的《关于建立风险投资机制的若干意见》中指出，风险投资（又称创业投资）是为科技型的高成长性创业企业提供股权资本，并为之提供经营管理和咨询服务，在被投资企业发展成熟后，通过股权转让获取中长期增值收益的投资行为。在我国，风险投资机构和私募股权投资机构在实际业务中并无明确界限，投资阶段也往往存在交叉，将以上两者统称为风险投资（陈思等，2017）。《中华人民共和国促进科技成果转化法》明确了国家鼓励设立科技成果转化风险基金。由于风险投资主要涉及高新科技产品、创新服务的研究与开发，往往存在较大的投资风险，而实现资本增值是风险资本进入在孵企业的目的，但我国风险投资相关法律体系落后，相关法律不健全，退出渠道单一。风险投资与孵化器的发展息息相关。因此，应完善风险投资相关法律，制定和出台专门的孵化器内在孵企业风险投资相关法律，以立法形式对孵化器内在孵企业的投资主体的获利机制和在孵企业成果转化等问题予以明确，规范风险投资的运作，充分保障风险投资参与者的正当利益，建立方便快捷的风险退出机制，提高风险投资的内在动力，积极引导和鼓励风险投资机构向孵化器内在孵企业提供资金支持，拓宽在孵企业获取资金渠道，促进高新技术的产业化。

我国法律和行政法规为风险投资的发展奠定了立法基础，公司法、证券法等相关法律虽未直接涉及风险投资，但却为风险投资机构的设立、运作，制定了准则，赋予了法律效力。政府部门出台的有针对性的部门规章，包括国务院出台的《国务院关于进一步促进资本市场健康发展的若干意见》、证监会颁布的《私募投资基金监督管理暂行办法》等，都详细地对风险投资的资金募集、投资行为、监督管理等方面作了规定，对风险投资起到很大的促进和规范作用。虽然我国风险投资相关立法体系不断完善，但并未颁布专门针对孵化器内在孵企业风险投资的法令，这也就表明在孵企业在风险投资中遇到的任何问题和状况都须要依托于配套立法规定，并未有专门立法制度可以专门解决、保障其发展利益，这就使得我国孵化器对风险投资的引介比较被动。对在孵企业进行风险投资，除了要有相关法律的制定和相关法律条款做支撑外，还要拥有针对孵化器内在孵企业的风险投资本身自有的专门性行业准则，其立法宗旨应当是规范风投机构的运转操作方式，推动我国在孵企业风险投资的加速成长，保证参与者的合法利益，大力促进我国高科技产业的全面发展。有关部门应加快立法进程，使针对孵化器内在孵企业的风险投资机构的设立、资金募集、投资活动等都有法可依、有法必依，最终使风险投资对在孵企业创新创业过程中发挥更好的正向调节作用。

资本退出是风险投资健康发展的核心环节。只有成功的退出才能实现资本增值，才能有效地完成资本循环。若缺乏健全的退出机制，整个投资活动的循环链条就会中断，影响后续投资活动的进展。良好的退出机制能够保持风险资本的流动性，促进投资循环，进而促进风险投资业的发展。然而，目前我国风险投资法律体系不仅系统性不够强，而且现行的相关法律法规也给退出机制造成了诸多法律障碍。《中华人民共和国公司法》规定了公司上市的高门槛，新兴的科技型中小企业很难满足相应条件，我国应当完善法律规范，降低企业上市门槛，给予科技型中小企业更大的发展空间，使更多的在孵企业具有上市资格，便于风险资本顺利退出。良好的退出渠道可以解决投资者的后顾之忧，保障投资者的合法权益，使风险投资机构能“心无旁骛”地为被投资企业服务，形成资本由注入到退出的良性循环，利于更多资本大胆选择进入孵化器投资领域，从本质上解决高科技创新创业资金匮乏的问题。完善法律法规，为风险资本的退出提供依据和基本保障，使得风险投资的顺利退出有法可依。

9.4 本章小结

本章在前文研究的基础上，提出企业孵化器孵化能力提升对策。探讨完善孵化环境，包括完善政策环境、创新环境、法律环境，从而帮助提升企业孵化器孵化能力。提出完善税收优惠政策、加强财政支持、强化政策执行，完善政策环境；提出建立专业评级机制、营造创新文化氛围，完善创新环境；提出完善知识产权相关法律、风险投资相关法律，完善法律环境。

第 10 章

研究总结与研究展望

10.1 研究总结

近年来，创新创业需求的多样化和企业孵化器孵化能力之间矛盾日益凸显，提升孵化能力成了一个亟待解决的问题。本书在查阅了大量国内外相关文献的基础上，综合运用扎根理论、协同理论、社会网络理论、集成理论等相关理论与方法，对企业孵化器孵化能力进行深入系统的探讨。主要研究工作如下。

第一，对企业孵化器发展及其孵化能力进行分析。对企业孵化器的概念进行界定，描述了企业孵化器发展历程、特点和现状。在此基础上，界定孵化能力的概念，利用统计年鉴相关数据对孵化能力进行分析，得出我国孵化器数量和总体规模在不断扩大，但是孵化能力却出现下降趋势，未呈现量质齐升的局面。

第二，基于扎根理论的企业孵化器孵化能力影响因素分析。基于扎根理论，分别从上海、福州、洛阳 3 地选取 4 家企业孵化器和 10 家在孵企业进行深度访谈，收集编码主要文本数据，借助软件 MAXQDA 12.0 对文本数据进行分析，提取出孵化能力的 3 个层面影响因素，个体层面二元主体协同、网络层面孵化网络健全、集群层面在孵企业集群管理以及外部因素孵化环境。提出孵化能力影响因素初始假设命题，即 3 个层面因素对孵化能力具有正向影响，孵化环境在它们对孵化能力的影响之间起正向调节作用。

第三，企业孵化器孵化能力影响因素实证研究。参阅相关文献，设计调查问卷，通过线上和线下相结合的方式发放问卷，共收回有效问卷 323 份，借助

软件 Smart PLS 3.0 进行实证检验。检验结果证实了二元主体协同、孵化网络健全、在孵企业集群管理对孵化能力产生正向影响，孵化环境在它们对孵化能力的影响之间起到正向调节作用。

第四，提出了企业孵化器孵化能力提升对策。分别从加强二元主体协同，包括加强目标协同、提高协作意愿，有效整合资源；健全孵化网络，包括完善孵化网络结构、加强孵化网络联系、强化孵化网络治理；强化在孵企业集群管理，包括制定协同战略、优化组织结构、加强组织学习、采取界面管理；完善孵化环境，包括完善政策环境、创新环境、法律环境，探讨提升企业孵化器孵化能力的对策。

10.2　主要创新点

本书对企业孵化器孵化能力提升作了系统化研究。尽管在创新创业领域中有关能力提升方面的研究成果颇多，但企业孵化器作为一类特殊的社会经济组织，有关其孵化能力提升的研究成果还较为欠缺。本书构建了企业孵化器孵化能力的理论分析框架，探讨了孵化能力的影响因素，提出了孵化能力提升对策。在已有理论研究基础上，通过扎根理论这一质性研究方法论，由表及里层层深入地开展理论探讨，形成了本书的概念模型和研究假设，进一步通过调查问卷和大样本数理统计分析，验证概念模型的正确性和有效性，形成了孵化能力提升的理论基础与逻辑解释框架，进而针对分析问题的结果，提出孵化能力提升对策。本书的创新点主要体现在以下三点：

1. 揭示了企业孵化器孵化能力影响因素

对孵化能力产生影响的因素众多，然而已有的研究多从单一角度或层面分析孵化能力的影响因素，缺乏全面的理论解释，未形成系统的逻辑分析框架。在国内外企业孵化器孵化能力理论研究基础薄弱的情况下，本书基于扎根理论这一质性研究方法论，对不同类型、不同地域的 4 家企业孵化器和 10 家在孵企业进行深度访谈，自下而上地构建和发展孵化能力理论，揭示了孵化能力的影响因素分别为二元主体协同（共同目标、协作意愿、资源整合）、孵化网络健全（网络结构、网络联系、网络治理）、在孵企业集群管理（协同战略、组织结构、组织学习、界面管理），以及孵化环境（政策环境、政策执行、创新环境、法律环境），这四个方面影响因素分别体现了个体、网络、集群 3 个层面和外部因素，系统地揭开了企业孵化器孵化能力发展的黑箱。

2. 构建了企业孵化器孵化能力影响因素作用机制概念模型

有关孵化能力影响因素研究结果较为零散，全面系统地探讨孵化能力影响因素的研究较少，还缺乏坚实的实证数据和一套整合性的理论框架对其进行分析论证。本书在扎根理论分析的基础上，参阅国内外相关文献，结合研究背景和研究目的，构建了企业孵化器孵化能力影响因素作用机制概念模型，实证得出了个体层面二元主体协同、网络层面孵化网络健全、集群层面在孵企业集群管理对孵化能力有显著正向影响、孵化环境在它们对孵化能力的影响之间起正向调节作用的基本结论，理论框架得到了实证数据的支持。因此，该分析框架具有较强的理论解释力，并为孵化能力提升研究奠定了理论基础，拓展了提升企业孵化器孵化能力过程的研究思路，清晰孵化能力提升的研究框架，是对企业孵化器研究领域的重要补充。

3. 分层次系统地提出了企业孵化器孵化能力提升对策

已有研究中较少涉及企业孵化器孵化能力提升研究，但这却是企业孵化器发展管理中的重点和难点。针对企业孵化器孵化能力的影响因素，分层次系统地提出了企业孵化器孵化能力提升对策。分别从加强二元主体协同，包括加强目标协同、提高协作意愿，有效整合资源；健全孵化网络，包括完善孵化网络结构、加强孵化网络联系、强化孵化网络治理；强化在孵企业集群管理，包括制定协同战略、优化组织结构、加强组织学习、采取界面管理；完善孵化环境，包括完善政策环境、创新环境、法律环境，探讨企业孵化器孵化能力提升的对策。这为提升企业孵化器孵化能力提供了有价值的参考，对企业孵化器的发展，创新创业的推进具有重要意义，并丰富和充实了企业孵化器孵化能力的相关理论。

10.3 研究展望

本书构建了企业孵化器孵化能力影响因素的整合性解释框架，提出了企业孵化器孵化能力提升对策。但因受制于主观上的能力局限和客观上的资源约束，仍有一些问题有待进一步深入研究，具体如下。

第一，由于样本数据采集的难度较大，采集的数据来源有限。本书相关数据的收集主要来源于河南省、福建省、上海市三地，这三地分别位于中国的中部和东部地区，具有一定的代表性。但是缺乏对西部地区的数据采集。因此，未来可以借助更高端的数据收集技术，扩大样本数据收集的范围，提高分析结论的普适性。

第二，本次研究主要采用横向调研而没有采取纵向调研法。事实上，在孵企业的发展有一个过程，处在不同阶段的在孵企业呈现出不同的特征。如若对处在不同孵化时期的在孵企业进行分类、分阶段追踪调研，则会提出更有针对性的对策。这可以作为一个重要课题开展后续的研究。

综上所述，企业孵化器孵化能力研究领域的文献相对于企业孵化器其他相关主题的研究较少，在企业孵化器的研究中仍是一个尚需进一步发展的重要方向。本书为企业孵化器孵化能力提升作出了一定的理论贡献。鉴于这个领域对于我国创新创业发展具有重要意义。因此，值得开展后续更进一步的深入研究。

参考文献

[1] 边伟军，罗公利，孙福平．科技企业孵化器品牌战略研究［J］．科技进步与对策，2009，26（18）：5－8.

[2] 毕可佳，胡海青，张道宏．孵化器编配能力对孵化网络创新绩效影响研究——网络协同效应的中介作用［J］．管理评论，2017，29（4）：36－46.

[3] 蔡莉，单标安．中国情境下的创业研究：回顾与展望［J］．管理世界，2013，（12）：160－169.

[4] 曹细玉．信息不对称与高新技术企业的孵化研究［J］．科学学与科学技术管理，2001，（11）：24－26.

[5] 崔静静，程郁．孵化器税收优惠政策对创新服务的激励效应［J］．科学学研究，2016，34（1）：30－39.

[6] 陈超美，陈悦，侯剑华，等．CiteSpace Ⅱ：科学文献中新趋势与新动态的识别与可视化［J］．情报科学，2009，28（3）：242－253.

[7] 陈文婷，李新春．中国企业创业学习：维度与检验［J］．经济管理，2010，32（8）：63－72.

[8] 陈昊，李文立，陈立荣．组织控制与信息安全制度遵守：面子倾向的调节效应［J］．管理科学，2016，29（3）：1－12.

[9] 陈劲．协同创新［M］．杭州：浙江大学出版社，2012.

[10] 陈熹，范雅楠，云乐鑫．创业网络、环境不确定性与创业企业成长关系研究［J］．科学学与科学技术管理，2015（9）：105－116.

[11] 陈思，何文龙，张然．风险投资与企业创新：影响和潜在机制［J］．管理世界，2017，（1）：158－169.

[12] 程郁，崔静静．孵化器税收优惠政策的传导效应评估［J］．科研管理，2016，37（3）：101－109.

[13] 卢钢，杜丽，黄丫丫，等．推进科技企业孵化器发展4.0模式的思考

[J]. 科技管理研究, 2017 (17): 162－166.

[14] 董华强, 梁满杰. 我国企业孵化器发展的问题与有效对策 [J]. 科学学与科学技术管理, 2003, (5): 110－113.

[15] 董静, 余婕. 外层网络资源获取、制度环境与孵化器创新绩效研究 [J]. 科技进步与对策, 2020, 37 (10): 1－10.

[16] 董保宝, 葛宝山, 王侃. 资源整合过程, 动态能力与竞争优势: 机理与路径 [J]. 管理世界, 2011, (3): 92－101.

[17] 党兴华. 技术异质性及技术强度对突变创新的影响研究——基于资源整合能力的调节作用 [J]. 科学学研究, 2013, 1 (13): 132－140.

[18] 杜鹃. 基于生态观的科技企业孵化器运行模式及效率研究 [D]. 吉林: 吉林大学, 2014.

[19] 范德成, 张巍. 大学科技园评价指标体系研究 [J]. 科学学与科学技术管理, 2005, (12): 63－67.

[20] 冯苑, 聂长飞, 张东. 中国科技企业孵化器绩效收敛性与时空特征研究 [J]. 2020, 37 (11): 33－42.

[21] 范培华, 高丽, 侯明君. 扎根理论在中国本土管理研究中的运用现状与展望 [J]. 管理学报, 2017, 14 (9): 1274－1282.

[22] 费晓冬. 扎根理论研究方法论: 要素、研究程序和评判标准 [J]. 公共行政评论, 2008, 1 (3): 23－43.

[23] 郭俊峰, 霍国庆, 袁永娜. 基于价值链的科技企业孵化器的盈利模式分析 [J]. 科研管理, 2013, 34 (2): 69－76.

[24] 顾静. 科技企业孵化器与在孵企业协同度评价研究——以河北省国家级孵化系统为例 [J]. 科技管理研究, 2015, 35 (22): 65－69.

[25] 郭润萍. 手段导向、知识获取与新企业创业能力的实证研究 [J]. 管理科学, 2016, (3): 13－23.

[26] 甘丹丽. 科技创新与新型城镇化协同发展对策研究 [J]. 科技进步与对策, 2014, 31 (6): 41－45.

[27] 耿超. 创业网络治理机制对新企业绩效的影响作用研究 [D]. 天津: 天津财经大学, 2012.

[28] 黄攀, 许治, 何慧芳. 不同所有者类型孵化器孵化绩效差异比较 [J]. 中国科技论坛, 2019, 277, (5): 62－72.

[29] 黄虹, 许跃辉. 我国科技企业孵化器运行绩效与区域差异研究——基于

对260家国家级科技企业孵化器的实证分析［J］. 经济问题探索，2013，(7)：144－151.

［30］黄溶冰. 党政领导干部经济责任审计的层次变权综合评价模型——基于科学发展观的视角［J］. 审计研究，2013（5）：53－59.

［31］胡小龙，丁长青. 科技企业孵化器对在孵企业知识获取的影响研究［J］. 情报杂志，2011，30（11）：130－133.

［32］胡文伟，李湛，殷林森，等. 民营与国有孵化器服务模式比较分析［J］. 科研管理，2018，39（9）：20－29.

［33］何欣. 企业孵化器服务改进：从服务提供到协同增效［J］. 甘肃社会科学，2015，(6)：196－199.

［34］韩少杰，吕一博，苏敬勤. 企业孵化器孵化动机与治理机制的适配研究［J］. 管理评论，2019，31（11）：289－304.

［35］韩炜，杨俊，张玉利. 创业网络混合治理机制选择的案例研究［J］. 管理世界，2014，(2)：118－136.

［36］韩鹏. 科技金融、企业创新投入与产出耦合协调度及不协调来源［J］. 科技进步与对策，2019，36（24）：55－61.

［37］贺磊. 基于系统视角的银行业与保险业协同发展研究［D］. 长沙：中南大学，2014.

［38］胡海青，张旻，张宝建，等. 网络交互模式与创业支持类型——基于中国孵化产业的实证分析［J］. 科学学研究，2012，30（2）：275－283.

［39］胡小龙，丁长青，杜鹏程. 科技企业孵化器能力成熟度模型研究［J］. 科技与经济，2011，24（1）：36－39.

［40］胡品平，黄攀. 孵化器政策分析框架的构建与应用——以广东省为例［J］. 情报杂志，2018，37（6）：84－89.

［41］贾蓓妮. 应用基于投入——产出理念的 AHP 法评价孵化器绩效［J］. 科研管理，2009，30（3）：184－189.

［42］贾旭东，衡量. 基于经典扎根理论的虚拟创业决策模型研究［J］. 管理案例研究与评论，2016，9（3）：258－272.

［43］贾旭东，谭新辉. 经典扎根理论及其精神对中国管理研究的现实价值. 管理学报，2010，7（5）：656－665.

［44］景俊海，靳辉. 科技企业成长与企业孵化器［M］. 西安：西北工业大学出版社，1998.

[45] 金加林，李玲，刘喜华．高新技术产业孵化器模式的比较选择研究[J]．科学管理研究，2004，22（3）：76－79.

[46] 蒋丽娟．科技孵化器企业的税收优惠政策探讨[J]．财会学习，2023，（3）：109－111.

[47] 孔善右．我国科技企业孵化器的发展现状分析[J]．现代管理科学，2008，（8）：34－36.

[48] 纪浩．众创空间运行效率评价与资源优化配置研究[D]．杭州：浙江工商大学博士学位论文，2017.

[49] 刘宁，胡海青，王兆群，等．孵化网络多元性、效果推理对在孵企业合法性的影响[J]．科技进步与对策，2020，37（9）：36－44.

[50] 李贺，袁翠敏，李亚峰．基于文献计量的大数据研究综述[J]．情报科学，2014，32（6）：148－155.

[51] 李杰，陈超美．CiteSpace：科技文本挖掘及可视化[M]．北京：首都经济贸易大学出版社，2016：34.

[52] 李海超，盛亦隆．区域科技创新复合系统的协同度研究[J]．科技管理研究，2018，38（21）：29－34.

[53] 刘金立，邵征翌，张健．基于布拉德福定律的海洋学科学术论文分布研究[J]．安徽农业科学，2009，37（14）：6797－6798.

[54] 林锋．美国一种新的企业机构——企业孵化器[J]．科学学与科学技术管理，1988，（1）：45－47.

[55] 刘四大，傅崇伦，杨红．促进我国高新技术创业服务中心的发展[J]．软科学，1996，（4）：38－40.

[56] 林元旦．美国的小企业与企业孵化器[J]．中国行政管理，1997，（5）：42－43.

[57] 卢锐，盛昭瀚，袁建中．政府主导与我国企业孵化器的发展[J]．科研管理，2001，22（2）：15－21.

[58] 林强，姜彦福．中国科技企业孵化器的发展及新趋势[J]．科学学研究，2002，20（2）：198－201.

[59] 卢锐，盛昭瀚．核心资源与企业孵化器的创新[J]．中国管理科学，2002，10（2）：71－75.

[60] 梁琳，刘先涛．科技企业孵化器自我孵化能力研究[J]．科技管理研究，2006，（1）：137－139.

[61] 李林，王永宁．大学科技园区核心竞争影响因素分析［J］．科研管理，2007，28（3）：77－83.

[62] 刘耀彬，李仁东，宋学锋．中国城市化与生态环境耦合度分析［J］．自然资源学报，2005，20（1）：105－112.

[63] 李慧颖，唐振宇，王智生．上海地区企业孵化器服务能力的影响因素分析及对策探讨［J］．科技进步与对策，2009，26（19）：36－40.

[64] 林德昌，廖蓓秋，陆强，等．科技企业孵化器服务创新影响因素研究［J］．科学学研究，2010，28（6）：920－925.

[65] 吕计跃，崔惠民．企业孵化器的成因与社会最优规模问题探讨［J］．山西财经大学学报，2012，34（3）：150－150.

[66] 罗峰．企业孵化器商业模式价值创造分析［J］．管理世界，2014，（8）：180－181.

[67] 李文博．企业孵化器创业知识服务的商业运营模式：一个多案例研究［J］．研究与发展管理，2014，26（1）：95－107.

[68] 李振华，赵敏如，王佳硕．社会资本对区域科技孵化网络创新产出影响——基于多中心治理视角［J］．科学学研究，2016，34（4）：564－573.

[69] 李振华，刘迟，吴文清．孵化网络结构社会资本，资源整合能力与孵化绩效［J］．科研管理，2019，40（9）：193－201.

[70] 李振华，李赋薇．孵化网络、集群社会资本与孵化绩效相关性［J］．管理评论，2018，30（8）：79－89.

[71] 李振华，王佳硕，吴文清．孵化网络中在孵企业资源获取对创新绩效的影响——以关系社会资本为中介变量［J］．科技进步与对策，2017，34（12）：62－69.

[72] 李浩，胡海青．孵化网络治理机制对网络绩效的影响：环境动态性的调节作用［J］．管理评论，2016，28（6）：100－112.

[73] 李浩．孵化网络治理机制、网络负效应对网络绩效的影响［D］．西安：西安理工大学，2016.

[74] 吕一博，韩少杰，苏敬勤．企业孵化器战略模式与资源获取方式的适配演化研究［J］．管理评论，2018，30（1）：256－272.

[75] 李俊霞，温小霓．中国科技金融资源配置效率与影响因素关系研究［J］．中国软科学，2019，（1）：164－174.

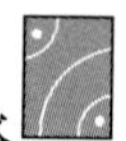

[76] 李鲜苗，罗瑾琏．女性高管职业身份构建的扎根理论研究：基于 ASD 的成长模型［J］．管理案例研究与评论，2016，9（1）：53－64.

[77] 刘定惠，杨永春．区域经济－旅游－生态环境耦合协调度研究——以安徽省为例［J］．长江流域资源与环境，2011，（7）：121－125.

[78] 刘莹．区域经济协同发展：中国区域经济增长新路径［D］．长沙：湖南大学，2018.

[79] 刘军．社会网络分析导论［M］．北京：社会科学文献出版社，2004.

[80] 刘军．整体网分析 Ucinet 软件使用指南［M］．上海：上海人民出版社，2014.

[81] 刘英基．高技术产业技术创新、制度创新与产业高端化协同发展研究——基于复合系统协同度模型的实证分析［J］．科技进步与对策，2015，32（2）：66－72.

[82] 李宝山．集成管理——高科技时代的管理创新［M］．北京：中国人民大学出版社，1998.

[83] 李必强．关于集成和管理集成的探讨［J］．管理学报，2004，1（1）：10.

[84] 梁敏．科技企业孵化器综合评价指标体系及模型设计［J］．科学学与科学技术管理，2004，25（2）：62－65.

[85] 李文．基于 SCP 分析框架的浙江滑雪产业研究［D］．杭州：杭州师范大学，2016.

[86] 梁琳．基于协同发展的企业孵化器孵化能力研究［D］．成都：西南石油大学，2006.

[87] 梁琳，刘先涛．基于孵化功能的企业孵化器孵化能力的界定及评价指标体系设计［J］．科技与管理，2005，7（5）：28－30.

[88] 梁宇，邓颖翔，马文聪．政府补贴、税收优惠及其政策组合对科技企业孵化器绩效的影响——基于不同生命周期的实证研究［J］．科技管理研究，2023，（2）：41－47.

[89] 梁云志，司春林．孵化器的商业模式研究：理论框架与实证分析［J］．研究与发展管理，2010，22（01）：43－51.

[90] 刘瑞娥，袁玲．企业孵化器孵化能力研究［J］．中国高校科技与产业化，2008，（12）：60－63.

[91] 林海芬，尚任．组织惯例概念界定及其结构模型：基于扎根理论的研究［J］．管理科学，2017，30（6）：113－129.

[92] 李振华，王佳硕，吴文清．孵化网络中在孵企业资源获取对创新绩效的影响［J］．科技进步与对策，2017，34（12）：62－69.

[93] 刘井建．创业学习、动态能力与新创企业创新的关系研究［J］．科学学研究，2011，29（5）：728－733.

[94] 梅亮，陈劲，刘洋．创新生态系统：源起、知识演进和理论框架［J］．科学学研究，2014，32（12）：1771－1780.

[95] 马玲，陈智高，郝福刚．企业孵化器知识服务能力构成建模与实证研究［J］．研究与发展管理，2011，23（4）：98－105.

[96] 明大军．以色列的企业孵化器［J］．瞭望新闻周刊，2004，（35）：52－53.

[97] 牛仁亮，高天光．科技企业孵化器制度变迁的瓶颈约束与创新途径［J］．管理世界，2006，（2）：161－162.

[98] 彭颖．关于高新技术创业服务中心发展若干问题的思考［J］．中国科技论坛，1992，（2）：44－45.

[99] 彭展声，李荣钧．科技企业孵化器孵化能力模糊综合评价模型［J］．改革与战略，2006，（2）：137－140.

[100] 彭伟，符正平．联盟网络、资源整合与高科技创新企业绩效关系研究［J］．管理科学，2015，（3）：26－37.

[101] 潘冬，刘东皇，严登才，等．科技园区内孵化器的技术创新服务模式及优化路径研究［J］．经济体制改革，2015，（6）：113－118.

[102] 屈家安，刘菲．创新创业国际研究的知识图谱与前沿动态分析［J］．科技管理研究，2018，38（23）：122－129.

[103] 钱平凡．孵化器运作的国际经验与我国孵化器产业的发展对策［J］．管理世界，2000，（6）：22－24.

[104] 钱晓英，王莹．京津冀地区产业集聚与生态环境间的耦合关系［J］．统计与决策，2016，（3）：103－106.

[105] 阮平南，顾春柳．技术创新合作网络知识流动的微观作用路径分析——以我国生物医药领域为例［J］．科技进步与对策，2017，34（17）：22－27.

[106] 石小岑，李曼丽．国际 MOOC 研究热点与趋势——基于 2013－2015 年文献的 CiteSpace 可视化分析［J］．开放教育研究，2016，119（22）：92－101.

[107] 石忆邵，吴婕．京沪穗科技服务业用地绩效及影响因素分析［J］．科技管理研究，2013，（1）：115－121.

[108] 宋清，刘义进．中国科技企业孵化器扶持政策研究——基于中央与地方政策文本量化分析的视角［J］．软科学，2017，31（9）：11－15.

[109] 孙梦瑶，李雪灵．外部孵化网络、资源搜寻与企业孵化器孵化能力［J］．当代经济研究，2019，（12）：97－103.

[110] 孙梦瑶，李雪灵．孵化器内网络、资源拼凑对孵化能力的影响机理［J］．社会科学战线，2019，（6）：257－261.

[111] 孙启新，李建清，程郁．科技企业孵化器税收优惠政策对在孵企业技术创新的影响［J］．科技进步与对策，2020，37（4）：129－136.

[112] 孙卫．促进科技创新与实体经济协同发展［J］．中国科技论坛，2020，（6）：5－7.

[113] 申夫臣，侯合银．基于SCP范式的我国科技企业孵化器产业发展分析［J］．科技进步与对策，2010，（8）：16－21.

[114] 苏灿灿，李妃养．广东省科技企业孵化器建设研究——基于国内外的经验分析［J］．科技管理研究，2018，38（4）：79－85.

[115] 宋迎春．基于企业内外部网络视角的创新绩效多因素影响模型与实证研究［D］．长沙：中南大学，2010.

[116] 邵良杉，赵琳琳，温廷新，孔祥博．基于前景理论的区间直觉模糊双向投影决策方法［J］．控制与决策，2016，（6）：772－781.

[117] 王康，李逸飞，李静，等．孵化器何以促进企业创新？——来自中关村海淀科技园的微观证据［J］．管理世界，2019，（11）：102－118.

[118] 吴翌琳．技术创新与非技术创新的协同发展［J］．求是学刊，2019，1（2）：204－204.

[119] 王路昊，王程韡．孵化器的概念及其角色演变——基于《人民日报》数据库的扎根理论分析［J］．科学学研究，2014，32（4）：493－500.

[120] 王卫东．企业孵化器发展的国际比较研究［J］．科学学与科学技术管理，2006，（2）：161－164.

[121] 王爱玲．企业孵化器的盈利模式研究［J］．科技管理研究，2009，29（2）：91－93.

[122] 王婉，陈智高．基于知识结构的企业孵化器服务能力分析［J］．科技进步与对策，2009，26（18）：9－12.

[123] 吴菲菲，杨梓，黄鲁成．基于创新性和学科交叉性的研究前沿探测模型：以智能材料领域研究前沿探测为例［J］．科学学研究，2015，33（1）：11－20.

[124] 王育新，刘晓冰，孙冰．基于企业集群化的科技企业孵化器研究［J］．科技管理研究，2010，（7）：96－98.

[125] 吴瑶，葛殊．科技企业孵化器商业模式体系构建与要素评价［J］．科学学与科学技术管理，2014，35（4）：163－170.

[126] 吴文清，吕卓燏，赵黎明．科技企业孵化器合作网络结构及测度研究——以北京市、上海市为例［J］．科学管理研究，2015，33（2）：65－68.

[127] 吴文清，赵黎明．科技企业孵化器内创业企业知识共享和政策［J］．科技进步与对策，2009，26（12）：116－118.

[128] 王晓青，吴秋明，周霖．企业孵化器国际研究的知识图谱分析［J］．技术经济，2020，39（8）：104－113.

[129] 王晓青，吴秋明，秦星红．我国企业孵化器研究热点与趋势——基于CiteSpace的知识图谱分析［J］．华南理工大学学报（社会科学版），2020，22（4）：76－87.

[130] 王晓青，吴秋明，秦星红．我国科技企业孵化器产业发展现状及优化路径——基于SCP范式的分析［J］．企业经济，2020，39（6）：45－53.

[131] 王知津，李赞梅，谢丽娜．国外图书馆学研究生学位论文关键词分析［J］．中国图书馆学报，2010，（6）：116－123.

[132] 王建明，王俊豪．公众低碳消费模式的影响因素模型与政府管制政策——基于扎根理论的一个探索性研究［J］．管理世界，2011（4）：58－68.

[133] 万莉，程慧平．基于自我决定理论的虚拟只是社区用户持续知识贡献行为动机研究［J］．情报科学，2016，34（10）：15－19.

[134] 吴秋明．集成管理论［M］．北京：经济科学出版社，2004.

[135] 吴秋明，李必强．集成与系统的辩证关系［J］．系统科学学报，2003，（3）：24－28.

[136] 吴秋明．集成管理有效性的价值判断［J］．工业技术经济，2003，（5）：71－73.

[137] 吴秋明．界面设计的“凹凸槽原理”[J]．经济管理，2004，(6)：26－30.

[138] 吴明隆．问卷统计分析实务——SPSS操作与应用[M]．重庆：重庆大学出版社，2010.

[139] 王会龙，池仁勇．区域科技孵化网络的构建及其创新效应[J]．中国软科学，2004，18(4)：210－215.

[140] 王庆喜，宝贡敏．社会网络、资源获取与小企业成长[J]．管理工程学报，2007，21(4)：57－61.

[141] 王缉慈．创新的空间：企业集群与区域发展[M]．北京：北京大学出版社，2001.

[142] 王艺博．孵化网络对孵化绩效影响的实证研究[D]．长春：吉林大学博士学位论文，2013.

[143] 王武习，胡海青．环境不确定下企业孵化网络治理机制对治理绩效影响研究[J]．科技进步与对策，2017，34(19)：123－127.

[144] 王会芝．京津冀城市群经济社会与生态环境协调发展研究[J]．经济与管理，2017，31(5)：22－26.

[145] 习近平．不断做强做优做大我国数字经济[J]．求是，2022，(2)：4－8.

[146] 项国鹏，黄玮．创业扶持方式与新创企业绩效的关系研究[J]．科学学研究，2016，34(10)：1561－1568.

[147] 谢卫红，董策，李忠顺．基于CiteSpace的商业生态系统研究可视化分析[J]．现代情报，2018，(2)：22－28.

[148] 许广玉．科技企业孵化器在技术范式转换过程中的作用分析[J]．科技进步与对策，2009，26(9)：143－145.

[149] 徐菱涓，王正新，李东．我国科技企业孵化器绩效评价的理论基础研究[J]．科学学与科学技术管理，2009，(7)：29－31.

[150] 徐菱涓，刘宁晖，李东．我国科技企业孵化器绩效评价与发展走向研究[J]．科技进步与对策，2009，26(11)：114－118.

[151] 许治，黄攀，陈朝月．不同代际科技企业孵化器孵化绩效差异比较——基于广东省的实证研究[J]．管理评论，2019，31(5)：100－108.

[152] 徐淑英，张志学．管理问题与理论建立：开展中国本土管理研究的策略[J]．重庆大学学报(社会科学版)，2011，17(4)：1－7.

[153] 徐康宁. 开放经济中的产业集群与竞争力 [J]. 中国工业经济, 2001 (11): 22-27.

[154] 肖健. 中国科技企业孵化器营运模式探讨 [J]. 科技管理研究, 2002, 22 (2): 6-9.

[155] 肖华秀. 科技进步与城区可持续发展关系研究 [D]. 武汉: 武汉理工大学, 2004.

[156] 解学芳, 刘芹良. 创新2.0时代众创空间的生态模式——国内外比较及启示 [J]. 科学学研究, 2018, 36 (4): 577-585.

[157] 邢蕊. 创业导向对在孵企业创新绩效的影响研究 [D]. 大连: 大连理工大学, 2013.

[158] 谢雅萍, 张金连. 创业团队社会资本与新创企业绩效关系 [J]. 管理评论, 2014, 26 (7): 104-114.

[159] 阎忠新. 欧洲的企业孵化器 [J]. 中国科技论坛, 1989, (5): 60-63.

[160] 殷群. 企业孵化器研究热点综述 [J]. 科研管理, 2008, 29 (1): 157-163.

[161] 殷群. 企业孵化器收益能力分析——以江苏省企业孵化器为样本 [J]. 科学学与科学技术管理, 2008, (9): 196-198.

[162] 殷群. 企业孵化器拓展创新功能路径研究 [J]. 现代经济探讨, 2009, (8): 40-43.

[163] 殷群, 张娇. 长三角地区科技企业孵化器运行效率研究——基于DEA的有效性分析 [J]. 科学学研究, 2010, 28 (1): 86-94.

[164] 颜振军, 侯寒. 中国各省份科技企业孵化器运行效率评价 [J]. 中国软科学, 2019, 339 (3): 141-147.

[165] 杨传喜, 丁璐扬, 张珺. 基于CiteSpace的科技资源研究演进脉络梳理及前沿热点分析 [J]. 科技管理研究, 2019, (3): 205-212.

[166] 杨慧. 基于耦合协调度模型的京津冀13市基础设施一体化研究 [J]. 经济与管理, 2020, 34 (2): 15-24.

[167] 杨霞, 池仁勇, 王会龙, 等. 实现区域孵化器网络化的制度困境及对策 [J]. 软科学, 2003, 17 (5): 22-24.

[168] 姚建建, 门金来. 中国区域经济-科技创新-科技人才耦合协调发展及时空演化研究 [J]. 干旱区资源与环境, 2020, 34 (5): 30-38.

[169] 易行健，张波，杨汝岱，等．家庭社会网络与农户储蓄行为：基于中国农村的实证研究［J］．管理世界，2012，(5)：43－51.

[170] 于庆东，王庆金，杜鹃，等．企业孵化器孵化能力评价［J］．科学技术与工程，2008，8（20）：5727－5736.

[171] 张亚如，张俊飚，张昭．中国农业技术研究进展——基于 CiteSpace 的文献计量分析［J］．中国科技论坛，2018，(9)：113－120.

[172] 赵黎明，刘嘉玥，刘猛．基于孵化网络声誉的科技企业孵化器与初创企业动态合作策略研究［J］．科技进步与对策，2015，32（10）：59－64.

[173] 张宝建，孙国强，薛婷，等．国际企业孵化研究脉络分布与趋势［J］．中国科技论坛，2015，(3)：148－154.

[174] 张景安．高新技术创业服务中心是中小企业成长的摇篮［J］．中国科技信息，1999，(15－16)：27－28.

[175] 赵佳宝，卢锐，盛昭瀚．西方企业孵化器理论研究［J］．管理工程学报，2003，17（4）：100－102.

[176] 张鹏，宣勇．大学科技园区的孵化功能［J］．科学管理研究，2003，21（2）：82－84.

[177] 张力，聂鸣．企业孵化器分类和绩效评价模型研究综述［J］．外国经济与管理，2009，31（5）：60－65.

[178] 赵黎明，朱禾申，付春满．科技企业孵化器发展探讨［J］．天津大学学报（社会科学版），2009，11（1）：1－4.

[179] 张力．企业孵化器研究前沿与突破方向探析［J］．外国经济与管理，2010，32（6）：134－137.

[180] 赵黎明，曾鑫．“科技企业孵化器—风险投资—在孵企业”三方合作绩效影响因素的路径分析［J］．科学学与科学技术管理，2012，33（2）：67－73.

[181] 张宝建，裴梦丹，孙国强，等．基于创业过程的资源匹配孵化研究［J］．运筹与管理，2017，26（8）：146－156.

[182] 张玲，窦倩倩，张宝建．中国企业孵化毕业影响因素——基于分位数回归的检验［J］．经济问题，2018，(10)：28－64.

[183] 张方华．网络嵌入影响企业创新绩效的概念模型与实证分析［J］．中国工业经济，2010，(4)：110－119.

[184] 张杨，王德其. 基于复合系统协同度的京津冀协同发展定量测度 [J]. 经济与管理研究，2017，38 (12)：33-39.

[185] 赵峥，刘杨，杨建梁. 中国城市创业孵化能力、孵化效率和空间集聚——基于2016年中国235座地级及以上城市孵化器的分析 [J]. 技术经济，2019，38 (1)：112-120.

[186] 郑烨，吴建南. 政府支持行为何以促进中小企业创新绩效？——一项基于扎根理论的多案例研究 [J]. 科学学与科学技术管理，2017，38 (10)：41-54.

[187] 周青，聂力兵，毛崇峰，等. 中小企业微创新实现路径及其关键机制研究 [J]. 科学学研究，2020，38 (2)：323-333.

[188] 郑玉雯，薛伟贤. 丝绸之路经济带沿线国家协同发展的驱动因素——基于哈肯模型的分阶段研究 [J]. 中国软科学，2019，(2)：78-92.

[189] 张海红，吴文清. 孵化器内创业者知识超网络涌现研究 [J]. 管理学报，2017，14 (5)：695-703.

[190] 张波，张根明. 孵化器在孵化网络构建中的作用研究 [J]. 求索，2010 (12)：59-61.

[191] 张力，刘新梅. 在孵企业基于孵化器"内网络"的成长依赖 [J]. 管理评论，2012，24 (9)：105-112.

[192] 张军. 结构方程模型构建方法比较 [J]. 统计与决策，2007，(18)：137-139.

[193] 钟卫东. 重构科技企业孵化器运作体系的思路 [J]. 中国科技论坛，2003，(6)：61-66.

[194] 张思琴. 江西国家级科技企业孵化器孵化能力评价体系研究 [D]. 南昌：江西师范大学，2016.

[195] 张红娟，谭劲松. 联盟网络与企业创新绩效：跨层次分析 [J]. 管理世界，2014，(3)：163-169.

[196] 张勤. 后危机时期实现我国社会公共服务协同机制探究 [J]. 国家行政学院学报，2010，(5)：22-26.

[197] 张利君. 科技园区系统协同机制研究 [D]. 哈尔滨：哈尔滨工程大学，2011.

[198] 张晓棠. 关系强度、社会资本对知识获取绩效影响研究 [J]. 预测，2015 (1)：35-40.

[199] 朱建民，史旭丹．产业集群社会资本对创新绩效的影响研究——基于产业集群生命周期视角［J］．科学学研究，2015，33（3）：449-459.

[200] 朱秀梅，李明芳．创业网络特征对资源获取的动态影响——基于中国转型经济的证据［J］．管理世界，2011，（6）：105-115.

[201] 张红，葛宝山．创业学习、机会识别与商业模式——基于珠海众能的纵向案例研究［J］．科学学与科学技术管理，2016，37（6）：123-136.

[202] 郑刚．基于TIM视角的企业技术创新过程中各要素全面协同机制研究［D］．杭州：浙江大学，2004.

[203] 周亚虹，蒲余路，陈诗一，等．政府扶持与新型产业发展——以新能源为例［J］．经济研究，2015，5（6）：147-161.

[204] 仲深，刘雨奇，杜磊．基于网络DEA模型的企业孵化器运行效率评价［J］．科技管理研究，2018，38（20）：84-90.

[205] 曾祥添，李登峰，余高锋．具有多类评价信息的旅游景区游客满意度评价方法［J］．运筹与管理，2017，（7）：171-172.

[206] 张荣天，焦华富．中国省际城镇化与生态环境的耦合协调与优化探讨［J］．干旱区资源与环境，2015，29（7）：12-17.

[207] 邹伟进，李旭洋，王向东．基于耦合理论的产业结构与生态环境协调性研究［J］．中国地质大学学报（社会科学版），2016，16（2）：88-95.

[208] 郑谦，顾东晓，梁昌勇，汪伟忠．中国产业IT能力与产业绩效的耦合协调度研究——基于微观数据的产业分类测度［J］．运筹与管理，2017，26（10）：161-169.

[209] Aerts K, Matthyssens P, Vandenbempt K. Critical role and screening practices of European business incubator [J]. Technovation, 2007, 27 (5): 254-267.

[210] Adegbite O. Business incubators and small enterprise development: The Nigerian experience [J]. Small Business Economics, 2001, 17 (3): 157-166.

[211] Aernoudt R. Incubators: Tool for entrepreneurship? [J]. Small Business Economics, 2004, 2 (23): 127-135.

[212] Almubaraki H M, Muhammad A H, Busler M. Categories of incubator success: A case study of three New York incubator programmes [J]. World

Journal of Science, Technology and Sustainable Development, 2015, 12 (1): 2-12.

[213] Andersen T J, Nielsen BB. Adaptive strategy making: The effects of emergent and intended strategy modes [J]. European Management Review, 2009, 6 (2): 94-106.

[214] Anderson E, Weitz B. The use of pledges to build and sustain commitment in distribution channels [J]. Journal of Marketing Research, 1992, 29 (1): 18-34.

[215] Albort-Morant G, Ribeiro-Soriano D. A bibliometric analysis of international impact of business incubators [J]. Journal of Business Research, 2016, 69 (5): 1775-1779.

[216] Basu R, Biswas D. A study on Indian higher educational institute based business incubators [J]. Journal of Enterprising Culture, 2013, 21 (2): 199-225.

[217] Baptista R, Swann P. Do firms in clusters innovate more? [J]. Research Policy, 1998, 27 (5): 525-540.

[218] Bruneel J, Ratinho T, Clarysse B. The evolution of business incubators: Comparing demand and supply of business incubation services across different incubator generations [J]. Technovation, 2012, 32 (2): 110-121.

[219] Bøllingtoft A, Ulhøi J P. The networked business incubator—leveraging entrepreneurial agency? [J]. Journal of Business Venturing, 2005, 2 (20): 265-290.

[220] Bøllingtoft A. The bottom-up business incubator: Leverage to networking and cooperation practices in a self-generated, entrepreneurial enabled environment [J]. Technovation, 2012, 32 (5): 304-315.

[221] Barclay D W, Higgins C, Thompson R. The partial least squares (PLS) approach to causal modeling: Personal computer adoption and use as an illustration [J]. Technology Studies, 1995, 2 (2): 285-309.

[222] Bergek A, Norrman C. Incubator best practice: A framework [J]. Technovation, 2008, 1 (28): 20-28.

[223] Barbero J L, Casillas J C, Ramos A, et al. Revisiting incubation performance: How incubator typology affects results [J]. Technological Forecasting &

Social Change, 2012, (79): 888 -902.

[224] Bhabra R K. An examination of growth stages and factors affecting the performance of business incubators: The case of Australia [D]. Austrilia: University of Wollongong, 2014.

[225] Borg E A. Knowledge, information and intellectual property: Implications for marketing relationships [J]. Technovation, 2001, 21 (8): 515 -524.

[226] Brush C G, Greene P G, Hart MM. From initial idea to unique advantage: The entrepreneurial challenge of constructing a resource base [J]. The Academy of Management Executive, 2001, 15 (1): 64 -78.

[227] Batjargal B, Liu M. Entrepreneurs' access to private equity in China: The role of social capital [J]. Organization Science, 2004, 15 (2): 159 - 172.

[228] Cabral R, Dahab SS. Science parks in developing countries: the case of BIO-RIO in Brazil [J]. International Journal of Technology Management, 1998, 16 (8): 726 -739.

[229] Colombo M G, Delmastro M. How effective are technology incubators? Evidence from Italy [J]. Research Policy, 2002, 7 (31): 1103 -1122.

[230] Chan K F, Lau T. Assessing technology incubator programs in the science park: The good, the bad and the ugly [J]. Technovation, 2005, 10 (25): 1215 -1228.

[231] Chandra A, Fealey T. Business incubation in the United States, China and Brazil: A comparison of role of government, incubator funding and financial services [J]. International Journal of Entrepreneurship, 2009, (13): 67 - 86.

[232] Creso Sá, Lee H. Science, business, and innovation: Understanding networks in technology-based incubators [J]. R & D Management, 2012, 42 (3): 243 -253.

[233] Clausen T, Korneliussen T. The relationship between entrepreneurial orientation and speed to the market: The case of incubator firms in Norway [J]. Technovation, 2012, 32 (9 -10): 560 -567.

[234] Camelia M, Rusei A. Business incubators-favorable environment for small and medium enterprises development. [J]. Theoretical and Applied Economics,

2012, 5 (570): 169 - 176.

[235] Charmaz K. Stories of suffering: Subjective tales and research narratives [J]. Qualitative Health Research, 1999, 9 (3): 362 - 382.

[236] Calantone R J, Cavusgil S T, Zhao Y. Learning orientation, firm innovation capability, and firm performance [J]. Industrial Marketing Management, 2002, 31 (6): 515 - 524.

[237] Capaldo A. Network structure and innovation: The leveraging of a dual network as a distinctive relational capability [J]. Strategic Management Journal, 2007, 28 (4): 585 - 608.

[238] Caloghirou Y, Protogerou A, Spanos Y, et al. Industry-versus firm-specific effects on performance: contrasting SMEs and large-sized firms [J]. European Management Journal, 2004, 22 (2): 231 - 243.

[239] Cohen J. Statistical power analysis for the behavioral science [J]. Technometrics, 1988, 31 (4): 499 - 500.

[240] Castro I, Acedo F J, Picón-Berjoyo A. Social capital configuration and the contingent value of the cross-national diversity: A multi-group analysis [J]. Revista Europea de Dirección y Economía de la Empresa, 2015, 24 (1): 2 - 12.

[241] ChristosKolympiris, Peter G. Klein. The Effects of Academic Incubators on University Innovation [J]. Strategic Entrepreneurship Journal, 2017, 11 (2): 145 - 170.

[242] Colombelli A, Paolucci E, Ughetto E. Hierarchical and relational governance and the life cycle of entrepreneurial ecosystems [J]. Small Business Economics, 2017, 23 (11): 505 - 521.

[243] Dutt N, Hawn O, Vidal E, et al. How open system intermediaries address institutional failures: The Case of business incubators in emerging-market countries [J]. The Academy of Management Journal, 2015, (6): 1 - 43.

[244] Deng A P, Deng Y X, Li H T. Relativity Analysis of Technology Business Incubating Ability [J]. Applied Mechanics and Materials, 2014, 475 (12): 1713 - 1716.

[245] Dyer J H, Kale P, Singh H. Strategic alliances work [J]. MIT Sloan Management Review, 2001, 42 (4): 37 - 43.

[246] Desa G. Resource mobilization in international social entrepreneurship: Bricolage as a mechanism of institutional transformation [J]. Entrepreneurship Theory & Practice, 2012, 36 (4): 727 - 751.

[247] Etzkowitz H. Incubation of incubators: Innovation as a triple helix of university-industry-government networks [J]. Science & Public Policy, 2002, 29 (2): 115 - 128.

[248] Elke S, Carolin D, Frank L. Networks of clusters: A governance perspective [J]. Industry & Innovation, 2013, 20 (4): 357 - 377.

[249] Feeser H R, Willard G E. Incubators and performance: A comparison of high-and low-growth high-tech firms [J]. Journal of Business Venturing, 1989, 4 (6): 429 - 442.

[250] Fonseca S A, Jabbour C J C. Assessment of business incubators' green performance: A framework and its application to Brazilian cases [J]. Technovation, 2012, 32 (2): 122 - 132.

[251] Fukugawa N. Is the impact of incubator's ability on incubation performance contingent on technologies and life cycle stages of startups?: Evidence from Japan [J]. International Entrepreneurship and Management Journal, 2017, (8): 1 - 22.

[252] Fernandes CC, Oliveira Jr M D M, Sbragia R, et al. Strategic assets in technology-based incubators in Brazil [J]. European Journal of Innovation Management, 2017, 20 (1): 153 - 170.

[253] Filieri R, Alguezaui S. Structural social capital and innovation. Is knowledge transfer the missing link? [J]. Journal of Knowledge Management, 2014, 18 (4): 728 - 757.

[254] Fiol C M, Lyles M A. Orgnaizational learning [J]. Academy of management review, 1985, 10 (4): 803 - 813.

[255] Garfield E. Scientography: Mapping the tracks of science [J]. Current Contents: Social & Behavioural Sciences, 1994, 7 (45): 5 - 10.

[256] Granovetter M S. The strength of weak ties [J]. American Journal of Sociology, 1973, 78 (6): 1360 - 1380.

[257] Greene P G, Butler J S. The minority community as a natural business incubator [J]. Journal of Business Research, 1996, 36 (1): 51 - 58.

[258] Grimaldi R, Grandil A. Business incubators and new venture creation: An assessment of incubating models [J]. Technovation, 2005, 25 (2): 111-121.

[259] Gligor D M, Esmark C L, Gölgeci I. Building international business theory: a grounded theory approach [J]. Journal of International Business Studies, 2016, 47 (1): 93-111.

[260] Granovetter M S. Economic action and social structure: The problem of embeddedness [J]. American Journal of Sociology, 1985, 91 (3): 481-510.

[261] Hackett S M, Dilts D M. Inside the black box of business incubation: Study B-scale assessment, model refinement, and incubation outcomes [J]. Journal of Technology Transfer, 2008, 33 (5): 439-471.

[262] Hair J F, Sarstedt M, Ringle C M, et al. An assessment of the use of partial least squares structural equation modeling in marketing research [J]. Journal of the Academy of Marketing science, 2012, 40 (3): 414-433.

[263] Hair J F, Ringle C M, Sarstedt M. PLS-SEM: Indeed a silver bullet [J]. Journal of Marketing Theory and Practice, 2011, 19 (2): 139-152.

[264] Hsu P H, Shyu J Z, Yu H C, et al. Exploring the interaction between incubators and industrial clusters: The case of the ITRI incubator in Taiwan [J]. R & D Management, 2003, 33 (1): 79-90.

[265] Harrison R T, Leitch C M. Entrepreneurial learning: Researching the interface between learning and the entrepreneurial context [J]. Entrepreneurship Theory and Practice, 2005, 29 (4): 351-371.

[266] Henseler J, Ringle C M, Sinkovics R R. The use of partial least squares path modeling in international marketing [J]. Advances in International Marketing, 2009, 20 (1): 277-319.

[267] Jones C, Hesterly W, Borgatti S P. A general theory of network governance: Exchange conditions and social mechanisms [J]. Academy of Management Review, 1997, 22 (4): 911-945.

[268] Kahn K B. Interdepartmental integration: A definition with implications for product development performance [J]. Journal of Product Innovation Management, 1996, 13 (2): 137-151.

[269] Kleer R. Government R&D subsidies as a signal for private investors [J]. Research Policy, 2010, 39 (10): 1361 -1374.

[270] KonstantinosKostopoulos, Alexandros Papalexandris, Margarita Papachroni, et al. Absorptive capacity, innovation, and financial performance [J]. Journal of Business Research, 2011, 64 (12): 1335 -1343.

[271] Lee SS, Osteryoung J S. A comparison of critical success factors for effective operation of university business incubators in the United States and Korea [J]. Journal of Small Business Management, 2004, 42 (4): 418 -426.

[272] Lin D C, Wood L C, Lu Q. Improving business incubator service performance in China: The role of networking resources and capabilities [J]. Service Industries Journal, 2012, 32 (13): 2091 -2114.

[273] Lichtenthaler U. Absorptive capacity, environmental turbulence, and the complementarity of organizational learning processes [J]. The Academy of Management Journal, 2009, 52 (4): 822 -846.

[274] Lesákovά L. The role of business incubators in supporting the SME start-up [J]. Acta Polytechnica Hungarica, 2012, 9 (3): 85 -95.

[275] Lai W H, Lin CC. Constructing business incubation service capabilities for tenants at post-entrepreneurial phase [J]. Journal of Business Research, 2015, 68 (11): 2285 -2289.

[276] Laumann E O, Galaskiewicz J, Marsden P V. Community structure as interorganizational linkages [J]. Annual Review of Sociology, 1978, (4): 455 -484.

[277] Margolis J D, Molinsky A. Navigating the bind of necessary evils: Psychological engagement and the production of interpersonally sensitive behavior [J]. Academy of Management Journal, 2008, 51 (5): 847 -872.

[278] Markley D M, Mcnamara K T. Economic and fiscal impacts of a business incubator [J]. Economic Development Quarterly, 1995, 9 (3): 273 -278.

[279] Markusen A. Sticky places in slippery space: A typology of industrial districts [J]. Economic Geography, 1996, 72 (3): 293 -313.

[280] Mian S A. Assessing value-added contributions of university technology business incubators to tenant firms [J]. Research Policy, 1996, 25 (3): 325 -335.

[281] Mian S A. Assessing and management the university technology business incubator: An integrative framework [J]. Journal of Business Venturing, 1997, (12): 251 -285.

[282] Mcadam M, Marlow S. Sense and sensibility: The role of business incubator client advisors in assisting high-technology entrepreneurs to make sense of investment readiness status [J]. Entrepreneurship and Regional Development, 2011, 23 (7 -8): 449 -468.

[283] Markovitch D, Connor G, Harper P J. Beyond invention: The additive impact of incubation capabilities to firm value [J]. R & D Management, 2015, 47 (3): 1 -15.

[284] Melkers J, Xiao F. Boundary-spanning in emerging technology research: determinants of funding success for academic scientists [J]. The Journal of Technology Transfer, 2012, 37 (3): 251 -270.

[285] Mian S, Lamine W, Fayolle A. Technology business incubation: An overview of the state of knowledge [J]. Technovation, 2016, (50 -51): 1 -12.

[286] Monsson C K, Berg C. How do entrepreneurs' characteristics influence the benefits from the various elements of a business incubator? [J]. Journal of Small Business & Enterprise Development, 2016, 23 (1): 224 -239.

[287] Meyer A D, Tsui A S, Hinings C R. Configurational approaches to organizational analysis [J]. Academy of Management Journal, 1993, 36 (6): 1175 -1195.

[288] Mcadam M, Marlow S. A preliminary investigation into networking activities within the university incubator [J]. International Journal of Entrepreneurial Behavior & Research, 2008, 14 (4): 219 -241.

[289] Mills J L, Tsamenyi M. Communicative action and the accounting-marketing interface in industry [J]. Journal of Applied Management Studies, 2000, 9 (2): 257 -273.

[290] Mollenkop D A, Frankel R, Russo I. Creating value through returns management: Exploring the marketing-operations interface [J]. Journal of operations management, 2011, 29 (5): 391 -403.

[291] Minniti M, Bygrave W. A Dynamic Model of Entrepreneurial Learning [J].

Entrepreneurship Theory & Practice, 2001, 25 (3): 55 - 14.

[292] Nowak M J, Grantham C E. The virtual incubator: Managing human capital in the software industry [J]. Research Policy, 2000, 29 (2): 125 - 134.

[293] Ostgaard T A, Birley S. New venture growth and personal networks [J]. Journal of Business Research, 1996, 36 (1): 37 - 50.

[294] OECD. Measuring the digital economy: A new perspective [M]. Paris: OECD publishing, 2014.

[295] Phan P H, Siegel D S, Wright M. Science parks and incubators: Observations, synthesis and future research [J]. Journal of Business Venturing, 2005, 2 (20): 165 - 182.

[296] Pandit N R. The creation of theory: A recent application of the grounded theory method [J]. Qualitative Report, 1996, 2 (4): 1 - 15.

[297] Pettersen I B, Aarstad J, HøVig S, et al. Business incubation and the network resources of start-ups [J]. Journal of Innovation and Entrepreneurship, 2015, 5 (1): 1 - 17.

[298] Patton D. Realising potential: The impact of business incubation on the absorptive capacity of new technology-based firms [J]. International Small Business Journal, 2014, 32 (8): 897 - 917.

[299] Powell WW. Neither market nor hierarchy: Network forms of organization [J]. Research in Organizational Behavior, 1990, 12 (2): 295 - 336.

[300] Pertusa - Ortega E M, Molina-Azorín J F, Claver-Cortés E. Competitive strategy, structure and firm performance: A comparison of the resource-based view and the contingency approach [J]. Management Decision, 2010, 48 (8): 1282 - 1303.

[301] Rothaermel F T, Thursby M. University-incubator firm knowledge flows: Assessing their impact on incubation firm performance [J]. Research Policy, 2005, 34 (3): 305 - 320.

[302] Rubin T H, Aas T H, Stead A. Knowledge flow in Technological Business Incubators: Evidence from Australia and Israel [J]. Technovation, 2015, 41 - 42 (6): 11 - 24.

[303] Reymen I M M J, Andries P, Berends H, et al. Understanding dynamics of strategic decision making in venture creation: A process study of effectuation

and causation [J]. Strategic Entrepreneurship Journal, 2016, 9 (4): 351 - 379.

[304] Ratinho T, Henriques E. The role of science parks and business incubators in converging countries: Evidence from Portugal [J]. Technovation, 2010, 30 (4): 278 - 290.

[305] Rindfleisch A, Moorman C. The acquisition and utilization of information in new product alliances: A strength-of-ties perspective [J]. Journal of Marketing, 2001, 65 (2): 1 - 18.

[306] Reynolds P, Miller B. New firm gestation: Conception, birth, and implications for research [J]. Journal of Business Venturing, 1992, 7 (5): 405 - 417.

[307] Roberts E B, Hauptman O. The process of technology transfer to the new biomedical and pharmaceutical firm [J]. Research Policy, 1986, 15 (3): 107 - 119.

[308] Said M F, Adham K A, Abdullah N A. Incubators and government policy for developing IT industry and region in emerging economics [J]. Asia Academy of Management Journal, 2012, 17 (1): 65 - 96.

[309] Sean M H, David M D. A systematic review of business incubation research [J]. The Journal of Technology Transfer. 2004, 29 (1): 55 - 82.

[310] Soetanto D, Jack S L. Slack resources, exploratory and exploitative innovation and the performance of small technology-based firms at incubators [J]. The Journal of Technology Transfer, 2016, (12): 1 - 19.

[311] Spezial H C, Carpenter D R. Qualitative research in nursing: Advancing the humanistic imperative [M]. Philadelphia: Lippineott Williams & Wilkins, 2006.

[312] Smilor R W. Managing the incubator system: Critical success factors to accelerate new company development [J]. IEEE Transactions on Engineering Management, 1987, 34 (3): 146 - 155.

[313] Smilor R W. Commercializing technology through new business incubators [J]. Research Management, 1987, (30): 36 - 41.

[314] Scherer A, Mcdonald D W. A model for the development of small high-technology businesses based on case studies from an incubator [J]. Journal of

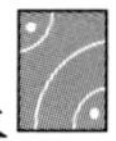

Product Innovation Management, 1988, (5): 282 -295.

[315] Sofouli E, Vonortas N S. S&T Parks and business incubators in middle-sized countries: The case of greece [J]. The Journal of Technology Transfer, 2007, 32 (5): 525 -544.

[316] Scillitoe J L, Chakrabarti A K. The role of incubator interactions in assisting new ventures [J]. Technovation, 2010, 30 (3): 155 -167.

[317] Schwartz M, Hornych C. Cooperation patterns of incubator firms and the impact of incubator specialization: Empirical evidence from Germany [J]. Technovation, 2010, 30 (9): 485 -495.

[318] Somsuk N, Wonglimpiyarat J, Laosirihongthong T. Technology business incubators and industrial development: Resource-based view [J]. Industrial Management & Data Systems, 2012, 112 (2): 245 -267.

[319] Storper M. The regional world: Territorial development in a global economy [M]. New York: Guilford Press, 1997.

[320] Shepherd D A, Covin J G, Kuratko D F. Project failure from corporate entrepreneurship: Managing the grief process [J]. Journal of Business Venturing, 2009, 24 (6): 588 -600.

[321] Sine W D, Mitsuhashi H, Kirsch D A. Revisiting burns and stalker: Formal structure and new venture performance in emerging economic sectors [J]. Academy of Management Journal, 2006, 49 (1): 121 -132.

[322] Su Z F, Li J Y, Yang Z P, Li Y. Exploratory learning and exploitative learning in different organizational structures [J]. Asia Pacific Journal of Management, 2011, 28 (4): 697 -714.

[323] Straub D, Boudreau M, Gefen D. Validation guidelines for IS positivist research [J]. Communications of the Association for Information Systems, 2004, 13 (1): 380 -427.

[324] Söderblom A, Samuelsson M, Wiklund J, et al. Inside the black box of outcome additionality: Effects of early-stage government subsidies on resource accumulation and new venture performance [J]. Research Policy, 2015, 44 (8): 1501 -1512.

[325] Tang M F, Walsh G S, Li C W, et al. Exploring technology business incubators and their business incubation models: Case studies from China [J]. The

Journal of Technology Transfer, 2019, 10 (2): 1 -27.

[326] Tsai W, Ghoshal S. Social capital and value creation: The role of intrafirm networks [J]. Academy of Management Journal, 1998, 41 (4): 464 - 476.

[327] Tsai W. Social structure of "coopetition" within a multiunit organization: Coordination, competition, and intraorganizational knowledge sharing [J]. Organization Science, 2002, 13 (2): 179 -190.

[328] Tan FF, Kong Q X. Uncovering the driving mechanism of regional synergistic development based on Haken model: Case of the Bohai Rim region [J]. Environment, development and sustainability, 2020, 22 (4): 3291 -3308.

[329] Tether B S. Who co-operates for innovation, and why: An empirical analysis [J]. Research Policy, 2002, 31 (6): 947 -967.

[330] Udell G G. Are business incubators really creating new jobs by creating new businesses and new products [J]. Journal of Product Innovation Management, 1990, 7 (2): 108 -122.

[331] Uzzi B. Social structure and competition in interfirm networks: The paradox of embeddedness [J]. Administrative Science Quarterly, 1997, 42 (2): 417 - 418.

[332] Vedovello C. Science parks and university-industry interaction: Geographical proximity between the agents as a driving force [J]. Technovation, 1997, 17 (9): 491 -502.

[333] Verreynne M L, Meyer D, Liesch P. Beyond the formal-informal dichotomy of small firm strategy-making in stable and dynamic environments [J]. Journal of Small Business Management, 2016, 54 (2): 420 -444.

[334] Vanderstraeten J, Witteloostuijn A V, Matthyssens P, et al. Being flexible through customization-The impact of incubator focus and customization strategies on incubatee survival and growth [J]. Journal of Engineering & Technology Management, 2016, (41): 45 -64.

[335] Wellman B, Berkowitz S D. Social Structures: A network approach [J]. American Political Science Association, 1988, 83 (4): 1 -5.

[336] Webb J W, Ireland R D, Ketchen D J. Toward a greater understanding of entrepreneurship and strategy in the informal economy [J]. Strategic Entrepre-

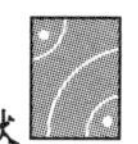

neurship Journal, 2014, 8 (1): 1-15.

[337] Westhead P. R&D 'inputs' and 'outputs' of technology-based firms located on and off science parks [J]. R & D Management, 1997, 27 (1): 45-62.

[338] Wang Z X, He Q L, Xia S M, et al. Capacities of business incubator and regional innovation performance [J]. Technological Forecasting and Social Change, 2020, (158): 1-13.

[339] Xie K, Song Y, Zhang W, et al. Technological entrepreneurship in science parks: A case study of Wuhan Donghu High-Tech Zone [J]. Technological Forecasting and Social Change, 2018, 135 (10): 156-168.

[340] Zedtwitz M V, Grimaldi R. Are services profiles incubator-specific? Results from an empirical investigation in Italy [J]. Journal of Technology Transfer, 2006, 31 (4): 459-468.

[341] Zhang M. The research on topology structure influencing evolution character of the business incubation network [J]. International Journal on Information, 2012, 15 (6): 2631-2636.

[342] Zuo L, Zhou J L, Wei F M. Study on the innovation incubation ability evaluation of high technology industry in China from the perspective of value-chain—An empirical analysis based on 31 provinces [J]. Open Journal of Social Science, 2018, 6 (9): 247-262.

[343] Zheng S, Li H, Wu X. Network resources and the innovation performance: Evidence from Chinese manufacturing firms [J]. Management Decision, 2013, 51 (6): 1-9.

[344] Zahra S A, Neubaum D O, EI-Hagrassey G M. Competitive analysis and new venture performance: Understanding the impact of strategic uncertainty and venture origin [J]. Entrepreneurship Theory and Practice, 2002, (1): 1-28.

附录

附录1　访 谈 提 纲

尊敬的女士/先生：

您好！这次访谈主要是针对企业孵化器孵化能力提升研究的课题需要。来访之前，对贵企业孵化器（在孵企业）相关信息通过网站或者报道做了大致的了解，很想学习贵企业孵化器（企业）是如何孵化在孵企业（得到孵化），以及在孵化过程中所面临的瓶颈问题，影响孵化能力的因素有哪些，是如何实现孵化能力的提升。这些就是我们这次访谈的主题内容。

调研和访谈活动围绕以下几个方面展开，并根据实际情况展开互动。

访谈对象（　　）　职务（　　）　工作年限（　　）

一、调研目的

访谈问题涉及孵化器与在孵企业两个方面。

1. 关注孵化器（在孵企业）的基本发展情况、提供（需要）的服务和竞争优势等方面；

2. 关注孵化器（在孵企业）发展所面临的问题和瓶颈；

3. 关注孵化器与在孵企业之间产生的相互影响和作用；

4. 关注孵化器网络构建情况及其对在孵企业的影响；

5. 关注外部环境对孵化器（在孵企业）发展的影响；

6. 关注企业孵化器内在孵企业集群的管理状况。

二、孵化器（在孵企业）基本情况

1. 孵化器（在孵企业）名称?

2. 孵化器（在孵企业）成立时间?

3. 孵化器（在孵企业）成立的背景?

4. 孵化器（在孵企业）当前规模（例如从业人员，年收入)?

5. 孵化器（在孵企业）具体情况?

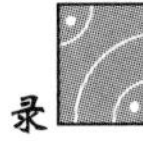

三、主干问题

1. 孵化器（在孵企业）提供（需要）的服务：

（1）孵化器为在孵企业提供哪些有形服务（硬件）设施？

（2）孵化器为在孵企业提供哪些无形服务（非硬件设施类服务）？

（3）在孵企业希望得到哪些有形孵化服务？是否得到满足？

（4）在孵企业希望得到哪些无形孵化服务？是否得到满足？

2. 企业孵化器（在孵企业）发展中面临的问题与瓶颈

（1）孵化器在发展中面临哪些方面的问题？比如场地面积、资金支持等。

（2）孵化器发展至今，您认为突破哪些瓶颈后会得到更好的发展？

（3）在孵企业在发展中面临哪些方面的问题？比如经营管理、资源匮乏等。

（4）在孵企业发展至今，您认为有哪些需要突破的瓶颈？

3. 孵化器与在孵企业之间产生的相互影响和作用：

（1）孵化器的根本任务是什么？

（2）在孵企业选择到孵化器中孵化的初衷是什么？

（3）孵化器对在孵企业的成长产生了什么影响？

（4）在孵企业对孵化器发展产生了什么影响？

4. 孵化器网络的构建情况及其对在孵企业的影响：

（1）在孵企业与孵化器保持的是一个怎样的联系？

（2）在孵企业在孵化器中的地位如何？

（3）在孵企业主要有哪些合作客户企业？通过哪些方式与这些企业开展合作？

（4）您认为孵化器是如何帮助在孵企业与其他企业、机构建立联系的？

5. 关注外部环境对孵化器（在孵企业）发展的影响；

（1）孵化器对政府相关政策的落实情况如何？

（2）孵化器面对的外部环境如何？比如税收优惠、财政支持等。

6. 在孵企业集群管理：

（1）在孵企业聚集在一起具有哪些优势？

（2）在孵企业集群具有什么样的战略导向？

（3）在孵企业采取哪些措施使自己更好地利用集群内资源？

附录2　企业孵化器孵化能力影响因素研究调查问卷

尊敬的女士/先生：

您好！感谢您在百忙中拨冗填答此份问卷。本问卷旨在研究企业孵化器孵化能力影响因素，是一份纯学术性研究的问卷。本调查问卷不记名，获取的相关数据仅做科学研究之用。您的参与是我们研究开展的关键，非常感谢您花费时间精力给予配合，谢谢！

第一部分：企业/个人基本情况（仅用于统计目的）

1. 您现任职位：董事长/总经理/董事□　副总经理/总经理助理□　部门经理□　其他□

2. 贵企业的成立年限为：

1 年以下□　1～2 年□　3～4 年□　5～6 年□　6 年以上□

3. 贵企业员工总人数：

10 人以下□　10～30 人□　31～50 人□　51～70 人□　70 人以上□

4. 贵企业最后一个会计年度营业额 X：

10 万元以下（X<10）□　10 万～50 万元（10≤X<50）□　50 万～100 万元（50≤X<100）□　100 万～500 万元（100≤X<500）□　500 万元以上（X≥500）□

5. 贵企业所属行业：

IT 产业□　环保、新能源技术□　生物医药技术□　机械制造□　电子及通信设备□　食品制造及农副食品加工□　纺织及服装□　化工□　其他□

问卷填写方式：请您在 1～5 的数字中，根据贵企业的实际情况与下列陈述的符合程度，在您最认同的数字上面打钩，数字大小代表着您的同意程度："1"——完全不同意；"2"——不太同意；"3"——一般；"4"——基本同意；"5"——完全同意。

第二部分：孵化环境

以下是对于孵化环境的描述，请根据实际情况作答		完全不同意↔完全同意				
1. 孵化环境支持性						
A1	孵化政策良好	1	2	3	4	5
A2	相关政策制定具有连续性	1	2	3	4	5
A3	孵化政策得到落实	1	2	3	4	5
A4	创新环境良好	1	2	3	4	5
A5	法律环境完善	1	2	3	4	5

第三部分：企业孵化器与在孵企业协同

以下是对于企业孵化器与在孵企业协同的描述，请根据实际情况作答		完全不同意↔完全同意				
2. 共同目标						
B1	企业对孵化器的使命和孵化目标具有较高的认同度	1	2	3	4	5
B2	企业各部门与个人明确要达到的目标和承载的任务	1	2	3	4	5
B3	企业员工都保持激情去完成孵化目标和任务	1	2	3	4	5
3. 协作意愿						
C1	企业员工积极参与孵化器组织的各项活动	1	2	3	4	5
C2	企业在孵化器的协助下完成各项事宜	1	2	3	4	5
C3	企业非常重视孵化器组织的培训、讲座、比赛等	1	2	3	4	5
C4	企业积极配合孵化器的跟踪监控工作	1	2	3	4	5
4. 资源整合						
D1	所在孵化器认识到企业资源与所需资源间的差距	1	2	3	4	5
D2	所在孵化器认识到企业所需资源的所有者	1	2	3	4	5
D3	企业借助孵化器处获取所需资源	1	2	3	4	5
D4	所在孵化器根据企业目标把各种资源结合在一起	1	2	3	4	5
D5	所在孵化器利用已整合的资源帮助企业进行创新	1	2	3	4	5

第四部分：孵化网络健全

以下是对于孵化网络构建和治理情况的描述，请根据实际情况作答		完全不同意↔完全同意				
5. 网络结构						
E1	企业通过孵化器与其他多家在孵企业取得紧密联系	1	2	3	4	5
E2	企业通过孵化器与多家政府机构取得紧密联系	1	2	3	4	5
E3	企业通过孵化器与多家专业服务机构取得紧密联系	1	2	3	4	5
E4	企业通过孵化器与多家高校、科研机构取得紧密联系	1	2	3	4	5
E5	企业通过孵化器与多家金融机构取得紧密联系	1	2	3	4	5
6. 网络治理						
F1	企业在合同中明确了合作双方应该履行的责任和利益分配	1	2	3	4	5
F2	企业与合作方按规定进行交易活动	1	2	3	4	5
F3	孵化网络中存在成员共同默守的规范	1	2	3	4	5
F4	企业更愿意与具有共同社会价值观的其他网络成员合作	1	2	3	4	5
F5	当双方出现违约行为能够依据合同及时予以处罚	1	2	3	4	5
7. 网络联系						
G1	企业与合作伙伴的互动频繁	1	2	3	4	5
G2	企业与合作伙伴彼此信任对方	1	2	3	4	5
G3	企业与合作伙伴的合作涉及生产、技术和市场多个方面	1	2	3	4	5
G4	企业与合作伙伴的合作中投入了大量的资源	1	2	3	4	5

第五部分：在孵企业集群管理

以下是对于在孵企业集群管理的描述，请根据实际情况作答		完全不同意↔完全同意				
8. 组织结构						
J1	所在孵化器更喜欢使用松散、非正式的控制	1	2	3	4	5
J2	所在孵化器有明确的分工，形成不同的职能部门	1	2	3	4	5
J3	所在孵化器组织层级较少	1	2	3	4	5
J4	所在孵化器管理者的经营风格可以自由的在正式和非正式之间转换	1	2	3	4	5
J5	所在孵化器根据个人对环境的需求和个人性格的需求决定工作行为	1	2	3	4	5

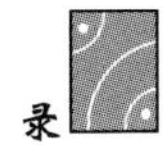

续表

9. 组织学习						
K1	企业从所在孵化器获取相关的新知识	1	2	3	4	5
K2	企业员工利用了大量相关的新知识	1	2	3	4	5
K3	企业员工通过内、外部交流获取大量专业技能	1	2	3	4	5
K4	获取的新知识、专业技能使得企业发生重要改变	1	2	3	4	5
K5	所在孵化器内所有人员都能互相学习，并不断提升自己	1	2	3	4	5
10. 协同战略						
L1	对协同理念的认同非常必要	1	2	3	4	5
L2	协同路径的明确非常重要	1	2	3	4	5
L3	协同行动的落实非常必要	1	2	3	4	5
11. 界面管理						
M1	企业与企业之间的界面沟通状况良好	1	2	3	4	5
M2	企业与企业之间的界面协调状况良好	1	2	3	4	5
M3	企业与企业之间的界面融合状况良好	1	2	3	4	5
M4	企业与企业之间的界面协作状况良好	1	2	3	4	5

第六部分：企业孵化器孵化能力

以下是对于企业所处孵化器孵化能力的描述，请根据实际情况作答		完全不同意↔完全同意				
12. 孵化能力						
N1	企业销售收入不断上升	1	2	3	4	5
N2	企业投资回报率不断上升	1	2	3	4	5
N3	企业主要产品市场份额不断扩大	1	2	3	4	5
N4	企业所在孵化器发展较好	1	2	3	4	5
N5	企业所在孵化器收益良好	1	2	3	4	5

后　　记

本书是在博士论文基础上修改完成的。时光飞逝，光阴荏苒，博士毕业迄今已两年。

我于2017年秋进入福州大学经济与管理学院学习，在这里度过了人生中充实而又美好的四年。在这四年里，有披星戴月的坚持，也有欢欣雀跃的美好。但无论是学习中还是生活中都有所成长。这离不开导师的耐心指导，家人的无私支持和同门兄弟姐妹、同学以及朋友的鼓励。

感谢我的导师，吴秋明教授。吴老师为人谦虚，和蔼可亲，处世淡然，性情豁达，深受弟子们的爱戴和敬仰。他严谨的治学态度，敏锐的学术思维和对管理学问题的独到见解以及不断进取的精神品质让我受益匪浅。吴老师不仅学识渊博，还有着卓越的管理实践，引导我以解决实践问题为出发点，探索有意义的学术研究。吴老师开阔的眼界使我明白了更多人生哲学，为人处世的道理。师恩难忘，砥砺前行。

在福大4年，我有幸聆听了王应明教授、卢长宝教授、朱斌教授、林迎星教授、孙秋碧教授、陈莉萍教授、谢雅萍副教授、蔡高锐副教授等老师的教诲，使我受益良多。感谢他们在我博士阶段课程以及论文开题答辩、中期答辩、预答辩环节提出的宝贵意见，给了我启迪。他们的言传身教，丰富了我的视野，为我铺就了一条通往学术殿堂的通道。

感谢同门兄弟姐妹的鼓励，让我有信心面对学术道路上的艰难险阻。感谢工作室里一同奋斗的同学，攻读博士学位的路上有你们的陪伴不孤单。

特别感谢我的家人。谢谢你们的默默付出和支持，做我最坚实的后盾。让我能够专心学业。

因为怀揣着梦想和远方，所以奔赴每一场山海。也坚信行远自迩，笃行不怠。行而不辍，未来可期。